UNIVERSITÉ DE FRANCE

ACADÉMIE DE DOUAI   FACULTÉ DE DROIT

DU DIVORCE

EN DROIT ROMAIN ET EN DROIT FRANÇAIS

THÈSE POUR LE DOCTORAT

Par Guillaume POULLE

Avocat à la Cour d'Appel de Poitiers

PARIS

LIBRAIRIE A. CHEVALIER-MARESCQ
20, rue Soufflot, 20

1886

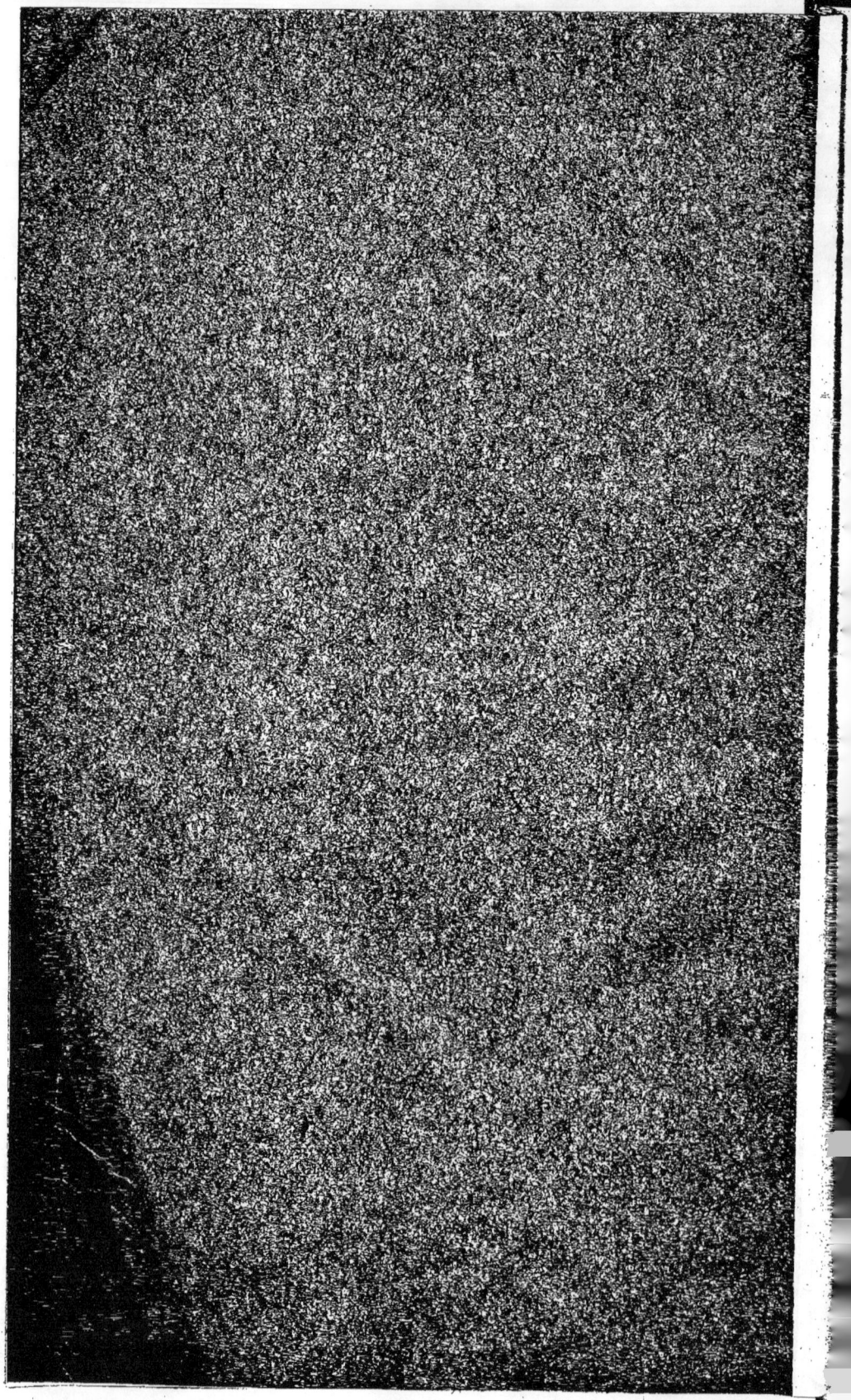

UNIVERSITÉ DE FRANCE

ACADÉMIE DE DOUAI

FACULTÉ DE DROIT

DU DIVORCE

EN DROIT ROMAIN ET EN DROIT FRANÇAIS

2540

THÈSE POUR LE DOCTORAT

Par Guillaume POULLE

Né à Amiens (Somme), le 1ᵉʳ Mars 1861
Avocat à la Cour d'Appel de Poitiers

*L'acte public sur les matières ci-après sera soutenu
le Mardi 27 Juillet 1886, à deux heures du soir.*

Président :   M. Daniel de Folleville, *Doyen.*

Suffragants :   MM. Drumel,   *Professeurs.*
                    Féder,
                    Jacquey, *Agrégé, chargé de cours.*

Le candidat devra, en outre, répondre à toutes les questions qui lui seront
faites sur les autres matières de l'enseignement.

PARIS

LIBRAIRIE A. CHEVALIER-MARESCQ
20, rue Soufflot, 20

1886

FACULTÉ DE DROIT DE DOUAI

ENSEIGNEMENT :

MM.

DANIEL DE FOLLEVILLE (O. I. P. ❂), Doyen, Professeur de Code civil et de Droit international public.

DRUMEL (O. I. P. ❂), Professeur de Droit romain, Membre du Conseil supérieur de l'Instruction publique.

FÉDER (A. ❂), Professeur de Code civil et chargé d'un cours sur une matière approfondie du Droit français.

PIÉBOURG, Professeur de Droit romain et chargé d'une conférence sur les Pandectes.

GARÇON, Professeur de Législation criminelle et chargé d'un cours d'histoire du Droit romain et du Droit français, pour le doctorat.

VALLAS, Professeur de Code civil et chargé du cours de Législation industrielle.

LACOUR, Professeur de Droit commercial terrestre et chargé du cours de Droit commercial maritime.

ARTUR, Professeur de Procédure civile et chargé d'un cours spécial pour le doctorat, sur les saisies.

BOURGUIN, Agrégé, chargé du cours de Droit administratif et d'un cours de Droit constitutionnel.

AUBRY, Agrégé, chargé du cours d'Économie politique et d'un cours sur la science financière.

MOUCHET, Agrégé, chargé d'un cours de Droit international privé et d'un cours sur l'enregistrement, dans ses rapports avec le Droit civil.

JACQUEY, Agrégé, chargé du cours d'histoire générale du Droit français public et privé.

ADMINISTRATION :

MM.

DANIEL DE FOLLEVILLE (O. I. P. ❂), Doyen.

PROVANSAL (A. ❂), Secrétaire.

BIBLIOTHÈQUE :

M. COUSIN (A. ❂), Licencié en Droit, Bibliothécaire de l'Université.

DU DIVORCE

EN DROIT ROMAIN ET EN DROIT FRANÇAIS.

INTRODUCTION HISTORIQUE.

Le divorce, qui est admis aujourd'hui par la plupart des législations modernes, est bien antérieur au droit romain. Il est donc indispensable, sous peine d'être incomplet, avant d'examiner les règles qui régissaient le divorce dans le droit romain, et qui le régissent actuellement dans notre droit français, de jeter un coup d'œil rapide sur la législation des peuples de l'antiquité qui l'ont connu. Cette étude n'est peut-être pas toujours bien facile, à raison même des obscurités qui existent, et parce que les documents manquent souvent, mais elle a son importance. Il est certain aujourd'hui que le divorce a été connu de très bonne heure ; on le rencontre chez presque tous les peuples de l'antiquité. Les Babyloniens, les Égyptiens, les Aryens et les Iraniens, les Hébreux, les Carthaginois et beaucoup d'autres peuples encore l'ont pratiqué. Nous examinerons donc tout d'abord quelques-unes de ces législations de l'antiquité.

Législation égyptienne. — A l'origine, la famille égyptienne n'est pas très étendue : le père, la mère, l'enfant paraissent l'épuiser. En droit, il n'existe aucune égalité entre l'homme et la femme. Le mari n'a que des droits vis-à-vis de sa femme. Et cependant « si elle est » pour lui la douce compagne qu'il a rêvée, elle sera son » égale, et même quelque chose de plus.... En réalité, la » femme, par son sexe, n'était pas fatalement considérée » comme inférieure à l'homme : vierge, épouse ou mère, » elle prenait dans la société égyptienne le rang qu'elle » y méritait. » (Marius Fontane. *Hist. univ. Les Égyptes*, p. 142). Puis, par la suite, la maternité prenant une place très large, la femme s'élève par la mère : l'égalité lui est acquise insensiblement, et dans la maison, la femme finit par avoir les mêmes droits que son mari : elle peut même commander et briguer tous les honneurs. Mais cette émancipation de la femme n'était garantie ni par les lois, ni par les croyances, ni par les mœurs. La polygamie existe, et le mariage n'est, pour l'Égyptien, qu'un simple fait qui accroît la famille : c'était une sorte d'acte d'adoption. Le mariage n'est indissoluble que si la femme, dès les premiers jours de l'union, a été pour son mari une amie et une compagne sans reproches. Le mari mécontent peut abandonner sa compagne « comme un » ami rompt avec son ami, comme un associé renonce à » son association. » (Marius Fontane, p. 367). — La loi égyptienne est implacable pour la femme adultère et pour son complice, parce que l'adultère amène la corruption des mœurs et la confusion des enfants. « L'homme » était condamné à recevoir mille coups de verges, et la » femme à avoir le nez coupé. Le législateur voulait » qu'elle fut privée de ses attraits, car ils ne lui avaient » servi que pour la séduction. » (Glasson. *Le mariage » civ. et le Div.*, p. 139).

Législation de Manou. — Les peuples aryens ont une

très haute idée du mariage et de la famille. L'idée de famille donne à l'esprit de l'Arya le bonheur parfait. Les dieux ne sont pas plus heureux que le père de famille dans sa maison. Chez eux, la virginité est une noblesse, et la pureté du corps est un culte. La femme aryenne doit être fidèle, féconde et laborieuse : elle est l'égale de son mari, et la maternité la met au-dessus de lui : Jamais, comme chez les Égyptiens, elle n'a été considérée comme une servante ou un esclave. La polygamie n'existe pas chez les Aryas : la femme est seule au foyer domestique.

La *Loi de Manou* a pour la femme des paroles pleines de douceur : « Ne frappez pas, même avec une fleur, une » femme chargée de fautes. Partout où la femme est » honorée, les divinités sont satisfaites ; mais lorsqu'on » ne l'honore point, tous les actes pieux sont stériles. » Les femmes doivent être comblées d'égards et de pré- » sents par leurs pères, leurs frères et leurs maris, car, » lorsque la femme brille par sa parure, toute la famille » resplendit ; mais si elle n'est point parée, elle ne fait » point naître la joie dans le cœur de son époux. » Puis, dans cette législation panthéiste où tout est divin, la femme elle-même se trouve divinisée. « Les femmes qui » s'unissent à leurs époux pour devenir mères et qui font » l'honneur de leurs maisons, sont véritablement les » déesses de la fortune. » (*Lois de Manou*, II, 138, 139 ; IX, 26, 45, 101).

Le père est à la fois sacrificateur, chantre et maître spirituel : la mère partage avec lui les honneurs du sacrifice. Le père de l'Arya mort devient le protecteur de la veuve, mais non pas son tuteur. Les enfants héritent des biens laissés par leurs père et mère, mais ils peuvent être déshérités en tout ou en partie. L'adultère est consi- déré comme une chose honteuse : le fils illégitime, preuve

vivante de la faute commise, doit être pour la mère une désolation (Fontane. *Hist. univ. L'Inde védique*, p. 67). La femme peut être répudiée dans certains cas énumérés par les *lois de Manou*. « Une femme stérile pendant
» huit ans peut être répudiée ; celle dont les enfants sont
» tous morts en naissant peut l'être également au bout
» de dix ans ; celle qui ne met au monde que des filles
» au bout de onze ans ; celle qui parle avec aigreur sur-
» le-champ. » (*Lois de Manou*, IX, 81). La stérilité de la femme paraît avoir été, chez tous les peuples antiques, le motif unique de répudiation : cela se comprend facile-ment, car la famille antique est une sorte de corporation religieuse : si des enfants ne naissent pas, le culte des divinités domestiques et des ancêtres ne sera plus exercé. Puis, ainsi que l'écrit M. Gide (*Étude sur la cond. priv. de la femme*, p. 51), toute la destinée de la femme, aux yeux du législateur indien, tout son emploi ici-bas, se réduit à donner à l'homme des enfants et à perpétuer l'espèce humaine. Toutes les faveurs que la loi lui accorde, elle n'en jouit qu'en devenant épouse et mère. Le mari peut être abandonné par sa femme, s'il est criminel, impuissant, dégradé, ou affligé de la lèpre, ou après une absence très longue dans les contrées étrangères. La femme adultère est privée de sa dot, et le mari n'est pas tenu de la restituer (Jacolliot. *La Bible dans l'Inde*, p. 35). L'inceste est puni par le rejet complet de toute caste, la peine la plus grave après la mort, puisque le coupable devient un paria. Il est marqué au fer rouge soit sur le front, soit sur l'épaule ; l'eau, le feu et le riz lui sont refusés par tout homme de caste, sous peine de dégradation. Il est placé, par le législateur, au-dessous de la bête la plus immonde. Il est privé de toutes ses richesses, de sa famille, de ses amis, de tous ses droits

civils et politiques. L'adultère simple, la vente de la femme étaient punis par le rejet d'une caste supérieure dans une caste inférieure (Jacolliot. Op. cit. p. 82 et suiv.)

Législation iranienne. — C'est le peuple iranien qui a créé la Perse et donné au monde un homme et un livre impérissables : *Zoroastre et le Zend-Avista.* Ce qui particularise la législation iranienne, c'est l'obligation imposée à l'Iranien de se marier, sinon il est « au-dessous de tout. » Cela parce que l'union de l'homme et de la femme est l'acte le plus agréable à Ormuzd. Les commentateurs iraniens, comprenant mal Zoroastre et l'obligation du mariage qu'il imposait, permirent par la suite les unions entre parents les plus proches : la pensée du maître s'est ainsi trouvée exagérée, comme il arrive quelquefois, mais la faute en est non pas à Zoroastre mais à ses disciples. Le père dispose de sa fille, et le frère dispose de sa sœur : la jeune fille est donnée sans dot à son époux. Le mariage est, dans le *Zend-Avista*, un simple fait social et civil. La femme est l'égale de l'homme. « Hors le mariage, » l'amour est illégitime. L'homme coupable, en tel cas, » si sa complice fut consentante, reçoit huit cents coups » de fouet ; il est irrémissiblement damné, il n'y a plus » pour lui d'expiation possible, si la violence a servi sa passion. » (Marius Fontane. *Les Iraniens*, p. 117). Les Perses comme les Aryas admettaient la répudiation, mais les renseignements qui nous sont fournis ici sont moins certains et moins précis dans le *Zend-Avista* que dans la *loi de Manou.*

Législation mosaïque. — D'après saint Jean Chrysostome, c'est aux Égyptiens que les Hébreux empruntèrent

2

le divorce (*Homélie*, 17). L'unique mission de la femme israëlite, c'est de donner le plus d'enfants à la famille et à l'État : la polygamie était admise pour rendre les unions plus fécondes. Tacite (*Hist.*, v. 5) caractérise les Hébreux par ces quatre mots « generandi amor, moriendi contemptus. » L'homme marié peut avoir non seulement plusieurs concubines, mais aussi plusieurs femmes légitimes. La répudiation est permise en toute liberté : aucune limitation n'est imposée. Le mari qui veut divorcer n'a qu'à dresser la lettre de divorce et à mettre sa femme hors de sa maison (*Deutér.*, XXIV, 1 et suiv.), en présence de deux témoins mâles hébreux : la femme n'avait pas à donner son consentement. A part cette double obligation, la répudiation est permise en toute liberté aux hommes. Mais les Israëlites ne savaient pas écrire, et il leur fallait souvent avoir recours à un prêtre pour dresser la lettre de divorce : le grand-prêtre Aaron nous apprend qu'il parvint ainsi bien souvent à réconcilier des époux qui voulaient se séparer. Le divorce, après le retour de la captivité de Babylone, devint tellement fréquent, que le prophète Malachie (*Malachie*, 2, 14) protesta contre les scandales qui éclatèrent à cette époque : les Hébreux renvoyaient sans motifs leurs femmes pour épouser des étrangères. Des tentatives furent faites alors pour restreindre les facilités du divorce ; des discussions s'élevèrent et deux écoles adverses restèrent en présence, sans pouvoir s'entendre, jusqu'à la prise de Jérusalem par les Romains. Les disciples d'Hillel déclaraient que le mari pouvait répudier en toute liberté sa femme, dès qu'il lui découvrait un défaut, et même si elle avait le tort de laisser corrompre la nourriture du ménage. Les partisans de l'école de Sinaï, beaucoup plus sévères, ne l'autorisaient que pour des fautes graves : et l'un des membres de cette école, Eliezer, alla même jusqu'à condamner d'une façon complète et absolue le divorce. La théorie d'Hillel était généralement suivie.

Parmi les causes de divorce, énumérées par les lois mosaïques, les unes étaient communes aux deux époux, les autres leur étaient propres. Les femmes ne purent répudier leurs maris qu'après la domination romaine (Drach. *Du div. dans la Synagogue*. Rome, 1840). Aucun texte ne leur accordait ce droit qu'elles usurpèrent, à la suite des désordres qui marquèrent la conquête romaine. — D'après la loi mosaïque, le mari qui est resté dix ans sans avoir de descendants doit divorcer : la loi lui en fait un devoir. Dans la suite, il n'y eut plus pour lui qu'une faculté. Le mari peut demander le divorce lorsqu'il s'aperçoit qu'au moment du mariage sa femme n'est plus vierge : la femme perd, dans ce cas, ses droits matrimoniaux. Le divorce est encore possible, si la femme viole la loi mosaïque, en servant au mari des aliments défendus, ou lorsqu'elle se promène sur les places publiques la tête nue, ou y découvre ses bras, ou se permet des plaisanteries avec les jeunes gens (M. Glasson. *Le mariage civ. et le div.*, p. 149). Le mari peut aussi invoquer comme cause de divorce le refus, par la femme, de remplir le devoir conjugal ; dans le dernier état du droit, on accordait à la femme récalcitrante un délai de douze mois pour se soumettre ; en cas de résistance, après ce délai, le divorce était possible et entraînait en outre la perte de tous les droits résultant du mariage (Talmud. *Ketuboth*, 63 a). L'adultère de la femme obligeait le mari à la répudier : la peine de mort pouvait être prononcée contre le conjoint coupable. Jamais la femme adultère ne pouvait épouser son complice. Le *Livre des nombres*, dans la *Bible*, contient l'énumération des épreuves curieuses que les maris pouvaient faire subir aux femmes soupçonnées d'adultère (M. Jacolliot. Op. cit., p. 167) ; après la conquête romaine, ces épreuves furent supprimées ; « le sacrifice de jalousie » disparut, et le soupçon put être justifié par tous les moyens. Les prêtres, d'après le *Lévitique* (chap. XXI), ne pouvaient prendre pour épouses des femmes répudiées.

De son côté, la femme peut divorcer lorsque le mari refuse le devoir conjugal, lorsqu'il mène une vie déréglée, ou lorsqu'il la maltraite. L'adultère du mari n'est jamais pour la femme une cause de divorce : le mari adultère peut cependant être condamné à la prison.

Les deux conjoints peuvent demander le divorce pour cause de stérilité ou d'impuissance, lorsqu'ils sont mariés depuis 10 ans — si l'un des époux change de religion — si l'un d'eux est atteint, pendant le mariage, d'une maladie contagieuse. Si la maladie était antérieure au mariage, la nullité pourrait en être demandée. L'absence est également admise par la loi mosaïque, comme constituant un motif suffisant pour faire rompre le mariage. — Des modifications nombreuses ont été apportées depuis à la loi mosaïque : un synode juif tenu à Worms, en 1030 de notre ère, a interdit en Occident la polygamie sous peine d'excommunication. Cette prohibition peut être levée par une réunion de cent rabbins pris dans des pays différents. Le divorce n'est plus possible qu'avec le consentement des deux époux. — Le Sanhédrin de Paris, tenu sous le règne de Napoléon Ier, a ordonné aux Juifs qui veulent divorcer de se conformer aux lois civiles : le rabbin ne peut prononcer le divorce qu'après représentation de la décision émanée de l'autorité judiciaire compétente.

Législation grecque. — Ce qui particularise la Grèce

antique, c'est l'envahissement de toutes choses par l'Etat. A Athènes, le citoyen passe sa vie sur la place publique, et les affaires publiques prennent tout son temps. Trois fois par mois, il doit assister à l'assemblée générale des citoyens. C'est une obligation stricte à laquelle il ne peut se soustraire. Puis, il peut être magistrat de sa tribu, de la cité : une année sur deux, il est membre du collège des Eliastes, ce grand jury de six mille citoyens athéniens tirés au sort. Plusieurs fois dans sa vie, il sera membre du Sénat. Dans une société où les citoyens passaient leur vie à se gouverner, où les individus étaient faits pour l'Etat, et où la vie publique était ainsi au premier rang, la famille et les intérêts privés comptaient à peine. La femme, reléguée chez elle, est sans influence comme sans autorité; son rôle est rempli dès qu'elle donne des enfants à l'Etat. Pour elle « la vertu se réduisait à garder la » maison, à s'occuper du ménage, et à obéir à ses parents » ou à son mari. » (Platon. *Ménon*, 3). Et Aristote disait : « L'esclave n'a pas de volonté; l'enfant en a une, » mais incomplète; la femme en a une mais impuissante.» (Aristote. *Polit*. I, 5). Jeune fille ou épouse, la femme athénienne est toujours en tutelle. Son état était purement passif. Aux temps héroïques sa position était toute autre : « Il n'est pas d'homme honnête et sensé, dit Achille, qui ne chérisse et n'honore sa femme. » (Iliade, IX, V. 341). A l'époque de Platon cela n'est plus vrai que des courtisanes qui, libres de toute contrainte domestique, ont pris une influence prépondérante dans l'Etat. (Athénée, VII, 46).

Les poèmes d'Homère ne mentionnent aucun cas de divorce : il ne devint fréquent qu'à l'époque de Solon. Comme en Orient le mariage est obligatoire. Une action publique était possible contre le célibataire qui ne se mariait pas : Aristote nous montre *(Polit.* liv. II, 3) que les lois de Lycurgue étaient très favorables aux conjoints qui donnaient beaucoup d'enfants à la patrie. Les rapports conjugaux sont réglementés avec des détails nombreux et circonstanciés : le mari qui délaisse sa femme pendant trente jours peut être poursuivi en justice. (Plutarque. *Eroticus,* 23). Il en résulte que si l'union est stérile, le mari est absolument libre de répudier sa femme ou de prendre une concubine : les enfants qui naissent de cette union illégitime peuvent même être légitimés pendant le mariage, quoique ce point soit contestable. Mais pour répudier sa femme le mari devait lui envoyer un avertissement par écrit : la femme devait en outre quitter le domicile conjugal. La législation mosaïque présente beaucoup d'analogie sur ce point avec la législation grecque. Ordinairement deux témoins étaient priés d'assister au départ de la femme pour rendre la preuve plus facile. (M. Glasson, op. cit., p. 151, 152). — La femme qui voulait divorcer n'avait qu'à quitter le domicile conjugal, et à faire une déclaration chez l'archonte. Sauf le cas d'adultère, la femme qui divorce reprend sa dot; chez les Grecs, en effet, le patrimoine de chacun des époux est séparé, et chacun contribue pour sa part aux charges communes du ménage. La restitution de la dot est garantie par des actions spéciales, par un privilège légal, et même le plus souvent par une hypothèque (M. Gide, op. cit., p. 83 et 85).

Le divorce est obligatoire lorsque l'un des époux n'est parvenu à contracter mariage qu'en se faisant passer pour Athénien (Démosthènes contre Nééra): de même en cas d'adultère de la femme. La femme adultère perdait sa dot, ne pouvait se remarier avec son complice; l'entrée des temples et le port des parures lui étaient interdits

(Démosthènes contre Nééra). A Sparte, l'adultère était puni comme le parricide. A Athènes, on y ajoutait un supplice : on arrachait les cheveux de la coupable et on lui jetait sur la tête de la cendre chaude; puis elle était mise à mort. (M. Dumas. *La question du divorce*, p. 76).

La femme pouvait divorcer lorsque son mari la prostituait, ou s'il lui faisait subir de mauvais traitements. La jeune fille, héritière unique, qui avait été mariée avec son plus proche agnat, pouvait divorcer, si son mari était impuissant, mais elle devait épouser celui qui le suivait dans la famille. (Plutarque. *Vie de Solon*, chap. 20).

Les divorces étant devenus fort nombreux, il fut défendu aux époux divorcés de s'unir par un nouveau mariage à un conjoint plus jeune que celui dont le divorce l'avait séparé.

DROIT ROMAIN

DU DIVORCE.

Considérations générales.

Le divorce fut admis de toute antiquité dans la législation romaine, à raison même de l'organisation toute spéciale donnée à la famille romaine. A Rome, l'autorité du père est souveraine, abaissant tout sous son niveau. « Tous les membres de l'ancienne famille romaine : père, » mère, enfants, belles-filles, formaient une étroite asso- » ciation et ne faisaient plus qu'une seule personne » juridique. Tous les biens qui entraient dans la famille » se confondaient en une sorte de communauté et ne » faisaient plus qu'un seul patrimoine. Le seul chef de » cette association, le seul maître de cette communauté, » c'est le père. » (M. Paul Gide. Op. cit., p. 102). C'est ce que reconnaît également Cicéron quand il dit *(De offic.*, I, 17) : « Prima societas in ipso conjugio est, » proxima in liberis ; deinde una domus, communia » omnia. » Le père est maître de la vie comme de la fortune de ses enfants. Comment s'étonner dès lors qu'il puisse briser l'union contractée par sa fille, sans même avoir besoin de la consulter. Si le mari a acquis la *manus*, la femme n'est plus sous la puissance de son père : vis-à-vis de son mari, elle est *loco filiæ*, de même que vis-à-vis de ses propres enfants, elle est *loco sororis*. Cela explique pourquoi le mari peut, à son tour, briser le lien conjugal. Le divorce romain trouve encore sa justification et un nouveau point de départ dans le culte perpétuel dû aux mânes des ancêtres et aux lares du foyer, puisque si l'union est stérile, par exemple, personne ne sera là pour perpétuer dans la famille le souvenir des ancêtres. Il faut aussi ajouter à tous ces motifs l'idée que les Romains se faisaient du mariage. Pour eux, en effet, le mariage est un contrat purement consensuel, ne demandant sa perfection à aucune formalité, à aucune autorité civile ou religieuse. Pour le mariage, ce qui importait, c'était l'intention réelle, l'intime volonté des contractants. Traité comme un contrat ordinaire pour sa formation, le mariage était également traité comme tel dans son mode de dissolution. « Nihil est tam naturale, quam eo genere » quidquid dissolvere quod colligatum est », disent les lois romaines (L., 35, D. L., XVII). Le consentement doit donc suffire pour rompre le lien conjugal, puisqu'il suffit pour le former. De même qu'on ne peut s'enchaîner à tout jamais par un contrat purement civil, de même le lien qui résulte du mariage ne saurait être indissoluble.

Il importe de rechercher comment le mari pouvait acquérir la *manus*.

Il y avait, à l'origine, deux sortes de mariages : ou bien la femme restait dans sa famille sous la puissance de son père ou sous la tutelle de ses agnats ; ou bien, tous ces liens étant rompus, elle passait « in manum mariti », et n'avait plus d'autre famille que celle de son mari. Cette dernière espèce de mariage est la plus ancienne, et il paraît certain aujourd'hui, que pendant longtemps la *manus* dut accompagner le mariage, et en être comme l'accessoire nécessaire. « Dès le jour, dit M. Gide

» (op. cit. p. 113), où les nouveaux époux, près du lit
» nuptial, avaient offert leur sacrifice commun aux divi-
» nités du foyer, la femme n'avait plus d'autre famille,
» d'autres agnats, d'autres héritiers que son mari et les
» parents de son mari. » Cela dura à peu jusqu'à la loi
des XII Tables, où la *manus* n'est plus considérée
comme une suite nécessaire, mais seulement naturelle du
mariage ; et la loi indique que la *manus* peut être évitée
par l'usurpation annuelle du *trinoctium*. Le mariage avec
manus offrait un double danger : pour les agnats, puisque
la fille n'avait plus aucun lien avec sa famille naturelle,
et qu'ils cessaient d'être ses tuteurs ; pour la fille elle-
même, car les agnats pouvaient se trouver amenés à
refuser leur consentement pour ne pas laisser passer à
des étrangers le patrimoine des ancêtres. Un mariage
sans *manus* n'offrait pas ces dangers, et de plus donnait
satisfaction à ces intérêts contradictoires. Le mariage
sans *manus*, résultant du simple consentement des époux,
indépendamment de la volonté des tuteurs agnats, fut
imaginé à une époque voisine de la loi des XII Tables.
Le mariage et la *manus* furent alors considérés comme
deux choses absolument distinctes : le changement de
famille ne fut plus la conséquence nécessaire du mariage,
et le consentement du tuteur ne fut plus indispensable
pour le mariage sans *manus*. Il n'y avait, en effet, que
la *conventio in manum* qui ne pût pas avoir lieu sans
l'aveu des tuteurs. Les puissances tutélaires et maritales
concouraient alors sans s'exclure : le tuteur n'avait de
droits que sur les biens de la jeune mariée ; le mari n'en
pouvait avoir que sur la personne de la femme. Le conflit
devenait ainsi impossible. Entre le père et le mari,
cependant, le conflit existait encore parce qu'il avait des
droits à la fois sur les biens et sur la personne de sa fille.

Le Tribunal domestique, dont nous aurons à parler, venait concilier ces deux pouvoirs rivaux.

La *manus* n'était pas attachée de plein droit au mariage par simple consentement, mais cependant, même dans ce cas, le mari pouvait acquérir la *manus* sur sa femme par l'*usus*, par une cohabitation continue d'une année. Le mari usucapait sa femme, comme il aurait pu le faire pour un meuble. Nous avons vu cependant que d'après la loi des XII Tables, il suffisait à la femme de découcher trois nuits de suite, dans la même année, pour interrompre l'usucapion, et pour ne pas tomber sous la *manus* du mari. L'acquisition de la *manus* par l'*usus* ne fut possible que lorsque la révolution qui séparait la *manus* et le mariage eut été consommée. Ce mode d'acquisition de la *manus* ne fut donc connu qu'assez tard, et postérieurement seulement aux deux autres modes d'acquisition par *confarreatio* et *coemptio*, que signale également Gaius (C. I, 110). L'*usus* correspond au mariage p r simple consentement : la *confarreatio* et la *coemptio* correspondent au contraire au mariage accompagné de cérémonies et de solennités. Dans le mariage par consentement, la *manus* n'est acquise qu'indirectement et par l'usucapion prolongée pendant un an, et non interrompue pendant trois nuits consécutives; dans le mariage avec *confarreatio* ou *coemptio*, la *manus* est au contraire donnée au mari de plein droit et instantanément. Voici en quoi consistaient ces deux derniers modes d'acquisition de la *manus*.

La *confarreatio*, établie par Romulus, consistait dans une cérémonie qui avait lieu devant le grand pontife, ou le flamine de Jupiter, en présence de dix témoins. Des paroles solennelles étaient prononcées, et les époux se partageaient un pain de froment *(fareus panis)*, pour

montrer qu'ils étaient unis dans les croyances religieuses
du même culte, celui du mari. Les patriciens seuls, à
l'origine, pouvaient employer ce mode : les enfants issus
d'un mariage par *confarreatio* étaient seuls capables de
remplir les fonctions de prêtres de Jupiter, de Quirinus
et de Mars. Tacite nous raconte que, par la suite, la
confarreatio devint très rare, et il ajoute même qu'à
l'époque de Tibère, par suite de l'insouciance des deux
sexes et à cause des difficultés de la cérémonie qu'on
aimait à s'épargner, on eut beaucoup de peine à trouver
dans Rome trois patriciens issus « ex confarreatis paren-
tibus, » parmi lesquels on put choisir le successeur du
flamine de Jupiter. (Ann. IV, 16).

Quant à la *coemptio* qui fut établie par Servius Tullius,
elle consistait dans une mancipation de la femme au
mari, c'est-à-dire dans une vente symbolique faite en
présence d'un libripens et de cinq témoins, tous citoyens
romains et majeurs. Si la femme était *sui juris,* elle
faisait elle-même la mancipation de sa personne au mari,
(Gaius, C. I, 114) : il ne faut pas confondre cette *manus*
établie *matrimonii causa* avec la *manus* établie *fiduciæ
causa*.

Lorsque le mariage a lieu sans *conventio in manum,*
la femme reste dans la famille où elle est née : le père
peut disposer de sa fille, la reprendre à son mari, la
vendre, la punir. Si elle était en tutelle avant son
mariage, elle reste soumise très étroitement à ses agnats :
elle a besoin de leur consentement pour la constitution de
sa dot, et, à l'exception de sa dot, tout son patrimoine
reste sous leur garde. — Lorsque la *manus* est donnée
au mari, la femme change de famille et il s'opère une
capitis deminutio. Elle cesse d'être l'agnate de ses
tuteurs et son père n'a plus sur elle la *patria potestas*.

On a coutume de dire que le pouvoir du mari sur sa femme par suite de la *manus*, est analogue à celui du père sur sa fille et du maître sur l'esclave. Mais c'est là une erreur évidente, tout au moins dans le dernier état du droit : la *manus*, en effet, ne donne au mari aucun pouvoir sur la personne de sa femme, mais seulement sur ses biens. La *potestas*, au contraire, a pour objet direct la personne même de l'enfant ou de l'esclave. C'est ce que Gaius montre très bien (Comm. II, 89, 90) : on peut acquérir par son fils ou par son esclave soit la propriété, soit la possession : par la femme *in manu* on peut acquérir la propriété, « mais il est douteux, dit-il, que » nous puissions acquérir là possession par elle, car » nous ne les possédons pas. » Puis l'enfant et l'esclave peuvent être abandonnés pour le dommage qu'ils ont causé : rien de tel ne se présente pour la femme (Gaius, C. IV, 221). Le mari a des droits sur la personne de sa femme, mais il les tient non de la *manus*, mais du mariage. C'est ce que résume très bien M. Gide (op. cit., p. 120) : « La *manus* ne modifie point les rapports personnels des » deux époux, mais seulement leurs intérêts pécuniaires. » Si j'osais employer ici le langage du droit moderne, je » dirais que c'est une espèce de régime nuptial, et que ce » régime se rapproche de ce que nous appelons aujour- » d'hui une communauté universelle. C'est au point de » vue des rapports pécuniaires que la femme *in manu* » est, à la lettre, *loco filiæ*. »

Cette discussion, avec la conclusion que nous lui donnons, vient, par là même, faire tomber les affirmations de ceux qui déclarent qu'à Rome, les femmes *in manu* étaient traitées comme des esclaves (M. Gide, op. cit., p. 98, 101).

La *manus* alla tous les jours perdant de son impor-

tance. Elle avait perdu sa base le jour où, dans l'intérêt
des agnats, on avait cessé d'en faire la conséquence du
mariage. Puis la dot était venue en dénaturer l'importance et le but; lorsque les divorces augmentèrent, elle
devint par là même gênante, puisqu'elle était la suite
naturelle de l'indissolubilité des unions primitives. La
manus était devenue possible en dehors de tout mariage
parce qu'elle donnait à la femme un moyen facile de
rompre ses liens de famille et de s'affranchir de la tutelle
de ses agnats. Cette utilité disparut à son tour avec la
tutelle battue en brèche par des dispositions législatives
nombreuses et successives. Ainsi, par les lois caducaires
d'Auguste, les mères de trois enfants furent affranchies de
toute tutelle (Gaius, I. 150 et 154). Claude supprima celle
des agnats; la tutelle du père et celle du patron subsistèrent,
mais il est probable qu'au troisième siècle, la tutelle des
femmes *sui juris*, ayant atteint l'âge de la pleine maturité, c'est-à-dire 25 ans, avait complètement cessé. Dès
le troisième siècle, en effet, l'organisation du régime
dotal avait été pour elles une première émancipation.
Devenu comptable des biens constitués en dot, tout mari
avait pu dire comme un des personnages de Plaute :
« Pour la dot, j'ai vendu l'autorité. Argentum accepi,
dote imperium vendidi. » (*Asin.* 74). Des lois avaient été
nécessaires pour abolir la tutelle, mais, pour la *manus*,
ainsi que le dit M. Gide (p. 140), le progrès des mœurs
suffit. Gaius, Ulpien, Papinien en parlent encore (Gaius,
I, 112); mais les *Institutes* n'en parlent plus, et cela,
parce qu'à l'époque de Justinien, la *manus* a disparu
depuis longtemps. Quant aux différents modes de
l'acquérir, ils disparaissent aussi peu à peu : Gaius ne
parle plus de l'*usus* que comme d'un souvenir historique,
d'une vieille institution morte depuis longtemps. La

confarreatio cesse d'être employée après la ruine du paganisme, et nous avons vu dans les *Annales de Tacite*, combien, du temps de Tibère, elle était peu en usage. La *coemptio* fut emportée par la désuétude : elle subit le sort de toutes les institutions qui n'ont plus d'objet parce qu'elles sont désormais sans utilité.

Ces considérations générales étaient nécessaires pour expliquer les raisons d'être du divorce à Rome, et pour nous permettre de bien comprendre la portée des textes législatifs que nous rencontrerons par la suite.

Pour simplifier l'étude si complexe de la législation romaine sur le divorce, nous distinguerons deux grandes périodes : une première période comprendra l'examen des règles qui ont régi notre matière depuis les origines de Rome jusqu'à Auguste. La seconde période ira depuis Auguste jusqu'à Justinien. La première de ces deux périodes sera de beaucoup la moins importante ; la seconde comprendra l'étude des causes de divorce, des formes exigées, de la procédure à suivre, et des effets attachés à la rupture du lien conjugal, au triple point de vue des époux, des enfants et des biens.

Ce plan que nous adoptons, présente l'avantage de mettre un peu de clarté dans cette matière assez diffuse, et de nous permettre de suivre pour ainsi dire pas à pas et dans leur ordre chronologique et historique les nombreuses réformes introduites successivement. Nous verrons ainsi peu à peu se développer cette législation d'abord très obscure : dans la première période, les documents manqueront ou à peu près. Mais très rares pendant la période républicaine, ils augmenteront dans la période impériale. Avec les empereurs chrétiens les documents se presseront nombreux et importants : tout empereur, surtout Constantin et Justinien, tiendra à apporter sa pierre à l'édifice commencé par Auguste. L'examen du Digeste, du Code et des Novelles nous renseignera sur tous ces points ; nous insisterons surtout sur les réformes d'Auguste, de Constantin et de Justinien.

PREMIÈRE PÉRIODE.

DE L'ORIGINE JUSQU'A AUGUSTE.

« Il (le divorce) est ainsi appelé par ce que la rupture
» du lien conjugal est provoquée par la diversité des
» caractères, ou bien par ce que les époux séparés se
» retirent dans des endroits différents. » (L. 2, D.
XXIV, II). A Rome, le divorce présente deux aspects :
lorsqu'il s'opère par le consentement mutuel des deux
époux, il porte le nom de *divortium bona gratia ;*
lorsqu'il résulte du refus unilatéral de l'un des conjoints
de continuer la vie commune, on l'appelle *repudium.* Le
repudium s'étendait aussi à l'acte par lequel le fiancé
répudiait sa fiancée et réciproquement. (L. 2, § 2, D.
XXIV. II. — L. 191, D. L. XVI).

Le pouvoir de divorcer a été, dès l'origine, reconnu
aux époux romains. Nous avons vu pourquoi (Nov. 22,
cap. 3). — Le divorce était d'ordre public et les conventions particulières ne pouvait modifier cette institution.
Toute stipulation contraire était nulle. (L. 2. C. VIII, 39).

Le mari eut d'abord seul le droit de répudier sa femme
(Montesquieu, *Esp. des lois*, XVI, 16). Avec la *manus,*
le mari avait sur sa femme une autorité absolue : le droit
de la renvoyer sans la tuer était certainement compris
dans le droit plus large de vie et de mort. C'est ce que
Plutarque nous dit (*Vie de Romulus*, chap. 31). Par la
suite, les femmes purent répudier leurs maris, mais il est
fort difficile de préciser l'époque où ce droit leur fut
concédé : la loi des XII Tables est muette sur ce point,
et les documents qui existent ne donnent que des rensei-

gnements très vagues et très incertains. Voici le système que propose Montesquieu (op. cit., XVI, 16) : « Comme
» la loi d'Athènes donnait à la femme aussi bien qu'au
» mari la faculté de répudier, et que l'on voit que les
» femmes obtinrent ce droit chez les premiers romains,
» nonobstant la loi de Romulus, il est clair que cette
» institution fut une de celles que les députés de Rome
» rapportèrent d'Athènes, et qu'elle fut mise dans la loi
» des XII Tables. » Quoi qu'il en soit de ce système, il
est certain cependant que lorsque le divorce devint très
fréquent à Rome, on vit les femmes le demander, et
cependant les auteurs ne manifestent aucun étonnement.
A l'origine, lorsque le mari avait la *manus* sur sa femme,
il est permis d'affirmer que les femmes ne devaient pas
avoir le droit de répudiation : mais lorsque, d'une part,
le mariage sans *manus* devint possible, et, d'autre part,
lorsque la femme en se retirant chez son père, pendant
trois nuits, put empêcher l'usucapion de s'accomplir, il
ne paraît pas douteux qu'indirectement, et, tout au moins,
par l'intermédiaire de son père, la femme ait pu obtenir
la rupture du lien conjugal. Le père de famille, à Rome,
peut provoquer le divorce de ses enfants en puissance,
même malgré eux ; puis, la femme, à défaut de divorce
provoqué par le père, qui avait interrompu l'usucapion,
en se retirant trois nuits durant, n'avait qu'à rester chez
son père. Sans doute, dans ce cas, il n'y avait pas une
répudiation véritable, mais comme le mari n'avait aucun
droit sur sa femme ni par la mancipation, ni par l'usucapion, il en résultait qu'il ne pouvait la revendiquer. La
loi dût très certainement, à l'origine, se montrer moins
favorable à la femme qu'au mari, mais peu à peu l'égalité dut exister ici comme sur bien d'autres points.

Romulus, d'après Plutarque (*Vie de Romulus*, chap. 31),

avait fixé trois causes que le mari pouvait invoquer pour
répudier sa femme : si elle avait préparé du poison, trahi
la foi promise, falsifié les clefs ou fait une supposition de
part. Le mari cependant pouvait répudier même sans
cause. Ce que la loi voulait, dit Plutarque, c'est que celui
qui répudierait dans d'autres cas, fut obligé de donner la
moitié de ses biens à sa femme, et que l'autre moitié fut
consacrée à Cérès, on pouvait donc répudier dans tous les
cas, sauf à se soumettre à la peine.

L'adultère était considéré par les Romains comme le
plus grand crime que la femme put commettre, parce qu'il
introduisait dans la famille un sang étranger et parce que
c'était un profane qui devait offrir aux mânes des aïeux
le sacrifice désormais inefficace. L'adultère du mari ne
constitue qu'une faute morale. « Es-tu adultère, disait
Caton, ta femme n'oserait pas te toucher du bout du
doigt, et elle n'en a pas le droit. » (Aulu-Gelle, N.
Att. X, 23, 5). C'est ce que Plaute fait aussi remarquer.
« Par Castor, la condition des pauvres femmes est dure...
» Si un mari prend une maîtresse en cachette et que sa
» femme l'apprenne, on ne le punit point. Qu'une femme
» sorte de la maison sans que son mari le sache, l'époux
» intente un procès, et on la répudie. » (Le Marchand,
IV, 5). Si le mari surprend sa femme en flagrant délit,
il peut la tuer. S'il n'y a pas flagrant délit, la femme coupable pourra encore être punie, mais sans bruit, sans
scandale. La flétrissure des débats judiciaires lui sera
épargnée : la honte domestique restera ensevelie au sein
de la famille (M. Gide, p. 134). Le mari et les parents
de la femme, c'est-à-dire ses cognats, formeront le *concilium*, véritable tribunal de famille. La condamnation qui
intervient s'appelle *Decretum propinquorum, cognatorum*
(Val., VI, 3, 8). La peine de mort pouvait être prononcée

par le *concilium*. Si l'*uxor* est encore *filia familias*, c'est le père qui juge. Si n'étant plus *filia familias*, la femme n'est cependant pas *in manu mariti*, le *concilium* était encore convoqué pour juger (M. Esmein. *Délit d'adult.* à Rome, p. 6).

La procédure suivie devant le *concilium* n'était pas réglée. On puisait sa conviction où on voulait. Il est vraisemblable, dit M. Esmein (op. cit., p. 5), que pour découvrir la vérité, on devait torturer les esclaves, témoins nécessaires et parfois complices et fauteurs. Une condamnation publique était même possible. Un magistrat pouvait traduire la coupable devant l'assemblée du peuple, juge ordinaire au criminel. La peine était ou l'exil, ou une amende qui pouvait atteindre un million d'as. Tite-Live rapporte (X. 31) que dans un procès en adultère, l'amende fut assez forte pour qu'on put, avec cette somme, élever un Temple à Vénus (M. Esmein, p. 9). — Quant au complice, en cas de flagant délit, le mari pouvait le tuer ou le mutiler (Plaute. *Le soldat fanfaron*, V.) Il pouvait, comme la femme, être traduit devant l'assemblée du peuple.

Dans les premiers temps, le divorce fut peu employé à Rome; il était permis par les lois, mais il était défendu par les mœurs et par la religion. Il ne serait pas juste de dire, comme on le fait trop souvent, que le divorce de Carvilius Ruga ait été le premier. Les auteurs nous citent, en effet, deux divorces bien antérieurs; le divorce de Carvilius Ruga est de l'année 520 : or, en 470, le préteur Sempronius Sophus répudia sa femme parce qu'elle avait assisté aux jeux publics; et, en 420, Lucius Antoninus fut expulsé du Sénat pour avoir répudié sa femme sans prendre l'avis du *concilium*. L'étonnement des historiens qui relatent le divorce de Carvilius Ruga doit s'expliquer tout autrement qu'on le fait ordinairement. Jusqu'à cette époque, le divorce n'était provoqué que pour l'une des trois causes données par Romulus ; or, Carvilius Ruga répudia sa femme parce qu'elle était stérile, et la stérilité ne figurait point parmi les causes indiquées. De plus, il aimait sa femme, et il ne la répudia que parce qu'il avait fait le serment aux Censeurs de donner des enfants à la République. Montesquieu donne une autre explication également très admissible et qui prouve qu'il n'y a pas lieu de voir dans ce divorce un signe de l'affaiblissement des mœurs. « Ce n'est point parce que Carvilius Ruga » répudia sa femme qu'il tomba dans la disgrâce du » peuple..... Mais Carvilius avait fait un serment aux » Censeurs..... C'était un joug que le peuple voyait que » les Censeurs allaient·mettre sur lui..... Mais d'où peut » venir une telle contradiction entre ces auteurs? Le » voici : Plutarque a examiné un fait, et les autres ont » raconté une merveille. » (Op. cit., XVI, 16). Montesquieu ajoute qu'il suffit de connaître la nature de l'esprit humain pour sentir quel prodige ce serait que, la loi donnant.à tout un peuple le droit de répudiation, personne n'en usât.

Quoi qu'il en soit, il est certain que, par la suite, la même réserve ne fut plus gardée vers la fin de la République. Le divorce devint fréquent : l'incompatibilité d'humeur était le motif habituellement allégué. Du reste, pas de scandale, point d'éclat, car aucune formalité n'est imposée. Chacun reprend ses affaires, et va vivre comme il l'entend. Aux premiers temps, un temple dédié à la déesse conciliatrice Viriplaca recevait les époux en désaccord, et bien souvent on s'y réconciliait. Mais désormais on ne prend plus le chemin du temple dédié à la déesse, et on court chez le prêteur.

Les poètes nous font un triste tableau des mœurs de cette époque. Plaute nous montre deux matrones dont l'une se plaint et que l'autre console et exhorte. « Ecoute-» moi, dit la conseillère, ne lutte pas avec ton mari, laisse-» le aimer, fais ce qui lui plaira, puisque rien ne te » manque chez toi : prends garde au mot redoutable : » dehors, femme. » (Casina, II, 2). C'est là, en effet, la formule terrible qui oblige toute femme pauvre à souffrir en silence. « La femme sans dot, dit encore Plaute » (Aulul., III, 5), est à la disposition de son mari ; les » femmes dotées sont des bourreaux pour leurs époux. »

On pourrait croire que le poète, comme tous les satiriques, a exagéré, et il en résulterait que sa vérité est un demi-mensonge. Mais la réalité est cependant encore plus lamentable. Cicéron, obéré par les honneurs qu'il briguait, répudia Terentia pour avoir la riche dot de Publilia. Publilia fut elle-même répudiée parce qu'elle n'avait pas suffisamment pleuré la mort de sa fille Tullia. — On connaît le mot de César à ceux qui lui reprochaient d'avoir renvoyé sa femme sur un simple soupçon d'adultère. Paul-Emile renvoya sa femme sans motif, et fit une réponse analogue à celle de César : « Ce soulier vous paraît bien fait, mais il n'est aucun de vous qui sache où il me blesse le pied. » D'après Sénèque (De Benef., III, 16), les femmes comptaient les années par le nombre de leurs maris. Les femmes qui n'avaient allumé qu'une fois le flambeau de l'hyménée étaient très honorées. Juvénal déclare qu'une bonne épouse est plus rare que le corbeau blanc (Sat., VII, 202); et, sous Auguste, pour échapper aux pénalités des lois contre les célibataires, on prend femme pour un moment, sauf à la renvoyer ensuite : on se trouve ainsi pendant un an à l'abri des sévérités de la loi.

« La liberté de leurs démarches, dit M. Emile Gebbart
» (*Rev. des Cours littéraires*, VIe année, p. 453), en
» parlant des femmes romaines, était sans limites. Elles
» fréquentaient les spectacles et les festins, entourées de
» leurs amis particuliers, accompagnées du damoiseau
» frisé qui était l'intendant et le confident, et que Martial
» nous montre, le bras droit passé autour de leur siège
» et leur chuchotant sans cesse à l'oreille. Le mari qui
» médite peut-être une répudiation prochaine, salue
» respectueusement sa femme du titre de madame,
» *domina*, et les clients, qui tremblent devant elle, de celui
» de reine. Quant aux enfants nés entre deux divorces, et
» élevés souvent près de la seconde ou de la troisième
» femme de leur père, on les livre à quelque esclave
» grec qui leur enseigne la rhétorique creuse dont se
» moque Pétrone, ou à quelque pédagogue aventurier qui
» les corrompt. »

DEUXIÈME PÉRIODE.

D'AUGUSTE A JUSTINIEN.

Trois chapitres seront consacrés à l'étude de cette deuxième période. Le premier chapitre sera relatif aux causes du divorce. — Le second chapitre comprendra l'examen de la procédure et des formalités du divorce, et nous verrons ainsi qui peut demander le divorce, dans quelles formes il doit être demandé, et quelles sont les fins de non-recevoir qui peuvent être opposées à la demande de l'un des époux. — Le troisième chapitre aura trait à la matière très délicate et très importante des effets du divorce, en ce qui concerne les époux, les enfants et les biens.

CHAPITRE Ier

Des causes du divorce.

Nous avons vu combien est sombre le tableau de l'état des mœurs que tracent les moralistes et les poètes. A l'époque de Plaute, on se borne à se menacer du divorce, mais on ne réalise pas les menaces; à l'époque de Térence, au contraire, le divorce est entré définitivement dans les mœurs. A l'abandon des vieilles traditions républicaines et des anciennes coutumes religieuses, correspondent de nombreux divorces; la disparition de la *manus*, en donnant les mêmes facilités de rompre le mariage aux deux époux, est venue encore augmenter le mal. Cet état fut l'objet de toute la sollicitude d'Auguste;

de là toutes les mesures législatives que nous rencontrerons bientôt, les lois Julia *De Maritandis ordinibus*,
Papia Poppoea, et la loi Julia *De Adulteriis*. L'Etat
s'immisce alors dans les affaires domestiques : le tribunal
des parents a fait place à un tribunal public. On ne
touche ni au divorce *bona gratia*, ni au *repudium* qui
restent permis en toute liberté, mais, désormais et toujours,
il y aura lieu à une intervention de la justice pour régler
tout au moins la question de la dot.

Il faut arriver à Constantin et aux changements provoqués dans les idées par le Christianisme, pour trouver
une réforme sur ce point, et encore cette réforme est-elle
bien timide. Elle est contenue dans une constitution de
l'an 331, et restreint la faculté de répudier (L. 1, C.
Théod., III, XVI). Le meurtre, l'empoisonnement, la
violation des tombeaux peuvent être invoqués par la
femme contre le mari ; l'adultère, la magie, le proxéné-
tisme par le mari contre la femme. Des peines graves
sanctionnent cette réforme. Le divorce par consentement
mutuel est supprimé. La loi 7 au Code (V, XVII) contient
une nouvelle cause de divorce : la femme d'un soldat,
après quatre années d'absence de son mari, peut se
remarier, sans craindre de perdre sa dot ou d'encourir la
peine capitale, pourvu qu'elle notifie son intention au
commandant de la troupe à laquelle appartient son mari.

Avec Théodose II et Honorius, la liberté du divorce
est de nouveau proclamée, en 438 (L. 2, Code Théod.
III, XVI). Mais en 449 (L. 8, C. V, XVII), Théodose et
Valentinien reviennent au système restrictif de Constantin.
Dans l'intérêt des enfants, le divorce par consentement
mutuel est de nouveau supprimé. La femme peut répudier
son mari lorsqu'il est adultère, — ce qui est une innovation — homicide, empoisonneur, lorsqu'il conspire contre

le gouvernement ou lorsqu'il a été condamné pour crime de faux, s'il a violé des tombeaux, soustrait des biens appartenant aux églises, s'il est brigand, voleur de bétail, plagiaire, s'il amène dans le domicile conjugal des femmes de mauvaise vie, s'il attente à la vie de sa femme ou se livre sur elle à des actes de brutalité. — Le mari peut invoquer ces mêmes causes contre sa femme, et en outre il peut la répudier si elle assiste à des banquets avec des étrangers, si elle découche, si elle va au théâtre, au cirque, aux arènes, sans sa permission, si elle commet le crime de faux ou si elle bat son mari ou ses enfants. Des pénalités rigoureuses sont édictées contre les époux qui répudient sans prouver une des causes ci-dessus. — En 497, l'empereur Anastase (L. 9, C., V, XVII) rétablit le divorce par consentement mutuel et supprima les pénalités de la constitution de Théodose et de Valentinien.

Justinien, dans les *Novelles*, a modifié radicalement l'ancienne législation (*Nov.* XXII et CXVII), mais comme il est revenu souvent sur son œuvre, l'étude des réformes de Justinien n'est pas sans présenter bien des difficultés. Il distingue (*Nov.* XXII, chap. IV) trois sortes de divorce : par consentement mutuel, *bona gratia* et avec cause. « *Alia* quidem consentiente utraque parte : » pro quibus nihil hic dicendum est, pactis causam sicut » utrique placuerit, gubernantibus : *alia* vero per » occasionem rationabilem, quæ etiam bona gratia » vocatur : *alia* vero citra omnem causam : *alia* quoque » cum causa rationabili. »

Le divorce *bona gratia* peut être provoqué pour cinq causes énumérées dans les chapitres V, VI et suivants (*Nov.* XXII) : 1° Le *Monachisme*. L'époux qui veut entrer dans la carrière monastique, pour émigrer vers une vie meilleure et vivre dans la continence, peut répudier en toute liberté. Le mariage est rompu comme par la mort, et aucune déchéance n'est prononcée ; — 2° *L'impuissance* (chap. VII) prolongée pendant trois ans et antérieure au mariage. La loi 10 (C. V. XVII) fixait un délai de deux ans que la *Novelle* XXII porte à trois ans ; — 3° *La captivité* (chap. VII). Le mariage n'est plus rompu de plein droit, mais seulement si l'époux libre le veut; Justinien déclare agir ainsi par humanité. Tant qu'il est certain que le captif est vivant, le mariage subsiste. Mais s'il y a doute, après cinq années, l'autre conjoint peu se remarier, sans qu'il y ait à craindre, pour l'homme, la perte de la donation *ante nuptias*, pour la femme, celle de la dot ; — 4° *La servitude* (chap. VIII et suiv.) L'époux condamné *ad metallum ou ad bestias* perd la liberté et devient *servus pœnæ*. A l'origine, le mariage se trouvait dissous par suite de cette *maxima capitis deminutio* : le *connubium* disparaissant, le conjoint condamné cessant d'être citoyen romain, le mariage devait disparaître également. Pour empêcher ce résultat, Justinien décida que le condamné conserverait en droit sa qualité d'homme libre (chap. VIII. *Nov.* XXII). Cette décision, dit M. Accarias (I, p. 73), était moins favorable au condamné que gênante pour son conjoint. Dans les autres cas où la servitude était encore encourue à titre de peine à l'époque de Justinien (ingratitude de l'affranchi envers son patron et vente frauduleuse qu'un homme libre et majeur de vingt ans consentait de sa personne pour bénéficier du prix), le mariage reste dissous (*Nov.* XXII, chap. IX). — Quant à la déportation et à l'interdiction de l'eau et du feu, elles ne rompent pas le mariage (*Nov.* XXII, chap. XIII. L. 1. C. V. XVII). M. Accarias (I, p. 73), enseigne même que la décision relative au *servus pœnæ* fut probablement étendue dans la pratique à toutes les condamnations qui jusque-là emportaient la perte de la liberté ; — 5° *L'absence*. Justinien élève à dix ans le délai de quatre ans fixé par Constantin (*Nov.* XXII, chap. XIV). La femme doit s'efforcer d'avoir des nouvelles de son mari en lui écrivant. Au bout de dix ans de silence, si son mari renie clairement son mariage ou se tait complètement, alors elle peut lui envoyer le libelle en le faisant parvenir soit au maître des soldats, soit au général, soit au tribun : elle doit agir ainsi si elle ne veut pas encourir certaines pénalités. Justinien (*Nov.* XXII, chap. XIV, § 1), déclare que ces cinq causes sont les façons les plus douces de rompre le mariage : *mitiores nuptiarum solutiones*. C'est pour ce motif que le divorce a lieu en quelque sorte par consentement mutuel : *sub bona gratia*.

Quant au divorce pour juste cause, Justinien (chap. XV) s'en rapporte aux causes données par Théodose II le Jeune, auxqelles il en ajoute trois nouvelles : l'avortement, le dévergondage de la femme, l'intention qu'elle manifeste de prendre un nouvel époux alors qu'elle est encore mariée.

Dans la *Novelle* CXVII, Justinien diminue les facilités du divorce. Il supprime le divorce par consentement mutuel, mais il le maintient dans le cas où les époux veulent se consacrer à la vie religieuse (chap. X). Il ne conserve comme causes de divorce *bona gratia* que le monachisme, l'impuissance et la captivité. Il réduit le nombre des causes de divorce : le mari ne pourra plus désormais invoquer contre sa femme que les causes suivantes (chap. VIII) : 1° la femme a eu connaissance d'un complot contre la sûreté de l'Etat et ne l'a pas dit à son mari ; 2° l'adultère ; 3° elle a voulu porter atteinte, par elle-même ou par autrui, à la vie de son mari ; 4° elle mange ou va se baigner avec des étrangers contre la volonté de son mari ; 5° elle quitte le domicile conjugal *nolente marito*; 6° elle va au cirque, au théâtre, aux arènes. — Quant à la femme, elle peut invoquer contre son mari les causes suivantes : 1° la conspiration contre la sûreté de l'Etat ; 2° il a cherché à attenter à sa vie ou il a refusé de la protéger ; 3° elle a été accusée faussement d'avoir commis un adultère ; 4° il a essayé de la prostituer ; 5° l'entretien d'une concubine au domicile conjugal ou dans la ville, et l'inconduite du mari attestée par les siens, les parents de sa femme ou par des personnes dignes de foi. — La violation des tombeaux, les brutalités du mari à l'égard de sa femme cessent d'être des causes de divorce. Le chapitre XIV semble même donner au mari le droit de correction sur la femme dans tous les cas où il pourrait la répudier. La femme dont le mari est absent ne peut se remarier que si elle est assurée de la mort de son mari ; elle doit en outre demander aux chefs de la troupe à laquelle appartenait son mari de jurer sur les Évangiles qu'il est bien mort. Même dans ce cas, elle doit attendre un an avant de se remarier, sous peine d'être considérée et traitée comme adultère, ainsi que son nouveau mari. Les chefs convaincus de faux témoignage pourront être, sur la demande du mari, condamnés à lui payer dix sous d'or (chap. XI). — Les pénalités corporelles et pécuniaires encourues par les époux qui divorcent sans cause furent aggravées par Justinien.

Ces réformes de la *Novelle* CXVII furent supprimées en partie par le successeur de Justinien, Justin qui rétablit le divorce par consentement mutuel (*Nov.* CXL, chap. I).

Léon le Philosophe le supprima de nouveau, mais il

admit comme causes de divorce, au profit du mari, le fait
par la femme de chercher un autre époux du vivant de
son mari, ou de se faire avorter en haine de son mari.
(*Constitut.* **XXX, XXXI**). Il considère dans les *Consti-*
tutions **CXI** et **CXII**, comme une cause légitime de
divorce, la folie dont Ulpien s'est occupée dans la loi 4
au *Digeste* (**XXIV**, II), non pas pour en faire une cause
de divorce, mais pour savoir si le fou jouit de la capacité
nécessaire pour divorcer, ainsi que le prouve la loi 16,
§ 2 au *Digeste* (**XXIII, II**). Mais la folie, pour être
invoquée comme cause de divorce, doit dégénérer en
fureur : *maritusque ab intolerabili illâ calamitate exone-*
retur. De plus, il faut qu'elle dure depuis trois ans pour
la femme, depuis cinq ans pour le mari.

CHAPITRE II

De la procédure du divorce.

Nous examinerons successivement dans ce chapitre :
qui peut demander le divorce ; quelles sont les formalités
à accomplir et les preuves à fournir ; quelles sont les fins
de non recevoir opposables à la demande en divorce?

I. — *Qui peut demander le divorce ?* — Le divorce est,
à Rome, en principe tout au moins, un acte libre, que
nulle autorité ne peut ni interdire ni imposer (M. Accarias, I, p. 197). Quelques réserves doivent être faites, et
il faut distinguer suivant qu'il s'agit d'une personne *sui*
juris ou *alieni juris.* Dans le premier cas, à l'origine, il
est vrai de dire que le divorce est véritablement un acte
libre. Mais nous savons déjà qu'en ce qui concerne les
enfants *alieni juris,* des droits considérables avaient été

donnés au père dont le consentement devait être demandé pour divorcer, mais qui en plus pouvait rompre à sa volonté le mariage qu'il avait autorisé. C'était un pouvoir arbitraire et dangereux. La loi obligeait le père à doter sa fille (L. 19, D. XXIII, II) ou à consentir à son mariage; pour compléter cette réforme commencée par Auguste et généralisée par Septime Sévère, Antonin le Pieux fit prévaloir les droits du mari sur ceux du père. Et alors les tribunaux qui, au besoin, contraignaient le père au mariage, purent aussi le contraindre à respecter le mariage accompli (L. L. 1, § 5. — 3, D. XLIII, XXX. — L. 11, C. V, IV. — M. Gide. p. 134). Le père conserva cependant le droit de provoquer lui-même le divorce de ses enfants dans les cas de force majeure, ou lorsque l'enfant se trouvait, par suite de son état de démence, dans l'impossibilité de manifester sa volonté (L. 4, D. XXIV, II). Le père n'avait pas ce pouvoir exceptionnel en ce qui concernait ses enfants émancipés. La mère ne l'eut jamais et à aucune époque (L. L. 4 et 5. C. V, XVI). — Justinien, confirmant toute cette législation, décida cependant que les enfants, en puissance ou non, ne pourraient pas divorcer sans le consentement des père et mère, à peine de perdre la dot ou la donation *ante nuptias* que ceux-ci leur avait constituée ou avaient reçue en leur nom (L. 12, C. V, XVII). C'était là un moyen de remédier à une fraude assez fréquente : les enfants répudiaient sans cause légitime, mais en réalité pour forcer leurs parents à la restitution de la dot et de la donation *ante nuptias*. Puis, ils vivaient ensemble et se réunissaient secrètement (*Nov.* XXII, chap. XIX). En conséquence, Justinien décida que le divorce ainsi prononcé n'aurait aucune influence contre les parents et qu'on ne pourrait pas les contraindre au paiement des amendes qui étaient infligées dans les cas de divorce injuste.

L'esclave qui a été affranchie, puis épousée par son patron, ne peut le répudier. (L. 45, D., XXIII. II). Si elle divorce malgré cette défense, elle ne peut pas recouvrer sa dot, ni s'unir, *invito domino*, à un autre homme, soit en mariage, soit en *concubinat* (L. 51 pr. D. XXIII. II — L. L. 10 et 11 D. XXIV. II — L. 2. pr. D. XXV. VII). La défense cesse pour l'affranchie, dès qu'on peut induire des sentiments du patron, qu'il ne veut plus la regarder comme sa femme. (L. 11 § 2. D. XXIV. II).

Le droit romain nous donne la situation inverse : ainsi la loi Julia *De Adulteriis* prescrit au mari de répudier sa femme adultère, sinon il doit encourir les peines du *lenocinium*. Dans le cas d'adultère, il ne peut plus la tuer, comme avant Auguste, mais il doit la répudier. « Sous Auguste, dit M. Gide (p. 134 et 135), c'est l'Etat » qui prend soin de venger l'honneur du mari : tout » citoyen peut traduire devant les tribunaux criminels la » femme soupçonnée d'adultère : si le mari veut se faire » justice à lui-même, s'il tue sa femme, fut-ce en flagrant » délit, il est puni comme meurtrier. Le père seul a » conservé le droit de tuer, au moment du délit, sa fille » et le complice. » (L. L. 22 § 4, 23 § 4, 20 et 21, 24 pr. et § 1, 32. D. XLVIII, V—Paul, Sent: I, 26, 4). L'adultère du mari continue à n'être pas punissable. Mais pour que l'adultère de la femme soit punissable, il faut qu'au fait matériel se joigne l'intention coupable. (L. 12. D. XLVIII. V). Cette décision de la loi 12 s'explique par la grande facilité des divorces et des mariages qui donnait parfois à une union ou à un veuvage, ainsi que le dit M. Esmein (p. 17), une durée de 24 heures. « Uxorem, dit Suetone (Tib., 35) pridie sortitionem ductam postridie

repudiasset. » La femme adultère ne pouvait être punie
que si c'était une *mater familias,* car la loi romaine ne
surveillait que la matrone, la femme de la bonne société.
Quant aux autres, ce sont des femmes « in quas stuprum
non committitur. » (L. 1 § 1. D. 25. 7). Mais pour que
le mari soit tenu de répudier sa femme, et de faire punir
son complice, sous peine de commettre le délit de *lenocinium,* il faut qu'il ait surpris sa femme en flagrant délit.
Cette nécessité de répudier est bizarre, mais elle s'explique,
dit M. Esmein (p. 23) « par le caractère inflexible de la
» vieille religion de famille, qui ne comprend pas la gran-
» deur du pardon, et pour qui le premier des devoirs est
» la vengeance. Sans doute, c'est bien là une idée propre
» à l'antiquité; mais ce n'est pas elle qui semble avoir
» préoccupé le rédacteur de la loi Julia; c'est l'avilisse-
» ment des caractères qui l'inquiète. Pour le Romain du
» siècle d'Auguste, la vieille religion n'est plus qu'une
» légende; mais, chose plus grave encore, il n'est plus
» sensible à l'honneur : il n'a pas appris le pardon et il ne
» sait plus se venger; il faut que la loi le fouette, pour
» qu'il sente la honte. » M. Esmein nous montre ainsi
que toutes ces sévérités de la loi Julia avaient pour but
d'empêcher l'éclosion de ces maris pour rire que les riches
romains allaient chercher dans les classes pauvres, et qui
d'avance connaissaient leur rôle. C'est pour ce motif que
la loi déclare que si le mari reçoit de l'argent pour se
taire, il sera punissable. (L. 29 § 2. D.) On voulait aussi
par ce moyen empêcher le chantage, et sévir par là même
contre ceux qui, d'accord avec un mari trompé, jouaient
le rôle de comparses, et n'étaient en réalité que des
témoins réunis par le mari, pour constater l'adultère et
pour amener ensuite un arrangement à prix d'argent. La
loi punissait ces comparses lors même qu'ils ne recevaient

rien. (L. 14. pr. L. L. 10 § 1 et 29 § 2. D.) Ces règles
s'appliquaient aussi bien à la femme qu'au mari. Sans
doute la femme ne pouvait pas poursuivre l'adultère de
son mari, mais pour l'atteindre, elle avait l'action *de
moribus*, par laquelle le juge devait rechercher et punir
les torts du mari. La répudiation devait précéder la punition de la femme adultère. Mais toutes les sévérités
qu'édictaient ces lois, qu'Auguste intitulaient lois sur la
pudeur, furent inutiles. « Chaque effort du législateur,
» écrit M. Gide (p. 150 et 151), pour contenir la
» débauche, provoquait des raffinements de débauche
» nouveaux. La loi rendait les célibataires incapables
» d'acquérir les legs : on couvrit du nom de mariage les
» plus infâmes commerces, on se maria, comme dit Plu-
» tarque, pour avoir, non pas des héritiers, mais des
» héritages. La loi punissait la femme adultère, en
» exceptant toutefois les prostituées : on vit des matrones
» romaines, pour échapper aux peines de l'adultère, faire
» publiquement métier de prostitution. La loi conférait
» de nombreux privilèges aux citoyens pères de plusieurs
» enfants : les maris cherchèrent à se procurer ces privi-
» lèges en encourageant les désordres de leurs femmes.
» Pour assurer la répression, il fallut que la loi invitât
» tout citoyen à dénoncer à la justice criminelle, non
» seulement la femme adultère, mais encore le mari qui
» consentait à l'adultère de sa femme. Et comme une
» grande partie des peines pécuniaires encourues pour
» ces délits de mœurs tombait dans les caisses de l'Etat,
» l'Etat répandit dans Rome et l'Italie des légions de
» délateurs à gages pour épier et divulguer la honte des
» familles. » La loi Julia disparut peu à peu, malgré les
efforts tentés par les empereurs et notamment par Domi-
tien et Septime Sévère. Le meurtre de la femme adultère

était interdit au mari; dans la suite, le droit nouveau lui accorda dans ce cas une mitigation de la peine, quelque chose comme l'excuse atténuante que reconnaît notre droit français.

Constantin rétablit contre l'adultère la peine de mort, parce qu'alors, sous l'influence du Christianisme qui venait de reconstituer la famille, la voulant sainte et forte, la religion consacrait le mariage, et la violation de la foi conjugale était presque un sacrilège (M. Esmein, p. 73 et 74). Mais la poursuite de l'adultère, à partir de cette époque, ne fut plus permise qu'aux parents, et Constantin déclara que dorénavant l'accusation ne serait plus ouverte qu'aux personnes *proximæ* et *necessariæ* : le mari, et à son défaut le père, l'oncle paternel et l'oncle maternel (L. 30 pr., C. IX, IX ; L. 2, C. Théod., IX, VII). L'adultère du mari, par une juste réciprocité, devient une cause de divorce que la femme peut invoquer (L. 8, §§ 2, 4, C. V, XVII).

Justinien maintint la peine de mort pour *l'adulter* et les fauteurs du délit *(Nov.* CXXXIV, chap. X), mais il adoucit la situation de la femme adultère. Le divorce n'est plus le préliminaire obligatoire de la poursuite en adultère, et le mari peut pardonner même après la condamnation. La même *Novelle* (chap. VIII, § 2) décide que le mari ne pourra divorcer pour cause d'adultère que s'il a d'abord poursuivi et fait condamner sa femme. Si elle est condamnée, elle sera fustigée, puis enfermée dans un cloître *(Nov.* CXXXIV, chap. X). Le mari aura deux ans pour pardonner : s'il pardonne, le mariage sera considéré comme existant toujours. Dans le cas contraire, la femme aura la tête rasée ; elle sera revêtue de l'habit monastique et elle restera enfermée toute sa vie dans un couvent. Et ainsi que le dit M. Esmein (p. 77), ce n'est

pas seulement une veuve, c'est une pénitente que fait de
la coupable le droit nouveau. C'est là l'origine de notre
article 337, C. pénal. Mais, en outre, le mari qui n'est
plus obligé de répudier sa femme peut la fustiger
(chap. XVI); il peut tuer le complice impunément, même
en dehors du flagrant délit, sauf à faire constater par
trois témoins honorables qu'il a trouvé sa femme avec son
amant (chap. XV).

II. — *Formalités à accomplir.* — A l'origine, les
époux divorcent sans avoir à accomplir la moindre formalité. Les époux divorçaient par le consentement mutuel
ou par la volonté de l'une des parties. Une seule exception existait pour le mariage par *confarreatio* qui
demandait une cérémonie contraire appelée la *diffareatio*.
Sauf ce cas, la procédure était donc très simple. Il suffisait de la volonté libre et spontanée. Paul déclare (L. 3,
D. XXIV, II) que le divorce n'est possible qu'autant que
cette volonté est en outre persistante ; par conséquent,
tout ce qui se dit ou se fait par colère doit être négligé.
Le divorce ne doit pas être considéré comme existant,
si le conjoint, qui a répudié dans un moment d'em-
portement, a changé sa résolution bientôt après. L'in-
sensé, d'après Julien, ne peut répudier, mais il peut
être répudié (L. 4). Le divorce par consentement mutuel
ne fut jamais soumis à aucune formalité légale : il en
fut de même de la répudiation jusqu'à Auguste et
jusqu'aux lois caducaires. Les jurisconsultes nous parlent
bien de formules employées par le conjoint qui répudiait.
Gaïus (L. 2, § 1) nous donne les expressions employées :
Tuas res tibi habeto, ou *tuas res tibi agito*, mais ces
formules avaient été introduites par l'usage, et elles
n'étaient pas obligatoires. Cela est tellement vrai, qu'au

temps de Cicéron (*De Orat.*, I, 40), on discutait la question de savoir si le divorce pouvait résulter d'une manifestation tacite de volonté, et, par exemple, d'un second mariage contracté par le mari et non précédé de la répudiation de la première femme. Puis, la volonté, même manifestée, devait être persévérante, et cela prouve bien que l'envoi du *libellus repudii* était une formalité sans importance et sans conséquence (L. 7) : « durare matri-
» monium, dicendum, nisi, poenitentia cogita, is, qui
» accepit, ipse voluit matrimonium dissolvere : tunc enim
» per eum qui accepit, solvitur matrimonium. » —
L'adoption d'un gendre ou d'une bru, sans émancipation préalable du conjoint, nous offre un cas de divorce tacite, et on en trouve encore un cas lorsque le mari d'une affranchie accepte la dignité de sénateur (L. 28, C. V, IV).

Auguste soumit la répudiation à certaines formalités que les lois Juliennes et Papiennes rendaient nécessaires. Ainsi la loi Julia *De Adulteriis* faisait courir, en faveur du mari, à partir du divorce, des délais assez brefs pour accuser la femme ; pendant 60 jours, le mari et le père de la femme avaient seuls le droit de la poursuivre pour adultère ; après ce délai, les étrangers pouvaient la poursuivre encore pendant quatre mois utiles (L. L. 4, § 1 ; 11, § 4 ; 14, § 2, D., XLVIII, V). Puis, la femme ne peut, pendant un délai de 60 jours, aliéner ou affranchir un esclave (L. 12 pr. D., XXIII, II. — Paul. Sent., II, 26, § 14). Les époux divorcés étaient assimilés aux célibataires, le mari aussitôt après le divorce, la femme après un délai de 18 mois. Il importait donc, pour tous ces motifs, qu'il fut facile de fixer la date précise du *repudium*. Aussi, Auguste ordonna-t-il que la volonté de répudier fut exprimée désormais en présence de sept témoins citoyens romains et pubères (L. 9, D., XXIV, II). La loi

Julia disparut, mais cette innovation qu'elle contenait
subsista, et le Christianisme en justifia l'importance par
un motif nouveau : c'est que les mariages devaient être
plus difficiles à dissoudre qu'à contracter (L. 8 pr.,
C. V, XVII. — M. Accarias, I, p. 196). — Nous avons
vu Constantin, puis Justinien, édicter certaines formalités
spéciales à la répudiation que voulait prononcer la femme
dont le mari était absent à l'armée (L. 7, C. V, XVII ;
Nov. XXII, chap. XIV ; *Nov.* CXVII, chap. XI).

III. — *Des preuves.* — Les preuves auxquelles on
peut avoir recours en notre matière, diffèrent de celles
admises par le droit commun, notamment au point de vue
des dépositions des esclaves et des proches parents, dont
s'occupe la loi Julia *De Adulteriis.*

A Rome, d'après le droit commun, les esclaves n'étaient
jamais entendus sans être soumis à la torture, et en
outre ils ne pouvaient pas être témoins contre leur maître
accusé : *in caput domini servus non torquetur.* (L. 1,
§§ 7, 13, 16, D. XLVIII, XVIII ; L. I, C. IX, XIV).
Tous les esclaves qui n'appartenaient pas à l'accusé
pouvaient être produits contre lui, mais l'accusateur ne
pouvait pas forcer leur maître à les livrer. Il fallait donc
les acheter de gré à gré. — La loi Julia *De Adulteriis*
donnait au contraire toute facilité pour recueillir le
témoignage des esclaves et des proches parents. Décider
le contraire eût été peu logique, car on aurait ainsi perdu
de précieux témoignages, et la justice aurait été privée
d'un puissant moyen d'investigation. C'est pour ce motif,
et pour assurer la *quæstio servorum*, que la femme
répudiée et certains de ses parents ne pouvaient pas
aliéner ou affranchir leurs esclaves dans les 60 jours qui
suivaient sa répudiation. (L. 12 pr., § 1 ; L. L. 13, 14,
§§ 3 et 7, D. XL, IX).

La loi est très précise sur tous les points qui concernent cette matière très importante L'accusé est-il un esclave, alors sans aucun doute, il pourra être torturé. Dans le droit commun, lorsqu'un esclave est accusé *judicio publico*, il peut, d'après l'avis de certains auteurs, être toujours mis à la torture sur la demande de l'accusateur. Pour se faire indemniser du préjudice qu'il éprouve, si l'esclave est déclaré innocent, le maître n'a que l'action de dol, en cas de mauvaise foi évidente de la part de l'accusateur. La loi pose une règle différente en notre matière. « Ici, en effet, écrit M. Esmein (p. 56), les » accusations téméraires sont facilement présumables, » surtout s'il s'agit d'un esclave. L'accusateur devra » respecter la propriété d'autrui : les juges estimeront » l'esclave, et, en cas d'absolution, l'accusateur devra » payer au maître le double de cette estimation. Il y avait » peut-être une spéculation judiciaire ; dans tous les cas, » la loi donnait une *condictio ex lege* pour assurer le » recouvrement de cette somme, L. 28, D. XLVIII, V. » — C'est surtout lorsque l'accusé est une personne libre que la loi Julia pose des règles importantes et exceptionnelles. Ainsi, en matière d'adultère, les esclaves de l'accusé pourront être entendus contre lui, et l'accusateur pourra en outre obliger les tiers à livrer leurs esclaves pour la question, moyennant une juste indemnité. On pourra aussi mettre à la question les esclaves du père, de la mère, du grand-père et de la grand'mère de la femme adultère (L. 3, C., IX. IX). Les mêmes principes doivent être suivis quand il s'agit du complice de la femme. Pour assurer l'observation de ces règles, et pour se faire livrer les esclaves, le père ou le mari ont l'action *ad exhibendum* contre le propriétaire (L. 3, C.) L'affranchissement de ces esclaves, dans les 60 jours du divorce, est frappé de nullité par la loi ; ces esclaves deviennent esclaves publics, on ne veut pas que la crainte ou l'espoir puissent les empêcher de parler contre leurs maîtres (L. 12 §§ 1 et 5. D. XL. IX — L. 27 §§ 11, 13, 14. D., XLVIII. V). Ce droit de réclamer la torture accordé d'abord seulement au père et au mari, fut ensuite accordé à tout accusateur (L. 6. C., IX. IX. — L. 27 § 6. D., XLVIII. V.—*Sic* : M. Esmein, v. 59). Cela dura jusqu'à Constantin pour les étrangers, puisque cet empereur déclara que dorénavant l'accusation ne serait plus ouverte qu'aux personnes *proximæ* et *necessariæ*. Les *extranei* furent, à partir de Constantin, tous les parents à qui le droit d'accusation était accordé après le mari.

Le témoignage des esclaves disparut sous Léon le Philosophe, dans la Constitution XLIX, parce que ceux qui ne sont pas libres ne sauraient être admis à témoigner.

IV. — *Des fins de non recevoir.* — Le fait allégué par l'un des conjoints peut être écarté par la preuve de la réconciliation (L. 13 §§ 9, 10. D. XLVIII. V).

La réciprocité des torts pouvait bien être invoquée pour empêcher les déchéances pécuniaires et les pénalités qui résultaient du divorce, mais non pour mettre obstacle au divorce lui-même. Les textes que nous possédons sont formels dans ce sens. (L. 39. D. XXIV. III). — Le mari qui encourage l'adultère de sa femme peut demander le divorce, mais il ne saurait rien retenir de sa dot. (L. 47. D.) Des modifications furent apportées sur ce point dans la suite. Le *lenocinium* du mari, dit Ulpien, ne fera point tomber la poursuite qu'il intente postérieurement au divorce, mais il pourra être accusé à son tour (L. 2, § 4. D.) Ce droit de contre-accusation n'appartenait pas à la femme qui n'avait pas le *jus accusandi*, mais on admit, par la suite, que le juge pourrait d'office appliquer la peine au mari. (L. 2 § 6. D. — M. Esmein, p. 61 et 62).

CHAPITRE III

Des effets du divorce.

Dans ce chapitre, nous envisagerons les effets du divorce au point de vue : 1° Des personnes, c'est-à-dire des époux et des enfants ;

2° Des biens.

SECTION I.

Effets quant aux personnes.

I. — *Effets à l'égard des époux.* — Le divorce a pour premier effet de rompre le mariage, de faire perdre aux anciens conjoints le titre de *vir* et d'*uxor* et de leur rendre leur liberté. Le devoir de fidélité cesse pour l'avenir. C'est une date importante que celle qui voit se produire cette rupture du lien conjugal. C'est ainsi que nous avons vu cette date servir de point de départ au délai de 60 jours pendant lequel la femme adultère ne peut pas affranchir ou aliéner ses esclaves, et pendant lequel elle pourra et devra être accusée par le mari ou par son père. A l'expiration de ces 60 jours, quatre mois sont donnés aux étrangers pour l'accuser, si son père ou le mari n'ont rien fait. — Les époux divorcés peuvent se remarier : les lois caducaires leur en font même une obligation. Le mari divorcé doit se remarier aussitôt après le divorce, la femme avant l'expiration d'un délai de 18 mois. Faute d'une nouvelle union, les époux divorcés sont soumis aux mêmes déchéances et aux mêmes peines que les célibataires.

Les époux divorcés peuvent se remarier. Mais certaines réserves doivent être faites. On sait, en effet, que quoiqu'il n'y ait ni cognation ni alliance entre deux personnes, des motifs de convenance et d'honnêteté publique suffisent quelquefois pour empêcher qu'il puisse y avoir entre elles *connubium*. C'est ainsi que si un homme répudie sa femme et si celle-ci contracte un second mariage, la fille qui peut naître de cette nouvelle union n'est point la belle-fille de l'ex-mari. Cependant, ce premier mari ne pourra point l'épouser. On agira mieux, disent les *Institutes* (I, X, § 9), en s'abstenant de pareilles noces : *rectius tamen et jure facturos eos, qui hujus modi nuptiis se abstinuerint.* — Cette première exception est relative : une autre exception qui concerne la femme adultère est absolue. Défense perpétuelle est faite à cette femme de se remarier. Quiconque l'épouserait serait coupable (L. 29, § 1. D. XLVIII, V). Bien plus, la loi ordonne à celui qui a épousé une femme adultère, avant toute condamnation, de la répudier dès qu'elle est poursuivie et condamnée (L. 11, § 13, D). « Rien n'est plus remarquable, écrit M. Esmein (p. 27 » et 28), que cette loi, qui après avoir chassé la cou- » pable du foyer conjugal, la condamne à un célibat » éternel, au milieu d'une société où les mariages se » nouent et se dénouent perpétuellement. Cette sévérité » ne procède point d'une grande idée morale.... Auguste » veut relever le mariage discrédité, le rendre honoré et » enviable ; pour cela, il en ferme l'accès à toutes celles » qui ont déjà failli, dont la faute a été solennellement » constatée, et qui failliraient probablement encore dans

» une union nouvelle. Mais cette pécheresse peut se
» repentir ; cela est invraisemblable, et d'ailleurs ce
» n'est pas dans la Rome antique qu'on hésite à sacrifier
» l'individu, lorsque c'est la condition d'un grand bien
» pour la société. » Mais cette femme, qui ne peut plus
se remarier, peut cependant trouver un refuge dans le
concubinat, et celui qui la prend pour concubine n'a rien
à craindre (L. 1, § 2, D. XXV, VII). Singulier moyen
cependant de relever la femme qui a commis une faute
que celui qui consiste à la mettre au niveau des esclaves,
des affranchies et des prostituées ! Singulière législation
que celle qui, pour empêcher l'adultère, s'oppose à toute
réhabilitation de la femme coupable ! M. Denis (Des
idées morales dans l'antiq., II, p. 123) écrit que les
Romains ne savaient pas plaisanter sur la vertu des
femmes ; mais que penser de cette morale romaine qui ne
savait, pour relever l'honneur et la dignité de la matrone,
que vouer les autres femmes à l'opprobre et à l'infamie,
et comme cette morale est bien en rapport avec une législation qui, suivant l'opinion de M. Gide (p. 554), ne
savait protéger les uns qu'en opprimant les autres, et qui,
pour enrichir le quirite, dépouillait l'esclave, l'affranchi et
le pérégrin. Est-ce que ces exagérations n'expliquent pas
les scandales de l'époque des Césars : les affranchis et
les histrions élevés au pinacle ; les matrones descendant
volontairement au rang des courtisanes (Annales Tacite, II, 85 ; Suétone, Tibère, 35), et demandant leur
inscription sur les registres de la prostitution ; les mésal-
liances qui élèvent des femmes de la classe inférieure,
des affranchies, des femmes perdues, à la dignité de
matrone ; puis bientôt le Sénat, impuissant à maintenir
les différences imposées par la loi entre les matrones, les
courtisanes et les affranchies (Tacite. Ann., II, 85 ; —

L. 10, § 2, D. XLVIII, V), et finalement les mœurs et
la mode l'emportant sur les lois ? (M. Gide. 2ᵉ édition,
p. 559, note 1).

Si la femme est enceinte au moment du divorce, la loi
lui impose certaines obligations, pour éviter soit des suppressions, soit des suppositions de part. D'après le S. C.
Plancien, si, à ce moment, la femme se sait enceinte
(Paul. *Sent.* II, XXV, §§ 5, 6 — L. 1, D. XXIV, III),
elle doit le déclarer à son mari ou à son père dans les
trente jours, afin qu'ils envoient des gardiens pour l'examiner. Dans ce cas, il se trouve dans l'obligation de
reconnaître l'enfant. Si la femme ne dit rien et ne demande
pas de gardiens pour la surveiller, le mari pourra nier
sa paternité. Mais comme la négligence de la mère ne
doit pas nuire à l'enfant qui est l'héritier de son père,
l'enfant pourra établir sa filiation. — Un rescrit de Marc-
Aurèle prévoyait l'hypothèse inverse. Si la femme nie sa
grossesse (Paul. §§ 7, 8, 9. — L. 1, D. XXV, IV),
il est permis au mari de désigner des gardiens au ventre.
Cinq matrones examineront la femme et leur déclaration
sera réputée vraie. La sage femme qui apporte un enfant
étranger pour faire une supposition de part, doit être punie du dernier supplice. L'édit du préteur soumet en
outre la femme (L. 1, § 10, D. XXV, IV) à une surveillance minutieuse, dont les détails, ainsi que le déclare
M. Accarias (I, p. 198) attestent une extrême défiance
et ne sont pas exempts de quelque brutalité. « La femme
» doit accoucher, dit l'édit du préteur, dans la maison
» d'une femme que je désignerai moi-même. Trente
» jours avant l'époque de son accouchement, elle devra
» le faire savoir à ceux que cette grossesse intéresse ou
» à leurs mandataires, afin qu'ils puissent envoyer des
» gardiens au ventre. Dans la chambre où la femme doit

» accoucher, qu'il n'y ait pas plus d'une entrée; s'il y en
» a d'autres, qu'elles soient fermées des deux côtés avec
» des planches. Devant la porte de cette chambre, trois
» hommes et trois femmes libres monteront la garde avec
» deux compagnons chacun. Toutes les fois que la femme
» ira dans cette chambre ou dans une autre, ou au bain,
» les surveillants examineront la salle où elle entrera, et
» si quelqu'un s'y introduit, qu'ils le chassent. Les
» gardiens en faction devant la porte peuvent chasser
» tous ceux qui entrent soit dans la chambre, soit même
» dans la maison. Quand les douleurs de l'enfantement
» commenceront, que la femme le fasse savoir aux inté-
» ressés ou à leurs mandataires afin qu'ils envoient des
» gens en présence de qui elle accouchera. Qu'on envoie
» cinq femmes libres seulement, de sorte qu'outre les
» deux sages femmes, il n'y ait pas dans la chambre plus
» de dix femmes libres et six servantes. Qu'il y ait trois
» lumières au moins, car les ténèbres facilitent la
» fraude. » Combien est plus logique et plus moral notre
droit français qui impose un délai de dix mois et supprime
toutes ces odieuses formalités.

Constantin apporta de nombreuses transformations.
Lorsque le divorce était demandé pour des causes autres
que celles spécifiées par le législateur, Romulus avait
ordonné la confiscation de tous les biens du divorçant,
qui, en outre, était voué aux dieux infernaux. Plus tard,
les censeurs l'avaient noté d'infamie. Constantin déclare
que la femme qui répudie son mari sans juste cause
perdra tous ses biens et sera condamnée à la déportation.
Quant au mari qui répudie injustement, il ne peut se
remarier : l'épouse délaissée a le droit d'envahir sa
maison, d'en chasser la nouvelle épouse et de prendre sa
dot (L. L. 1 et 2, C. Théod., III, XVI). — La femme
adultère est punie de mort (L. 7, C. V, XVII).

Théodose II le Jeune et Honorius modifièrent à deux reprises cette réglementation. Le conjoint qui divorce sans cause ne peut pas se remarier : si c'est la femme, elle sera, en outre, condamnée à la déportation. La femme qui veut se remarier doit attendre un an. S'il s'agit d'un divorce fondé sur une cause légère, la femme qui répudie pour un motif léger ne peut pas se remarier ; le mari, dans le même cas, doit attendre deux ans. — Si le divorce est motivé par une faute grave de la femme, le mari peut se remarier de suite ; dans le même cas la femme doit attendre cinq ans (L. 3, C. Théod., III, XVI). Ces réformes furent à leur tour modifiées par Théodose II' et Valentinien III lorsqu'ils voulurent diminuer les facilités du divorce (L. 8, C. V, XVII) dans l'intérêt des enfants. Si la femme invoque une cause non spécifiée par la loi, elle ne peut se remarier qu'après un délai de cinq ans, sous peine d'être déclarée infame et de voir son mariage attaqué par tout le monde. Lorsque le mari peut invoquer contre la femme une des causes que nous connaissons, il peut se remarier de suite ; la femme ne le peut qu'après une année écoulée (L. 8, §§ 4 et 6, C.)

L'empereur Anastase, en l'an 497 (L. 9, C. V, XVII), décida que lorsque les époux auraient recours au divorce par consentement mutuel, il serait permis à la femme de ne pas attendre l'expiration du délai de cinq ans et de se remarier après une année écoulée depuis le divorce.

Nous arrivons ainsi aux réformes de Justinien (*Nov.* XXII, CXVII, CXXXIV). La femme qui invoque l'absence de son mari ne peut se remarier qu'après un délai de dix années : elle doit, en outre, faire certaines démarches. La femme qui répudie son mari sans cause légitime ou qui est répudiée justement, ne peut pas se remarier pendant cinq ans. Est-elle innocente, elle doit toujours attendre une année, *propter seminis confusionem* (*Nov.* XXII, chap. XVIII, *in fine*). S'agit-il d'un divorce sans juste cause (*Nov.* CXVII, chap. XIII) la femme coupable est livrée à l'évêque pour être enfermée dans un couvent jusqu'à la fin de ses jours. — Pour le mari rien n'avait été changé aux pénalités anciennes : dans la *Novelle* CXXXIV, Justinien déclare que le mari pourra être également enfermé dans un couvent. Les époux peuvent se réconcilier. Si la femme a été placée dans un couvent pour cause d'adultère, le mari a deux années pour lui pardonner ; si le mari reste inflexible, la femme sera enfermée pendant toute sa vie. — La femme du soldat disparu ne peut plus se remarier (*Nov.* CXVII, chap. XI), que si le décès est certain, et seulement après une année à partir de cette époque.

II. — *Effets à l'égard des enfants.* — Nous avons maintenant à rechercher ce que deviennent, après le divorce, la puissance paternelle, les droits de garde et d'entretien des enfants. Les textes s'occupent en détail de tous ces points qui ne présentent par conséquent aucune difficulté. Nous n'avons à nous occuper que du divorce pour cause déterminée, car s'il s'agit d'un divorce par consentement mutuel, la situation des enfants sera réglée à l'amiable, comme le divorce lui-même. Pour bien préciser les transformations apportées successivement en notre matière, nous distinguerons trois périodes qui se détachent nettement.

1º Dans une première période, qui va depuis les origines jusqu'à Dioclétien, *le droit de garde appartient toujours au père*, quelles que soient les causes qui ont pu amener la rupture du lien conjugal, que le père soit innocent ou coupable, que tous les torts soient de son côté ou du côté de sa femme. Cette dure réglementation ne saurait nous surprendre. Pendant longtemps, en effet, à Rome, la puissance paternelle resta, ou à peu près, ce qu'elle était à l'origine, c'est-à-dire inflexible et implacable. Le père a sur ses enfants droit de vie et de mort; ni l'âge, ni les dignités ne protègent le fils contre l'accusation du père devant la juridiction domestique. Témoin Spurius Cassius qui signala son *tribunat* par l'institution des lois agraires, et que son père immola aux pieds des dieux lares. (*L'aut. pat. à Rome*, M. Bernard, p. 27). Il faut arriver à Alexandre Sévère pour voir réduire ce droit, jusqu'à Constantin pour voir punir des peines du parricide le père qui tue son fils (M. Bernard, p. 28). — Le père pouvait rompre le mariage de ses enfants; Antonin le Pieux y remédie non pas par une loi, mais en se contentant de proposer la restriction du pouvoir paternel sous forme de conseil et de persuasion : *ut patri persuadetur, ne acerbe, patriam potestatem exerceat.* — La femme ne peut pas participer à la puissance paternelle : c'est pour ce motif qu'elle ne peut pas adopter ou être tutrice de ses enfants. Il n'y a pas, en droit romain, de maternité légitime, pas plus du reste qu'il n'y a de paternité naturelle : l'enfant naturel n'est pour son père qu'un étranger, et l'enfant légitime, dans ses rapports avec sa mère, ne se distingue pas de l'enfant naturel (M. Gide, *L'enf. nat. et la concub.*, op. cit., 2e édition, p. 580). Théodose le Grand, en 390, lui reconnut le droit d'être tutrice, mais seulement dans le cas où il n'y avait pas de tuteur légitime, et lorsque la mère était majeure et promettait de ne pas se remarier. Il faut arriver à Justinien pour voir la mère investie de plein droit de la tutelle légale (M. Bernard, p. 29 et 38).

Marc Aurèle et Sévère, après Antonin le Pieux, apportèrent un adoucissement à la rigueur du droit antique (L. L. 1, § 3, 3, § 5, D. XLIII, XXX). Le père peut, par exception, ne pas avoir la garde de l'enfant s'il en est indigne : dans cette hypothèse, s'il intente l'*interdit de exhibendis liberis,* la femme est autorisée à répondre victorieusement par une exception. Mais la puissance paternelle, même dans ce cas, reste entière : la mère a le droit de garder son enfant, *ob nequitiam patris.*

2° Dans la seconde période, qui s'étend depuis Dioclétien et Maximien jusqu'à Justinien, *le juge décide* : il apprécie, dans l'intérêt des enfants, à qui il devra les confier (L. 1, C. V. XXIV) : *competens tamen Judex æstimabit, utrum apud patrem, an apud matrem matrimonio separato filii morari, ac nutriti debeant.*

3° Dans la troisième période, à laquelle se rapportent les très importantes innovations de Justinien, *l'enfant doit toujours être confié au conjoint innocent* (*Nov.* CXVII, chap. VII). La femme innocente peut donc avoir la garde de ses enfants. Mais, en principe, leur entretien doit incomber au père, même quand la garde des enfants est confiée à la mère. Une seule exception existe pour le cas où le père est sans fortune : la mère qui est riche doit alors nourrir ses enfants. — La mère qui se remarie perd la garde de ses enfants. Le texte dit en effet : *et mater ad secundas non venierit nuptias.* — Cette réforme de Justinien s'explique par ce fait que de son temps, la mère a pris dans la famille une position toute nouvelle, la maternité légitime vient, en effet, d'être proclamée, et la mère est entrée dans le cercle de la famille légale, d'où l'ancien droit l'avait exclue. Il y a plus, désormais, dans la filiation maternelle qu'un simple rapport de fait. La puissance paternelle a cessé d'être un sacerdoce ou une magistrature (M. Gide. L'*enf. nat. et la concub.* op. cit.,

5

p. 583); elle a son fondement dans la loi naturelle; il n'y a donc plus rien d'étonnant à ce que la mère et le père, ayant les mêmes droits, aient également les mêmes devoirs. — Enfin, pour compléter sa réforme et montrer tout l'intérêt qu'il porte aux enfants, souvent les victimes les plus directes et toujours les plus dignes de pitié dans cet effondrement d'une famille, Justinien (*Nov.* CXVII, chap. X) déclare que si les deux époux sont coupables, le juge compétent en donnera la garde à une personne désignée par lui.

SECTION II.

Effets du divorce quant aux biens.

Nous examinerons les effets du divorce quant aux biens, comme dans la section précédente, au double point de vue des époux et des enfants.

I. — *Effets à l'égard des biens des époux.* — C'est surtout au point de vue des biens à restituer et des pénalités pécuniaires à acquitter que la rupture du lien conjugal produit des effets importants. Cette étude est complexe : aussi comprendra-t-elle trois parties qui seront relatives à la dot et à sa restitution, aux *retentiones* qui peuvent être exercées par le mari ; — aux réformes très importantes opérées par Justinien, et aux pénalités pécuniaires nouvelles introduites par cette empereur ; — enfin, aux effets produits par la réunion des époux après leur divorce.

1° *De la restitution de la dot.* — *Les actions rei uxoriæ et ex stipulatu.* — *Le Judicium de moribus et la loi Julia De Adulteriis.* — *Des retentiones.*

A l'origine de Rome, les pénalités dont peuvent être frappés les conjoints coupables ou qui divorcent sans motif, et la restitution de la dot sont complètement inconnues. Dans l'ancien droit, en effet, le mari qui maltraite sa femme ou la répudie sans motif, n'en répond que devant le Censeur et devant les Dieux ; s'il doit déposer, dans ces deux cas, une certaine somme sur les autels de Cérès, c'est parce qu'il doit expier l'outrage fait à la déesse protectrice du mariage (M. Gide, p. 136). Quant à la dot, il ne peut pas être, à cette même époque, question de la restituer. Si une dot est remise au mari, ce n'est pas à titre de dépôt temporaire, mais de propriété incommutable : elle est abandonnée comme un don sans réserve et sans retour. Puis, à l'origine, la femme n'a pas d'autre moyen de laisser ses biens à ses enfants, puisqu'il n'y a alors aucun lien de parenté civile entre la mère et les enfants. Ajoutons enfin que la loi mettant les enfants dans la dépendance unique et immédiate du père, la femme ne pouvait contribuer à cette charge qu'indirectement, c'est-à-dire par sa dot. Cela explique pourquoi un père, à Rome, se serait cru déshonoré, s'il n'avait pas doté sa fille au moment de son mariage, et pourquoi on vit souvent l'Etat doter de ses deniers des filles indigentes. (M. Gide, p. 505 ; p. 142. — *Sic : Rein, das Privatrecht der Roemer*, p. 425), pourquoi enfin plus tard la constitution de dot finit par devenir obligatoire, d'habituelle et de facultative qu'elle était tout d'abord. Cette législation, avec la pureté des mœurs des premiers siècles de Rome, n'avait rien de rigoureux. Et, en effet, si le mariage était rompu par la mort de la femme, il était raisonnable que le mari gardât la dot puisqu'il gardait la charge des enfants ; si c'était le prédécès du mari qui y mettait fin, alors de deux choses l'une : ou la femme était *in manu* et alors, comme la femme succédait pour une part d'enfant, la dot fournissait toujours à l'entretien de la femme et des enfants ; ou la femme n'était pas *in manu*, et alors, sans doute, elle n'avait aucun droit sur la succession du mari prédécédé, mais elle conservait ses droits de succession dans sa famille d'origine, et de plus il était d'usage que le mari laissât à sa veuve ou sa dot ou un legs suffisant pour assurer son existence (*édit de alterutro et prælegatum dotis*). Puis les enfants étaient tenus de nourrir et d'entretenir leur mère, sinon par les lois, du moins par les mœurs, et il est facile de voir, que dans ces différentes hypothèses, la dissolution du mariage n'empirait pas sa position (M. Gide. *Caractère de la dot*, op. cit., p. 508 et 509 ; — M. Accarias, II, p. 1029, note 2).

Mais le jour où, la censure étant impuissante, les divorces devinrent nombreux, la femme se trouva sans protection contre les répudiations arbitraires. On pourrait dire et objecter que la répudiation de la femme par le mari entraînait une présomption de culpabilité contre elle, puisque le mari ne pouvait répudier qu'en s'entourant d'un conseil d'amis et de proches; témoin L. Antonius qui, d'après Valère-Maxime (II, 9, 2; édit. Kempf, p. 228), fut chassé du Sénat pour avoir répudié sa femme, *nullo amicorum in consilium adhibito*. Toute femme répudiée était par là même réputée coupable et la femme n'avait rien à dire contre cette décision présumée bien rendue (M. Gide, p. 509 et 510); mais il ne faut pas oublier non plus que les mœurs seules obligeaient le mari à s'entourer du conseil des amis, et des parents, et que cette protection disparut avec la simplicité des mœurs antiques. Ce nouvel état des mœurs demandait donc pour la femme des garanties nouvelles, et des mesures de protection plus efficaces. Le législateur romain eut conscience du devoir qui·lui incombait avec une grande intelligence de la situation, car il n'est pas sans intérêt de faire remarquer, d'une part, que si la disparition de la *manus* vit les divorces se multiplier, cette augmentation des divorces fut suivi de près de l'indispensable réforme du régime de la dot, et, d'autre part, que la même époque ou à peu près, vit protéger la femme contre les dissipations du mari et contre les répudiations arbitraires. Sous Auguste, en effet, le mari cesse d'être le maître absolu de la dot : il en devient le gardien responsable ; défense lui est faite d'aliéner sans le consentement de la femme *les proedia dotalia*, de les hypothéquer même avec son consentement (Inst. pr., liv. II, titre VIII). La femme ne peut le libérer en acceptant la restitution de la dot durant le mariage. Tout pacte contraire porte atteinte à l'ordre public et doit être annulé (L. 2, D. XVI, I ; L. L. 14, 19, D. XXIII, IV ; L. 1, § 1, D. XXXIII, IV ; MM. Pellat, *De la dot*, p. 346 ; Demangeat, *De la cond. du fonds dot.*, p. 215 ; Accarias, I, p. 740 et suiv.) Justinien, plus tard, assimila l'aliénation à l'hypothèque. — Toutes ces mesures n'avaient qu'un objet, la restitution de la dot, et qu'un but, permettre à la femme de se remarier (L. 2. D. XXIII, III). « Cette obligation » (la restitution de la dot), écrit M. Gide (*Caract. de la* » *dot*, op. cit., p. 511) était utile pour faire obstacle aux » divorces, et consolider les mariages : à défaut de lien » moral, c'était un lien d'intérêt qui unissait les deux » époux ; et si ce frein était impuissant, du moins la

» femme répudiée trouvait-elle dans la dot qui lui était
» rendue les moyens de contracter une nouvelle union. »

Mais la restitution légale ne vint qu'après la restitution
conventionnelle. Sur ce point comme sur beaucoup
d'autres, la pratique et l'usage indiquèrent au législateur
la voie à suivre. Avec le divorce de Carvilius Ruga, au
dire d'Aulu-Gelle, s'introduisit l'usage des cautions *rei
uxoriæ :* en recevant la dot le mari promettait de la
restituer au moins partiellement, si le mariage venait à
être rompu par un divorce (M. Accarias, II, p. 1030).
Dans ce cas d'une promesse formelle de restitution, la
dot était réclamée par l'*action ex stipulatu.* Le premier
progrès réalisé consista à sous-entendre la convention de
restitution : l'*action rei uxoriæ* fut créée au profit de la
femme sans qu'il y eut à distinguer si la femme était ou
non *in manu mariti,* bien que l'on considère en général
la *conventio in manum* comme incompatible avec
l'existence d'une dot et d'une action dotale. Nous partageons sur ce point l'opinion de M. Gide. (*Caractère de
la dot,* p. 514 et suiv.) La dot romaine n'est pas un prêt,
mais un don fait à toujours. L'action *rei uxoriæ* ne
prend naissance qu'au divorce, c'est-à-dire à un moment
où la *manus* n'existe plus. « Que la femme ait été ou
» non *in manu,* dit M. Gide, n'y a-t-il pas le même
» intérêt public à ce qu'elle puisse se remarier ?..... n'y
» a-t-il pas la même équité à la secourir quand le divorce
» la laisse seule et sans ressource ? ou, s'il y a une
» différence, la femme qui a le plus besoin d'être
» secourue n'est-elle pas précisément celle que la
» *conventio in manum* a privée de sa famille et de tous
» ses biens ? » Considérée comme une faveur personnelle,
l'action *rei uxoriæ* n'appartient qu'à la femme : si elle
est *alieni juris,* c'est au père que l'action appartient, mais

par une dérogation toute particulière, le père ne peut intenter cette action qu'en s'adjoignant la personne de sa fille : *adjuncta filiæ personna*. (Ulpien, VI, 6). Si la femme meurt après le divorce, ses héritiers ne l'auront qu'autant que le mari a été mis en demeure de restituer la dot à sa femme (§ 7). — Le mari actionné a trois termes d'un an chacun pour opérer la restitution de la portion de la dot, mais seulement lorsqu'elle consiste en qualités, choses fongibles ou même corps certains mais avec estimation. Il a un autre avantage, celui de n'être condamné que dans la limite de ce qu'il pourrait payer : *in id quod facere poterat*. — Tous ces caractères ne se rencontrent pas lorsqu'il s'agit de l'action *ex stipulatu* : cela tient à ce que l'action *ex stipulatu* est de droit strict, tandis que l'action *rei uxoriæ* est non pas une action de bonne foi comme on le dit trop souvent à tort, mais *une action in bonum et æquum concepta* (M. Gide, p. 517 et suiv. ; — M. Pellat, p. 51). Cicéron nous apprend qu'elle contenait les mots *quid æquius meliusque erit*, et c'est à tort que Justinien la classe parmi les actions de bonne foi (*Inst.* IV, 6, § 29), car ni Gaius ni Cicéron qui donnent la liste des actions de bonne foi n'en font mention à cette occasion. (*De offic.*, III, 17 ; — Gaius, IV, 62). — Les actions *in bonum et æquum conceptæ* présentaient les trois particularités suivantes que nous donnons d'après Cujas et M. Gide (p. 518). Dans ces actions, le juge fait son estimation au gré de son appréciation personnelle ; cela ne se présente pas aussi rigoureusement dans une action de bonne foi. Dans les actions de bonne foi, dit M. de Savigny (*System.* t. II, p. 93, 94 ; — Ed. franç., p. 92), deux juges intelligents devaient arriver, sur le même litige, à deux estimations identiques ; au contraire, dans les actions *in bonum et æquum conceptæ*, des estimations différentes pouvaient se présenter. La seconde particularité c'est que ces actions sont attachées à la personne physique de l'ayant-droit : elles sont absolument individuelles. M. Gide déclare qu'elles présentent une troisième particularité : ces actions, d'après lui, ne seraient pas pécuniaires, ni dans leur origine ni dans leur principe, bien qu'elles le soient dans leur résultat et dans leur fin : de là les deux premiers caractères mis en lumière par Cujas et par M. de Savigny.

A côté de l'action *rei uxoriæ*, existait *l'action de moribus*, dans laquelle M. Esmein (p. 7) voit, après Cujas, une partie de la première. Par l'action de *moribus*, le mari, lorsque la dot était réclamée par l'action *rei uxoriæ*, après avoir répudié la femme adultère, s'adressait au juge qui lui attribuait définitivement toute la dot ou une partie de la dot (Aulu-Gelle, N. att. X. 23, 4), à titre de peine contre la femme. Mais où l'action de *moribus* était utile, c'était quand la femme avait l'action *ex stipulatu*; dans ce cas, en effet, même en prouvant l'adultère, le mari devait restituer la dot. Par l'action du *moribus*, le mari pouvait se faire attribuer, dans un *judicium* séparé, une portion de la dot que le juge était maître de déterminer sans limitation aucune (M. Esmein, p. 8).

Le juge avait donc un pouvoir souverain d'appréciation, et il n'avait d'autres règles à suivre que l'équité. Il y avait là un danger à laisser ainsi à la discrétion des juges, qui n'étaient que de simples particuliers, la restitution de la dot, après surtout qu'elle eut pris le caractère d'une institution d'intérêt public. Une loi, restée inconnue, peut-être la loi Julia *De Adulteriis* elle-même (M. Esmein, p. 63) fixa, par des règles précises, la portion de biens dotaux que le mari pourrait retenir. Ces *retentiones* ne sont pas une application pure et simple des principes généraux sur la compensation, mais, ainsi que le montre très justement M. Gide (p. 528), la détermination légale du *quid œquius meliusque* est *ex dote reddi*. La restitution de la dot est fondée sur l'équité : le droit de la femme doit avoir cette même équité pour mesure.

Les *retentiones* peuvent être réclamées pour cinq causes : *propter liberos, propter mores, propter impensas, propter res donatas, propter res amotas* (Ulpien, VI, 9).

1° *Propter liberos.* — Elle a lieu, dit Ulpien (§ 10), si le divorce est arrivé par la faute de la femme ou du père sous la puissance duquel elle se trouve : il faut qu'il y ait des enfants issus du mariage. Le mari obtient alors, par voie de retention et non pas par voie de demande, un 1/6 pour chaque enfant, sans pouvoir cependant dépasser 3/6. On pouvait convenir qu'elle aurait lieu même dans le cas où le divorce interviendrait sans aucune faute de la femme (Fragm. Vat. §§ 106 et 107.—M. Pellat, p. 10 et suiv.), et qu'elle pourrait comprendre pour un seul enfant la retenue de la dot entière (L. 2. D. XXIII. IV).

2° *Propter mores.* — Le mot *mores* désigne l'inconduite de la femme. L'atteinte aux mœurs est dite grave, lorsqu'il s'agit de l'adultère, légère pour toutes les autres fautes (Ulpien, § 12). Dans le premier cas, la rétention est du 1/6; elle est du 1/8 dans le second cas. Le mari peut les exiger soit par voie de rétention devant le juge de l'action ordinaire *rei uxoriœ*, soit par le moyen spécial de l'action *de moribus*. Dans le cas d'adultère, la loi se montre sévère parce qu'ici, au lieu de respecter la dot, le législateur a intérêt à l'entamer. Et comme le montre très justement M. Esmein (p. 33 et 34), la dot c'est pour la femme le moyen de se remarier, et on ne veut pas que la femme

adultère se remarie puisqu'on punit celui qui l'épouse. —
L'action *de moribus* n'est plus, à notre époque, ce qu'elle
était avant Auguste : elle a été transformée. La même loi
qui fixa le taux des *retentiones* donna l'action *de moribus*
à la femme comme elle appartenait déjà au mari. Désormais, l'inconduite du mari est punie comme celle de la
femme, bien que différemment. Ulpien nous dit, en effet,
que « la punition des mœurs du mari, dans le cas d'une dot
» restituable par tiers, en trois ans, consiste à la rendre sur
» le champ, si la faute est grave ; par tiers, de six mois en
» six mois, si la faute est légère. Quant à la dot qui est
» restituable aussitôt après le mariage dissous, le mari
» doit rendre sur les fruits la quantité qui correspond au
» temps dont la restitution est avancée pour la dot rem-
» boursable en trois ans. »

La femme adultère est punie au civil par la rétention
du 1/6 de la dot, et au criminel, elle peut être condamnée
à la confiscation de la 1/2 de cette même dot. On s'est
demandé si le mari pouvait *cumuler* les deux actions.
Cette question est très délicate, et M. Esmein, qui
l'examine, se prononce avec raison pour la négative. Il
est certain qu'en droit romain, en thèse générale, le
cumul de deux poursuites était admis : c'est ainsi que
l'action *vi bonorum raptorum* existait à côté de l'action
de la loi Julia *De Vi*, la loi Aquilia à côté de la loi
Cornelia *De Sicariis* (L. 2, § 1, D. XLVII, VIII; L. 23,
§ 9, D. IX, II ; L. 7, § 1, D. XLVII, X ; L. 1, C.
Théod., IX, XX ; L. 1, C. IX, XXXI). Le cumul était
permis parce que ces actions avaient pour but la protection
du patrimoine. L'atteinte, au contraire, était-elle portée à
la personne, à l'honneur, le cumul alors n'était plus possible, car dans ce cas l'action pénale de droit civil ayant
pour objet la vengeance et la punition aurait fait double

emploi avec l'action pénale publique : il fallait choisir, dit M. Esmein après la loi 7, § 1 au Digeste (XLVII, X), et il cite comme exemple le choix qui s'imposait entre l'action *injuriarum* et l'action de la loi Cornelia *De Injuriis* (L. 5 pr. et § 9 et loi 6, D. XLVII, X). Ce choix s'impose également dans notre hypothèse (L. 11, § 3, D. XLVIII, V; M. Esmein, p. 65 et suiv.)

Le *judicium de moribus* et la *retentio propter mores* étant d'ordre public, tout pacte contraire était interdit (L. 5 pr. L. XXIII, IV).

Les deux retenues *propter liberos* et *propter mores* pouvaient-elles *être cumulées ou s'excluaient-elles ?* Cette question divise les commentateurs, et le doute vient des termes employés par Ulpien (VI, § 11) : *Dos quœ semel functa est, amplius fungi non potest, nisi aliud matrimonium sit.* Cujas *(notœ ad tit. Ulp.)* l'entend ainsi : une dot qui a cessé d'être dot ne peut pas le redevenir, si ce n'est pour un nouveau mariage. Schulting *(Jurisp. vet. antejust,* p. 585) se prononce dans ce sens. Hugo *(Geschichte des Röm. rechts,* 11e édit., p. 929) déclare que suivant lui *(dos quœ functa est),* ce serait une dot qui a été soumise à une *retentio,* et il invoque un texte de Paul *(Sent.,* I, 1, § 6). Le § 11 d'Ulpien, qui se trouve placé entre les *retentiones propter liberos* et *propter mores,* défend le cumul de ces deux *retentiones* qui présentent beaucoup d'analogie. L'opinion de Cujas ne peut se soutenir puisque la règle qu'il veut voir dans le § 11 ne serait pas à sa place au milieu des *retentiones* dont elle interromprait l'explication. Hasse et Glück confirment l'opinion de Hugo. La *retentio ob liberos* a sur l'autre un double avantage : plus d'étendue dans la quotité, plus d'extension dans les causes ; elle sera toujours préférée par le mari, quand il aura des enfants. La *retentio ob mores* ne sera donc invoquée que par celui qui n'aura pas d'enfants. Ces deux *retentiones* s'excluaient donc (M. Pellat, p. 32 et 33). — M. Schilling se prononce pour le cumul qu'il déclare possible et même nécessaire. Le mot *functio* du texte de Paul veut dire destination, et le passage de Paul signifie tout simplement que la destination de la dot ne peut être changée. Quant au texte d'Ulpien, le sens que lui donne Cujas est tout à fait naturel : il confirme la phrase précédente qui n'accorde au mari qu'une simple *retentio* et point d'action (M. Pellat, p. 33, 34, 35). — Pour nous, nous adoptons l'opinion de MM. Tigeström et Pellat qui déclarent qu'il est impossible, étant donnée la pénurie des documents à cet égard, de se prononcer pour ou contre le cumul. C'est un de ces cas, dit M. Pellat, où il faut savoir se résigner à ignorer jusqu'à la découverte de quelque nouveau texte.

3° *Propter impensas*. — Ulpien nous dit qu'il y a trois espèces d'impenses : les impenses sont dites *nécessaires* quand leur omission détériorerait la dot, par exemple, les impenses d'une maison qui menace ruine; — *utiles*, quand elles ont rendu la dot plus productive, comme des plantations de vignes ou d'oliviers; — *voluptuaires*, celles dont l'omission n'aurait pas détérioré la dot, et dont l'exécution ne l'a pas amélioré : telles sont celles qui sont relatives à des plantations de bosquets, à des peintures et autres choses semblables (Ulpien VI, §§ 14, 15, 16, 17). — Aucune *retentio* n'est possible pour les dépenses voluptuaires, que la femme ait ou n'ait pas donné son consentement. Quant aux dépenses utiles, le mari les retiendra si elles ont été faites du consentement de la femme; dans le cas contraire, il ne le pourra que si les circonstances n'en rendent pas le remboursement trop onéreux. Quant aux dépenses nécessaires, le mari les recouvre en totalité par voie de *retentio* ou de *condictio indebiti* (M. Pellat, p. 38).

4° *Propter res donatas.* — Les donations entre époux étaient défendues sauf pour causes de mort (S.-C. des empereurs Sévère et Antonin Caracalla), de divorce, d'affranchissement d'un esclave, pour faciliter au mari l'accès des honneurs (Ulpien VII, § 1). Si une donation a été faite en dehors de ces cas exceptionnels, le donateur peut reprendre la chose donnée : de là l'utilité de la *retentio propter res donatas*. Si le donataire a encore la chose donnée, le donateur la revendiquera ; dans le cas contraire, il intentera une *condictio sine causa* ou *ex injusta causa* (M. Pellat, p. 41).

5° *Propter res amotas.* — Si le mari, dit Ulpien (VII, § 2), a détourné une chose en vue du divorce, il sera aussi (comme la femme) tenu de l'action *rerum amotarum*. Cette action tient lieu de la *condictio furtiva*.

M. Accarias met très bien en lumière la différence qui sépare les trois dernières *retentiones* de la *retentio propter mores*. Les retenues *propter res donatas*, *propter res amotas* et *propter impensas*, n'étant que l'exercice d'un droit de créance, il faut en conclure qu'elles ont lieu quelles que soient les personnes qui figurent dans l'action *rei uxoriæ*. Au contraire, pour la *retentio propter mores*, comme elle est la peine d'une offense faite par la femme au mari, elle les suppose l'un et l'autre parties dans l'action, et par conséquent se restreint à l'hypothèse d'un divorce (II, 1038).

Peu à peu, la restitution de la dot était devenue la règle ; mais, dès le jour où les enfants succédèrent à leur père comme à leur mère, les mêmes enfants n'avaient plus aucun intérêt à ce que leur père retint une partie de la dot. Dès ce jour donc (M. Gide, *Caract. de la dot*, p. 529), la *retentio dotis* n'était plus, pour le mari, qu'un gain, selon l'expression de la loi romaine : *dotem lucratur;* et s'exprimer ainsi, c'était faire entendre qu'elle avait cessé d'être équitable et qu'elle devait être abolie. En outre, à certaines *retentiones* correspondaient des actions, et une fois ces actions introduites, les *retentiones* correspondantes perdirent à peu près toute utilité pratique. Puis, le fait de stipuler la restitution de la dot à la dissolution du mariage était devenu habituel, et il y avait pour la femme un grand avantage à agir ainsi, car par ce moyen elle se procurait une *condictio*, c'est-à-dire une action pécuniaire, transmissible, exempte de toutes restrictions et retenues : l'action *rei uxoriæ* devenait donc sans utilité. Ajoutons que de nouvelles pénalités s'introduisaient qui supplantaient peu à peu l'action *de moribus*. En l'an 449, les empereurs Théodose et Valentinien déclarèrent que le mari qui répudiait sa femme pour adultère garderait la *donatio propter nuptias* et la dot entière (L. 8, § 5, C. V, XVII). Ainsi se trouvait abrogée, en fait, la loi Julia qui confisquait la moitié de la dot (M. Esmein, p. 76). « Dès lors, il ne » pouvait plus être question de *retentio propter mores* et » d'action *de moribus*. Le mari, si c'était lui qui gagnait » le *lucrum*, n'avait qu'à garder ce qu'il avait entre les » mains; la femme avait, pour se faire rendre sa dot, les » actions ordinaires, et pour se faire délivrer la donation » *propter nuptias*, elle a déjà la revendication (L. 8, § 4, » C. V, XVII). »

Il restait donc fort peu à faire pour supprimer en droit ce qui l'était déjà en fait : ce fut l'œuvre de Justinien.

2° Réformes de Justinien. — Transformation de l'action rei uxoriæ. — Suppression de l'action de moribus et des retentiones. — Nouvelles pénalités édictées par cet empereur.

En l'an 524, Justinien supprima l'action de *moribus* (L. 11, § 2, C. V. XVII); en 530, les *retentiones* disparurent (L. unique § 5, G. V. XIII), et Justinien déclare, en agissant ainsi, ne supprimer que de vains mots : « Taceat in ea retentionum verbositas. » — La même loi supprima l'action *rei uxoriæ*, et la remplaça par une *condictio*, déclarant que la clause de stipulation sera toujours sous-entendue: *quasi omnibus dotalibus instrumentis a prudentissimis viris confectis.* Cette nouvelle action *ex stipulatu* n'admettait plus les *retentiones*, sauf cependant celles *ob impensas necessarias*.

S'il s'agit d'un divorce *bona gratia*, pour cause de monachisme, l'époux délaissé acquiert immédiatement les gains de survie qui lui étaient attribués par les conventions matrimoniales. Plus tard, le divorce par consentement mutuel n'est plus permis que pour cette cause, et alors, en cas de manquement aux vœux de chasteté, Justinien décide que l'époux coupable perdra la dot et la donation *ante nuptias*, et tous ses biens. Ces biens devaient être attribués aux enfants, et, à leur défaut, au fisc. — La captivité était également une cause de divorce *bona gratia* mais sous certaines conditions. Une nouvelle union, contractée en violation des règles posées, était suivie, pour l'homme, de la perte de la donation *ante nuptias;* pour la femme, de celle de la dot (*Nov.* XXII, chap. VII).

S'il s'agit d'un divorce pour juste cause, le mari qui envoie le *repudium*, en invoquant une des causes indiquées, peut garder la dot ainsi que la donation *ante nuptias*.

Si les époux envoient le *repudium* sans juste cause, nous avons vu que la femme perd sa dot et la donation *ante nuptias*, et que le mari, dans le même cas, doit rendre la dot et la donation *ante nuptias*; or, pour éviter ces peines, les époux ne contractaient plus que des mariages sans dot. Pour réprimer cette fraude, Justinien décide que si le mari a répudié sans juste cause, il devra être condamné à abandonner à sa femme le quart de sa fortune, sans que jamais ce quart puisse dépasser cent sous d'or : la même peine frappe la femme qui répudie sans cause légitime.

Justinien, par la suite, modifia dans un sens plus sévère les règles primitivement posées par lui. Le mari qui frappe injustement sa femme, ne peut plus être répudié par elle, mais il doit lui payer une indemnité équivalente au 1/3 de la donation *ante nuptias* (*Nov.* CXVII, chap. XIV).

L'adultère est surtout l'objet de ses sévérités. La femme condamnée et enfermée dans un cloître perd tous ses biens. Le mari gagne les *lucra nuptialia* : quant aux autres biens, 2/3 vont à ses descendants, et le reste au monastère. Si elle a des ascendants, et pas de descendants, ils ont 1/3, et le reste va au monastère. Si elle n'a pas d'ascendants ou qu'ils aient favorisé sa faute, tout va au monastère (*Nov.* CXXXIV, chap. X). Quant au complice, s'il a une femme, elle gagnera avec sa dot la donation *ante nuptias*; s'il y a des descendants ou des ascendants jusqu'au troisième degré, ils recueilleront les autres biens, et, à leur défaut, le fisc pourra les revendiquer. — *La Novelle*, CXXXIV (chap. XI), allant plus loin, déclare même que l'époux qui divorce sans cause sera enfermé dans un monastère, et subira les déchéances pécuniaires indiquées dans le chapitre X.

3° *Réunion des conjoints divorcés.*

Les époux, après le divorce, peuvent se réunir, contracter ensemble un nouveau mariage et reprendre la vie commune : nous devons voir brièvement quels sont les effets de cette réunion au point de vue des biens.

Il est certain que si une action *rei uxoriæ* a été intentée, l'instance va se dissoudre d'elle-même par le renouvellement du mariage, et il faut étendre cette solution au *judicium rerum amotarum* (L. 19, D. XXIV, III). Il y aurait mauvaise foi à réclamer les effets du divorce, alors que par leur réunion les conjoints ont montré que le passé devait être oublié. La femme ne peut donc plus réclamer sa dot : si elle a employé l'action *ex stipulatu*, Modestin (L. 13, D. XXIII, III) déclare que l'action de dol rendra inefficace cette action, tant que le mariage durera. Si la femme intentait l'action *rei uxoriæ* qui est de bonne foi, le mari n'aurait pas besoin d'avoir recours à l'exception de dol parce que le juge a des pouvoirs assez larges pour y suppléer.

La femme ne peut plus réclamer sa dot, parce qu'il est à présumer que l'ancienne dot doit, dans l'intention des parties, servir pour le nouveau mariage (L. 30, D. XXIII, III). La femme qui revient auprès de son mari et renouvelle son union, n'a certainement pas entendu rentrer en mariage sans être dotée (L. 40, D. XXIII, III). — Une convention contraire serait possible : ainsi une femme qui avait un fonds de terre en dot et qui divorce, peut très bien, retournant ensuite auprès de son mari, faire avec lui une convention portant qu'il recevrait dix (L. 50, D. XXIII, III). — Mais, à défaut de convention contraire, la dot devra être réputée constituée pour le nouveau mariage, même si la femme, après le divorce, ayant épousé un autre homme, revenait ensuite à son premier mari (L. 64, D.)

Toutes ces règles ne pourraient plus trouver leur application si la dot devait être rendue à un tiers qui en aurait stipulé la restitution à son profit : car la stipulation pour la restitution de la dot produit son effet aussitôt que le divorce se présente, et l'action, une fois acquise en stipulant, ne peut plus périr par le rétablissement du mariage. Il faudrait donc que la dot fut constituée à nouveau avec le consentement du stipulant, sinon la femme sera sans dot dans le second mariage (L. 63, D, XXIII, III).

II. — *Effets à l'égard des biens des enfants.* — La situation des enfants n'avait pas été réglée uniquement au point de vue de la puissance paternelle, mais aussi au point de vue pécuniaire. L'époux coupable est frappé de certaines peines pécuniaires au profit du conjoint innocent. Théodose et Valentinien décidèrent que s'il y avait des enfants au moment où le *libellus repudii* était envoyé, l'époux innocent devrait conserver tous les *lucra nuptialia* reçus par lui, afin de les transmettre à sa mort aux enfants nés de cette union rompue. Si c'était le père qui avait répudié sans motif, la femme devait conserver la donation *ante nuptias* ; si c'était la mère, le père devait garder la dot (L. 8, § 7, C, V, XVII). — Cette loi permettait aux parents d'avantager un des enfants au détriment des autres, Justinien (*Nov.* II, chap. I et II) le défend.

Dans la *Novelle* CXVII (chap. XIII), Justinien déclare que si la femme a répudié sans juste cause, sa dot sera attribuée en usufruit au mari qui devra la conserver pour les enfants communs. Le mari a la pleine propriété s'il n'y a pas d'enfants. Quant aux autres biens de la femme, 2/3 en seront donnés aux enfants, l'autre 1/3 devant être attribué au monastère. — Dans cette même *Novelle* (chap. X), Justinien, punissant les conjoints qui, ayant divorcé par consentement mutuel pour cause de chasteté, contractent une nouvelle union, ou vivent dans la débauche, déclare que les enfants du mariage dissous devront avoir la dot et donation *ante nuptias*, et en outre tous les biens du délinquant. Ils seront alors dirigés par l'époux innocent : si tous deux sont coupables, alors tous leurs biens passent à leurs enfants auxquels on donne un curateur s'ils sont mineurs.

DROIT FRANÇAIS

DU DIVORCE.

Aperçu général et historique de la législation sur le divorce.

SECTION I.

Aperçu général.

Le législateur moderne admet, en principe, la perpétuité et l'indissolubilité de l'union conjugale, et proclame
la nécessité de l'amour dans le mariage. Le vœu de la
perpétuité, disait Portalis, est le vœu même de la nature
(Locré, I, p. 168). Mais, ce principe une fois posé, le
législateur s'est bien vite aperçu que là se trouvait certainement l'idéal, mais que la réalité courante et l'idéal
poursuivi et souhaité n'étaient pas toujours d'accord. Le
premier Consul disait : le mariage est indissoluble en ce
sens qu'au moment où il est contracté, chacun des époux
doit être dans la ferme intention de ne jamais le rompre,
et de ne pas prévoir les causes accidentelles, quelquefois
coupables, qui, par la suite, pourront en nécessiter la
dissolution (Locré, II, p. 482). Le plus souvent noué par
des convenances sociales, par le caprice ou par le vénal

intérêt, le mariage ne l'est presque jamais au nom du seul sentiment qui ait le droit de le former (le P. Didon. *Indiss. et Div.*, p. 21). — En mariage, trompe qui peut, avait déjà dit Loisel, et, malheureusement, que de gens suivent à la lettre, sans la connaître, du reste, la boutade du jurisconsulte. De ces tromperies résulte une vie de famille souvent âpre et difficile ; de grands froissements, des manques d'égards fort graves sont les conséquences fatales de ces indignes exploitations. Comment pourrait-il en être autrement, alors que, d'une part, les serments n'ont été prêtés que pour être oubliés aussitôt, et que, d'autre part, les engagements les plus solennels n'ont été pris que pour être audacieusement méconnus et violés. L'adultère, les excès, les sévices, les injures graves, les condamnations flétrissantes viennent bien fréquemment rendre nécessaire la rupture des unions formées dans de pareilles conditions. — Quand l'union se trouve ainsi rompue en fait, pourquoi ne pas la rompre aussi en droit, et remédier du même coup, d'une façon définitive et radicale, aux infortunes conjugales. Le législateur s'est incliné devant cette nécessité, et il est venu remédier à ces infortunes différemment, suivant les pays et suivant les époques.

Trois systèmes ont été proposés : un premier système admet le *simple relâchement* du lien conjugal. Les droits et les devoirs ordinaires de fidélité, de secours et d'assistance sont conservés. L'ancien droit l'avait admis. La cohabitation cesse alors : le lien est simplement relâché et non brisé. Le Code civil français l'a admis depuis le 8 mai 1816 jusqu'au 27 juillet 1884. L'Espagne, l'Italie, le Portugal l'admettent encore aujourd'hui. — Un second système n'admet que la *rupture complète*, c'est-à-dire le divorce. C'est ce que proclamait notre loi de 1792, et c'est ce qu'admettent encore aujourd'hui l'Allemagne, le Danemarck, la Norwège, la Russie, la Suède et la Suisse. Enfin, un troisième système, beaucoup plus libéral et plus sage, admet *cumulativement* la séparation de corps et le divorce. C'est ce système qui est aujourd'hui pratiqué eu France, depuis le 27 juillet 1884, à l'imitation de ce qui a existé chez nous de 1804 à 1816, et de ce qui existe actuellement en Angleterre, en Autriche, au Brésil, en Belgique, aux États-Unis, en Hollande et dans l'ancienne Pologne.

La séparation de corps est l'état de deux époux dispensés par la justice de l'obligation de vivre ensemble que le mariage leur imposait : le divorce, au contraire, est la rupture légale d'un mariage prononcée par une décision judiciaire. — De ces deux définitions résultent de nombreuses différences : la séparation de corps dispense les deux époux de l'obligation de demeurer ensemble, mais l'incapacité qui frappe la femme mariée survit à la séparation de corps. La femme divorcée est pleinement capable; elle est comme si elle était veuve. — Les époux séparés se doivent encore fidélité et secours : cela n'existe plus après le divorce. — Les époux divorcés peuvent contracter un nouveau mariage chacun de leur côté; les époux séparés ne le peuvent pas, sous peine de bigamie.— Le droit de successibilité établi par l'article 767 C. civ. continue d'exister entre les époux séparés, non entre les époux divorcés. — L'usufruit légal (art. 386 C. civ.) n'a pas lieu au profit de celui des père et mère contre lequel le divorce a été prononcé; la séparation de corps n'entraîne pas cette déchéance.

Des objections, tirées de l'opposition qui existe entre le divorce et le dogme catholique, de l'intérêt des mœurs et de l'intérêt des enfants, ont été faites contre le divorce ; nous devons les examiner successivement avant d'aborder l'historique des vicissitudes subies dans notre droit par cette institution.

1° L'objection tirée des *considérations religieuses* a été développée très longuement par les adversaires du divorce. La religion catholique, dit-on, n'est plus la religion officielle de l'Etat, mais elle est encore la religion de la majorité des Français : or, elle prohibe le divorce. Le divorce ne respecte donc pas la conscience des Français.

Cette objection n'a pas arrêté le législateur de 1884, et elle ne pouvait pas l'arrêter, parce que le législateur statue pour tous les Français, sans avoir à considérer le culte auquel ils appartiennent. Au point de vue de la loi, il n'y a ni juifs, ni musulmans, ni protestants, ni catholiques, il n'y a que des citoyens. Il est nécessaire d'admettre cette manière de voir, car « si au nom de la » liberté de conscience, on ne veut pas que le divorce » puisse être imposé à des époux catholiques, au nom de » cette même liberté, il faut admettre que la loi civile » doit autoriser le divorce au profit de ceux dont les » croyances religieuses ne répugnent pas à ce mode » de dissolution du mariage. » (M. Baudry-Lacantinerie. *Du divorce*, p. 8). — L'objection religieuse pourrait porter, si, comme en 1792, les catholiques n'avaient que le divorce, parce qu'alors les catholiques n'auraient d'autre alternative que de mentir à leurs convictions en se servant du divorce, ou de rester unis mais malheureux. Or, rien de tel n'existe aujourd'hui chez nous. Les catholiques ont la séparation de corps, et le divorce est simplement facultatif. « Quant au divorce, disait » M. Naquet (séance du 27 Mai 1884. — Sénat), je

» cherche vainement en quoi il blessera les catholiques,
» car il y a entre l'indissolubilité et le divorce cette
» différence capitale, que l'indissolubilité du mariage est
» une loi coercitive qui s'impose à tous, tandis que le
» divorce est une loi facultative qui ne s'impose qu'à ceux
» qui veulent s'en servir : on n'oblige personne à
» divorcer. » — Si nous supposons l'hypothèse intermédiaire, c'est-à-dire celle où un seul des époux a des
convictions religieuses qui lui interdisent le divorce, la
liberté de conscience de cet époux catholique ne sera pas
davantage atteinte par le divorce, puisque la loi touche
bien au mariage civil, mais non au mariage religieux,
qui ne relève que des autorités religieuses. L'époux
catholique n'aura donc qu'à ne pas se remarier pour que
le divorce ne produise pas à son égard plus d'effet qu'une
simple séparation de corps. Cela est tellement vrai, que
sous le pontificat du pape Pie IX, il a été signé entre la
Cour de Rome et le Gouvernement autrichien un con-
cordat qui a permis les unions mixtes entre catholiques
et protestants, avec cette condition particulière que,
quand une séparation intervient dans un pareil ménage,
la séparation vaut comme simple séparation pour l'époux
catholique, et comme divorce pour l'époux protestant.
« D'où cette conséquence, que le souverain pontife consi-
» dérait comme suffisamment garantie la conscience et
» la liberté du catholique, à condition que respectueux
» des dogmes et des prescriptions de l'Église, il ne se
» remariât pas après la séparation, encore bien que son
» conjoint, qui n'était pas catholique, se remariât. »
(M. Naquet. Sénat : séance du 27 Mai 1884). — Puis,
il ne faut pas oublier que si l'Eglise repousse le mot
divorce, elle accepte la chose : le droit canonique admet
de nombreux cas de nullité. « Le divorce existant, les

» catholiques n'en feront pas usage lorsque l'Église ne
» considérera point leur mariage comme nul ; mais
» quand ils seront dans un cas de nullité canonique, ils
» useront du divorce civil afin de reconquérir toute leur
» liberté. » (M. Naquet. *Du Div.*, p. 173). — Le divorce
présentera même un avantage sérieux pour la femme
catholique, qui ne sera plus obligée de demander l'autorisation maritale. Elle ne sera plus en tutelle, et elle ne
dépendra plus d'un homme qu'elle méprise ; elle pourra
acquérir des biens ou les aliéner librement. « On voit
» souvent, dit M. Naquet (op. cit., p. 73), des hommes
» se livrer, après la séparation de corps, à un odieux
» chantage, et se faire payer à beaux deniers comptants
» les autorisations que leurs femmes sont obligées de
» leur demander. »

2° La seconde objection est tirée de l'*intérêt des
mœurs*. L'ordre public s'oppose au divorce, dit-on, parce
que l'indissolubilité est le seul moyen de contenir les
passions.

Il est certain que si cela était, il faudrait prescrire le
divorce : l'intérêt privé devrait alors de toute nécessité
s'incliner devant l'intérêt général. Malheureusement pour
les adversaires du divorce, il n'est pas prouvé que
l'intérêt des mœurs exige que le mariage soit indissoluble :
les faits de la vie pratique viennent, au contraire,
démontrer que quand la loi proclame l'indissolubilité,
cette obligation de la loi ne suffit pas toujours pour que
le mariage soit réellement indissoluble. Puis, il s'agit de
savoir, si la loi écrite, telle qu'elle existait avant le
rétablissement du divorce, était en contradiction avec le
droit naturel, car chaque fois que cet antagonisme se
présente, la loi écrite doit s'incliner devant la loi naturelle
et succomber. Or, l'expérience a prouvé que les époux

séparés trouvent presque toujours dans des unions clandestines et concubinaires la satisfaction et le bonheur que leur union légitime avait été incapable de leur donner. S'il en est ainsi, comment l'intérêt social pourrait-il exiger, suivant une heureuse expression de Treilhard, que le pays s'appauvrisse systématiquement chaque année d'un grand nombre de familles dont il aurait pu s'enrichir? — On ne voit pas du reste que l'esprit de famille soit moins développé, que la moralité publique soit moins bonne, chez les peuples qui admettent le divorce que chez ceux qui le prohibent. Sans doute la loi de 1792 fut suivie d'excès : mais ces excès prouvent que les lois mal conçues — et la loi de 1792 était du nombre — ne peuvent produire que de mauvais résultats. Puis, ces excès tenaient à d'autres causes, parmi lesquelles il faut, en première ligne, signaler les facilités trop grandes du mariage à cette époque : de sorte qu'il est plus juste de dire que ces abus tenaient plutôt aux facilités du mariage qu'aux facilités du divorce.

Puis, le divorce ne rompt pas le mariage, mais il en constate la rupture. Lorsque la réconciliation est à tout jamais rendue impossible, que reste-t-il désormais de cette union sacrée, respectable, indissoluble? « Quelques » chaines, disait M. L. Renault, et je ne sais quoi de » honteux qui dégrade l'institution, et dont on voit les » débris traîner, avilis et salis, dans tous les coins de » notre société. « (Chambre, séance du 7 Fév. 1881). — Le P. Didon (op. cit., p. 96), dit à la femme trahie par son conjoint : « Prends tes habits de deuil, infortunée » victime des fatalités et de la Providence qui permet les » épreuves ; prends tes habits de deuil, et va mourir non » pas sur le bûcher où mouraient les veuves indoues, — » il y a mieux ; ces veuves là succombaient à la lâcheté

» du suicide — toi, va mourir sur le bûcher de la fidélité
» conjugale. » C'est là, en termes magnifiques d'éloquence,
prêcher l'héroïsme, mais l'héroïsme se conseille et ne se
commande pas. Puis, si cette femme a 25 ans, si l'union
ainsi brisée prématurément a été sans enfants ; est-il
réellement possible et humain que cette femme puisse se
résoudre ainsi à « mourir sur le bûcher de la fidélité
» conjugale, » et à ne plus jamais connaître ni le bonheur,
ni les joies de la famille, ni les douceurs de la merternité ?
Le Parlement ne l'a pas pensé, et il a accordé le divorce.

3° L'objection la plus forte certainement, est celle à
laquelle nous arrivons maintenant, et qui est tirée de
l'*intérêt des enfants*. Le divorce, dit-on, sera un obstacle
à leur bonne éducation et à leur surveillance ; les enfants
ne sont bien qu'au foyer des parents qui les ont mis au
monde. (M. L. Legrand. Chambre. *Officiel* du 6 fév. 1881).

Cette objection pourrait paraître invincible, si l'intérêt
des enfants n'était en jeu, et si les inconvénients signalés
ne se présentaient que dans le divorce. Malheureusement,
l'expérience démontre que les inconvénients se présentent
encore plus nombreux et plus graves dans la séparation
de corps. Si cet intérêt des enfants exige qu'on ne puisse
fonder une nouvelle famille, il en résulte qu'il faut de
toute nécessité défendre aux veufs et aux veuves qui ont
des enfants de se remarier, et interdire la séparation de
corps comme le divorce, puisqu'on reconnaît généralement
que la position des enfants est aussi facheuse dans l'un et
l'autre cas. Si les époux divorcés se remarient, les enfants
pourront se trouver en face d'un parâtre ou d'une marâtre,
mais, dans le cas de séparation de corps, le même inconvénient se présentera si le conjoint séparé, à qui la garde
des enfants a été confié, ne vit pas dans un célibat parfait.
Or, il est rare que les conjoints séparés acceptent l'aus-

tère célibat. M. Legouvé affirme que les 4/5 s'organisent
en ménages libres : l'immoralité s'étale alors librement
sous les yeux des enfants. La société n'y gagne qu'une
chose, d'après M. Naquet (op. cit., p. 119) : c'est de
voir le concubinage s'étaler là où un mariage honorable
se serait certainement effectué, si la législation avait été
plus tolérante et plus humaine. De ces unions irrégulières naissent des enfants qui sont adultérins, ne peuvent
pas être reconnus, et n'ont aucun droit au nom ou à la
fortune de leurs parents : il en résulte donc que la loi, qui
est faite exclusivement en vue des enfants, met en dehors
d'elle toute une classe d'enfants, les adultérins.

Donc, ou la séparation avec l'adultère comme conséquence souvent obligatoire, ou le divorce avec la possibilité d'un nouveau mariage, tel est le dilemme qui se
pose. La solution ne peut pas être douteuse, car poser la
question c'est la résoudre. « La moralité des enfants, dit
» M. Naquet (op. cit., p. 120), ne subissant aucune
» atteinte, les lois sociales n'ayant pas été transgressées
» constamment sous leurs yeux, l'honorabilité de leurs
» parents rejaillirait sur eux comme aurait rejailli leur
» iniquité dans le cas contraire, et ils entreraient dans le
» monde avec tous les avantages qui s'attachent à une
» éducation basée sur des exemples de moralité et de
» vertu. » — « Sachez-le, disait M. Legouvé, dans la
» séparation, l'enfant n'est que le champ de bataille de
» deux haines : seulement ce n'est pas comme dans les
» mêlées antiques, un cadavre que deux ennemis se
» disputent, c'est une âme vivante qu'ils déchirent. Ils
» accomplissent chaque jour un infanticide moral. »

Nos conclusions sont donc complétement favorables au
principe du divorce, parce que le divorce donne satisfaction
à certaines souffrances et à certaines douleurs qui sans

lui resteraient sans remède. L'indissolubilité est dans le
cœur et dans l'esprit des époux au moment du mariage,
mais il serait inhumain et dangereux, dans certains cas,
de mettre en conflit, comme le disait M. Renault, la
nature humaine qui réclame et la loi qui défend. La loi
sur le divorce, votée par le Parlement en 1884, n'est
certainement pas parfaite; mais, comme toutes les institutions humaines, elle est perfectible; et déjà des modifications importantes ont été votées par le Parlement,
d'autres modifications lui sont encore soumises; telle
qu'elle est, il est incontestable que cette loi est bonne et
morale autant qu'humaine. « Le temple s'est écroulé,
» disait M. Renault, dans son admirable rapport, les
» ruines seules en demeurent éparses sur le sol, encom-
» brant la route. Au nom de quel intérêt social, de quel
» principe moral, les déclare-t-on sacrées?... Pourquoi
» les condamner tous deux, le coupable et l'innocent, le
» bourreau et la victime, ou à une viduité contraire à la
» nature humaine, ou à la formation d'unions illégitimes,
» clandestines et publiques?... que devient l'idée néces-
» saire du pouvoir dans les familles, quand on assiste à
» ce spectacle trop fréquent d'un mari qui, n'ayant plus
» le droit d'être le gardien, le conseiller de sa femme,
» peut encore être son espion; qui, ne pouvant plus
» légalement entrer comme époux dans le domicile de sa
» femme, peut y entrer accompagné d'un commissaire de
» police?... La justification du divorce, c'est qu'il éteint
» ou détruit les passions qui l'ont rendu inévitable... qu'il
» supprime ce dilemme odieux qui se pose aux époux
» séparés de corps : fouler aux pieds la décence publique
» ou immoler en eux les instincts de l'humanité; enfin,
» qu'il ne réduit plus les meilleurs, parmi ceux dont
» l'union a dû être dissoute, à devenir homicides, sinon

» de fait, au moins de désir ou d'intention. » — Le divorce n'est donc pas un mal, c'est, comme le disait Treilhard, le remède à un mal. Puisse donc la crainte du divorce être le commencement de la sagesse pour beaucoup de gens qui n'apportent pas assez de maturité ou de gravité dans leurs unions : le lien conjugal n'est plus, en effet, comme une sorte de tombeau dont la pierre ne saurait être jamais levée !

SECTION II.

Historique.

I. — ANCIEN DROIT.

Le droit ancien doit être étudié au double point de vue du droit canonique et du droit civil.

1° *Droit canonique.* — L'Église, qui proclame aujourd'hui le double principe de l'indissolubilité et de la perpétuité du mariage, n'interdit pas tout d'abord le divorce. Tout en le condamnant, elle le tolérait. Le Christianisme commença par le réglementer, par le soumettre à de nombreuses restrictions sous les empereurs chrétiens, frappant de peines sévères l'époux coupable comme l'époux qui répudiait son conjoint sans juste cause ou sur une cause légère. Justinien même le réglementa d'une façon si sévère, que cette réglementation pouvait être regardée comme la suppression du divorce. Jusqu'au Concile de Trente (11 Nov. 1563), le principe de l'indissolubilité ne fut jamais nettement proclamé par l'Église, ni universellement respecté et admis. Pendant les premiers

siècles, en effet, la question du divorce resta indécise à
cause d'un texte très obscur de saint Mathieu, qui a donné
lieu à de nombreuses controverses que les conciles antérieurs au concile de 1563 n'osèrent jamais trancher.
Saint Mathieu (chap. V, vers. 32 — chap. XIX, vers. 7)
semble autoriser le divorce. Jésus-Christ, interrogé par les
Pharisiens sur la répudiation, leur aurait répondu :
« Dico autem vobis, quia quicumque dimiserit uxorem
» suam, *nisi ob fornicationem*, et aliam duxerit,
» moechatur, et qui dimissam duxerit, moechatur. »
Saint Marc et saint Luc, au contraire (chap. XVI, 18 —
chap. X, 11) font dire à Jésus-Christ, en termes absolus :
« Omnis qui dimisit uxorem suam et alteram ducit,
» moechatur. » Tertullien (Liv. IV, c. *Marcion*), saint
Epiphane autorisent la répudiation pour cause d'adultère.
Saint Astère qui, avant d'être évêque, avait été un avocat
très distingué, était encore plus net : « Existimate et
» omnino vobis persuadete matrimonia morte tantum dirimi
» et adulterio. » Saint Jérome et saint Chrysostome sont
pour l'indissolubilité. Saint Augustin, qui écrivit un traité
sur le divorce, se prononce contre la répudiation. D'après
lui, saint Mathieu autorise bien le mari à renvoyer la
femme coupable d'adultère, mais ne lui permet pas d'en
épouser une autre (M. Glasson, p. 215). Malgré toutes
ces controverses, le concile d'Arles, en 352, n'osa pas
trancher la question. Le synode de Soissons de 774
permet même encore la répudiation de la femme adultère.
En 789, un capitulaire de Charlemagne défend aux époux
séparés par la répudiation de se remarier, et confirme la
doctrine de saint Augustin. Le Concile de Frioul, tenu
par Charlemagne, vers la même époque, vint confirmer le
capitulaire de 789. Tous les conciles qui suivirent
consacrèrent le principe de l'indissolubilité et de la

perpétuité du lien conjugal. — Au XII° siècle la doctrine
de l'Eglise distingue le mariage consommé de celui qui
ne l'est pas. Le mariage non consommé seul peut être
rompu. Mais ce n'est qu'au XIII° siècle que la doctrine
de l'indissolubilité commence à se fixer d'une façon
précise et certaine (Bergier, *De la vraie religion*, VIII,
p. 123). Saint Thomas d'Aquin consacre le même principe (*Somme contre les Gentils*, II, CXXIII). — Au
XV° siècle, le concile de Florence déclare que l'adultère
ne pourra jamais être une cause de divorce. — Au
XVI° siècle, à l'époque du grand mouvement de la
Réforme, les luthériens et les calvinistes, invoquant les
paroles de saint Mathieu, rétablirent le divorce et le
permirent, non pas seulement pour cause d'adultère, mais
aussi pour d'autres motifs (M. Glasson, p. 224).

L'Église répondit aux théories de la Réforme, par les
déclarations du concile de Trente, qui se réunit le
13 décembre 1545 ; le 11 novembre 1563, dans sa
vingt-quatrième session, le concile proclama de nouveau
l'indissolubilité du mariage et prononça l'anathème contre
ceux qui disent « que le lien du mariage peut être dissous
» ou par l'hérésie, ou par la mauvaise conduite, ou
» l'absence volontaire de l'un des conjoints — que le
» mariage non consommé n'est pas rompu par la profes-
» sion solennelle de religion faite par l'une des parties —
» que l'Église a erré en enseignant que le lien du mariage
» n'est pas rompu par l'adultère — que l'Église erre
» quand elle sépare du lit et de demeure, pour un temps
» déterminé ou indéterminé, des gens mariés. » A partir
de cette époque, le principe canonique de l'indissolubilité
n'a jamais été démenti ni contesté : mais l'Église, tout en
repoussant le divorce, admettait de nombreuses causes de
nullité. Ainsi s'expliquent les nombreuses nullités de

mariage prononcées sur le consentement ou par ordre de l'Eglise. Pothier ne cite pas moins de dix-sept causes de nullité admises par l'Église. Le droit canonique admettait, comme il l'admet encore aujourd'hui, la nullité avec faculté de convoler à une nouvelle union, lorsque le mariage n'avait pas été consommé. Le mariage contracté solennellement en face de l'Église, mais non consommé, dit Schram (*De Matrimonio*, § 1263), peut être dissous et regardé comme absolument inexistant, par l'entrée en religion et la profession solennelle de l'un des époux. Aucune sentence ecclésiastique, aucune intervention de l'autorité n'est nécessaire, quand il s'agit du mariage non consommé, parce qu'alors les époux ne sont pas devenus une seule chair. Les souverains pontifes ont souvent usé du pouvoir qui leur appartient alors de détruire absolument et radicalement le lien, sur la demande de l'un des époux. Henriquez (liv. II, chap. VIII, *De Matrimonio)* affirme que Grégoire XIII concéda, dans une même journée, onze dispenses ou déclarations d'annulations de mariages non consommés, mais solennels et contractés devant l'Église. Urbain VIII explique longuement, dans un bref donné en faveur de Jeanne, princesse de Naples, que, s'il est dit dans l'Évangile : « Il n'est point permis » à l'homme de renvoyer sa femme non coupable d'adul- » tère », il faut entendre le texte sacré en ce sens qu'il s'agit des époux entre lesquels existe le mariage consommé.

Jusqu'au XVIIIe siècle, les affaires concernant les mariages ont été de la compétence exclusive du clergé ; cette compétence était conforme à la décision du concile de Trente, qui prononçait l'anathème contre ceux qui prétendent que la connaissance de ces causes n'appartient point aux juges ecclésiastiques. Cela explique pourquoi nos anciennes coutumes sont muettes sur toutes les ques-

tions qui se rattachent au mariage : ce n'est que très tard
que l'autorité royale commença à affirmer son droit de
réglementer le mariage.

2° *Droit civil*. — Les renseignements que nous possédons sur les Gaulois sont très obscurs. Le divorce paraît
y avoir été inconnu d'après César ; d'autres documents
permettent de porter une affirmation opposée. En réalité,
de simples conjectures seules sont permises, car c'est en
vain que l'on voudrait rechercher les vestiges d'un droit
national chez les Gaulois : partout où on ne rencontre pas
les traces du droit romain, on reconnaît les traces du
droit germanique.

Les Germains, qui avaient pour les femmes un respect
presque superstitieux (Strabon, VIII, 2, 3), et chez
lesquels la famille et le mariage étaient solidement établis,
ne durent pas pratiquer beaucoup le divorce avant l'invasion de l'empire romain. On se mariait tard et l'union
conjugale avait un caractère sacré. Tacite nous rapporte
que la femme était traitée et regardée comme la véritable
maîtresse de la maison (*Germanie*, chap. 7, 8, 15).
« Très peu d'adultères, dit-il au chap. 19, se commettent
» dans une nation si nombreuse, et le châtiment qui suit
» de près la faute, est abandonné au mari. On rase la
» coupable, on la dépouille, et en présence des parents,
» le mari la chasse de la maison, et la poursuit à coups
» de verges par toute la bourgade... Quelques cités ne
» marient que des vierges. La limite est posée une fois
» pour toutes à l'espérance et au vœu de l'épouse ; elle
» prend un seul époux, comme elle a un seul corps, une
» seule vie, afin que sa pensée ne puisse voir rien au
» delà, que son cœur ne soit tenté d'aucun désir nouveau,
» qu'elle aime son mariage et non pas un mari. Borner

» le nombre de ses enfants, ou tuer quelqu'un des nou-
» veau-nés, et flétri comme un crime : et les bonnes
» mœurs ont là plus d'empire que n'en ont ailleurs les
» bonnes lois. » — Chez les Saxons, la femme adultère
était mise à mort avec son complice. Les secondes noces
étaient défendues. Mais, après l'invasion de l'empire
romain, la pureté des mœurs patriarchales disparut, et
les Germains usèrent largement du divorce.

Les Alamans connaissaient le divorce par consentement mutuel, dont ils usaient avec une grande facilité.
Le divorce pour causes déterminées existait aussi : les
causes les plus ordinaires étaient l'adultère, le meurtre,
la magie, la violation de sépulture. Le mari qui répudiait
sa femme sans motifs était passible de certaines peines.
— La loi des Burgondes permettait au mari de renvoyer
sa femme ; mais s'il le faisait sans motifs, il perdait la dot,
et toute sa fortune allait de suite soit à ses enfants, soit,
à leur défaut, à la femme répudiée. La femme ne pouvait
répudier son mari, sous peine d'être noyée dans du fumier
(*Lex Burgund*. XXXIV, 1).

Les Francs admettaient le divorce : les formules de
Merculfe ne laissent aucun doute à cet égard : « Il n'y a
» que des causes certaines et prouvées qui peuvent
» donner lieu à la répudiation entre le mari et la femme.
» Aussi comme ce n'est plus la charité chrétienne, mais la
» discorde qui règne entre un tel et son épouse, et qu'ils
» ne peuvent plus vivre ensemble, il a été convenu d'un
» commun accord qu'ils se sépareraient, ce qu'ils ont
» fait. » (*Form. de Marc.*, liv. II, 30).

Dès le VIIIᵉ siècle, le droit canonique s'efforce d'imposer le principe de l'indissolubilité conjugale. Même à
l'époque barbare, l'autorité de l'Église se fait sentir, et
le clergé obtient souvent des époux divorcés l'engagement

de se retirer dans un monastère. Avec les capitulaires, l'influence de l'Église va grandissant de plus en plus. Le divorce est simplement toléré lorsque les époux veulent entrer en religion. Charlemagne, dans son capitulaire de 789, considère comme adultère l'époux qui se remarie du vivant de son conjoint : il en est de même de la personne à laquelle il est uni.

Dans les assises de Jérusalem, au XIe siècle, on se relâche de cette rigueur. Le juge peut prononcer la répudiation, sur la demande de l'un des époux, toutes les fois que l'autre conjoint rend impossible la continuation de la vie commune : le conjoint divorcé peut se remarier, pourvu qu'il assure l'existence de son premier conjoint (*Cour des Bourgeois*, édit. de Beugnot, chap. 159, 175, 181). Mais, à partir de cette époque, sauf exception pour le mariage non consommé, et à condition de renoncer à la vie civile et d'entrer dans un couvent, le divorce ne fut plus admis : la séparation *quoad thorum et mensam* fut seule permise, soit pour un temps déterminé, soit à perpétuité (M. Glasson, p. 217). Le concile de Trente, au XVIe siècle, ne fit que confirmer ces prescriptions.

Au XIIIe siècle, Philippe de Beaumanoir (*Cout. de Beauvoisis*, chap. 57), énumère les causes de séparation, mais ne parle plus du divorce. L'absence qui, autrefois, dissolvait le mariage, ne peut plus être invoquée par la femme « si elle ne sait nouvelle certaine de sa mort. » — Jehan Bouteiller, au XIVe siècle, déclare ce qui suit : « Sachez qu'il n'y chet divorce perpétuel : il ne se fait » que du lit, car la loi espère toujours qu'ils se retour- » neront, et ensemble peuvent se remettre sitôt qu'il leur » plaît. » (*Somme rurale*, II, VIII, chap. XIV). La séparation d'habitation, qui était le seul remède accordé aux conjoints malheureux sous l'ancien droit, était,

d'après Pothier « la décharge qui, pour de justes causes,
» est accordée par le juge à l'un des conjoints par
» mariage, de l'obligation d'habiter avec l'autre conjoint
» et de lui rendre le devoir conjugal, sans rompre
» néanmoins le lien de leur mariage. » Là se trouve
l'origine de notre séparation de corps, mais, dès cette
époque, il n'est plus question de rupture du lien conjugal.
— Jusqu'au XVIIIᵉ siècle, les juges ecclésiastiques con-
nurent de toutes les questions relatives au mariage. Une
première réforme leur enleva la connaissance des
questions relatives aux biens des époux ; puis la compétence civile finit même par être admise exclusivement
en matière de séparation d'habitation, conformément à
l'avis de Dumoulin et de Baquet.

II. — DROIT INTERMÉDIAIRE.

L'une des premières réformes de la Révolution fut le
rétablissement du divorce. Les Girondins le firent
adopter, et ils n'étaient sur ce point que l'écho des
philosophes du XVIIIᵉ siècle. Selon Diderot, en effet, le
mariage perpétuel est un abus ; c'est « la tyrannie de
» l'homme qui a converti en propriété la possession de la
femme. » Il cite avec admiration les mœurs d'Otaïti, où
les mariages ne durent souvent qu'un quart d'heure. Il
est vrai qu'il a soin d'ajouter que « sa doctrine n'est pas
» bonne a prêcher aux enfants ni aux grandes personnes.
(Mémoires de Diderot, III, 66). » — Vergniaud disait
le 8 mai 1793 : « L'homme n'a pas reçu seulement de la
» nature l'amour de l'indépendance, mais encore une
» foule d'autres passions, avec l'industrie qui les satisfait
» et la raison qui les dirige..... La Constitution la plus

» parfaite sera celle qui fera jouir de la plus grande
» somme de bonheur et le corps social et les individus
» qui le composent. » Ces doctrines font comprendre
l'esprit qui animait le législateur de 1792.

Cependant de tous les cahiers des Etats-Généraux un
seul réclamait le divorce, c'était celui du duc d'Orléans.
La Constitution du 3 septembre commença par séculariser
le mariage, en déclarant que le mariage était un contrat
civil (art. 7, titre II). Le législateur assimila ensuite le
mariage aux contrats civils ordinaires, à tel point que
lorsque le rétablissement du divorce fut proposé, Guadet,
s'y opposa, alléguant que le décret était inutile, parce que
le divorce existait par le seul fait que le mariage était
considéré comme un contrat civil, analogue, par conséquent, par tous ses effets, à tous les autres contrats. Le
mariage ne contenant ni conditions de modalité, ni
conditions de durée, le législateur de 1792 pensa, par la
suite, que la dissolution de ce contrat au lieu d'être plus
difficile que celle des contrats ordinaires, devait, au
contraire, être plus facile. De là, la déplorable facilité
avec laquelle le divorce fut autorisé.

La loi du 20 septembre 1792, qui rétablit le divorce,
fut une loi de réaction violente contre l'ancien état de
choses. La proposition de rétablir le divorce fut faite
par Aubert Dubayet, à la séance du 30 août 1792.
(*Moniteur*, 1792, p. 578, tome XIII). C'est alors que
Guadet déclara qu'il était inutile de décréter le principe
du divorce, puisqu'il était déjà appliqué. « Des tribunaux
» l'ont prononcé, disait-il, et moi-même je l'ai prononcé
» comme arbitre dans un tribunal de famille. » Néanmoins
l'Assemblée, sur la proposition de Reboul qui disait
« qu'il était indispensable de consacrer le principe,
» puisqu'il n'était formellement exprimé nulle part, »

déclara que le mariage était un contrat dissoluble par le divorce. Le comité de législation fut chargé de faire un rapport. Le 6 septembre (*Moniteur. XIII*, p. 640), le rapporteur Léonard Robin fut entendu et posa comme principe qu'il fallait se montrer très large et accorder la plus grande latitude à la faculté du divorce, parce que la liberté individuelle ne peut jamais être aliénée d'une manière indissoluble par aucune convention. En même temps, des précautions étaient prises pour soustraire le mariage aux bizarreries, à l'instabilité des humeurs, du caractère et des affections des conjoints. Le projet ne fut combattu par personne et fut adopté.

Le divorce pouvait avoir lieu pour causes déterminées, par consentement mutuel, pour incompatibilité d'humeur ou de caractère. La séparation de corps était supprimée : les séparations de corps antérieurement prononcées pouvaient être converties en divorces.

Les causes déterminées étaient les suivantes : la démence, la folie ou la fureur, la condamnation à une peine afflictive ou infamante, les crimes, excès ou injures graves de l'un des époux envers l'autre, le dérèglement des mœurs notoire, l'abandon de la femme par le mari ou du mari par la femme pendant deux ans au moins, l'absence de l'un des époux sans nouvelles au moins pendant cinq ans. Enfin, sur la demande de Mailhe, on ajouta l'émigration. (séance du 14 sept. 1792) : cette disposition tenait aux troubles de l'époque. Quelques-unes de ces causes, comme la démence, ou l'absence prolongée se justifient difficilement. Si les motifs déterminés étaient établis par des jugements (séparation de corps, peines afflictives ou infamantes), l'officier d'état-civil devait prononcer le divorce sur la simple présentation du jugement (§ 2, art. 16). En cas d'absence, il suffisait de présenter à l'officier d'état-civil un acte de notoriété constatant l'absence : le divorce devait être prononcé. Pour les autres motifs contenus dans l'art. 4 du § 1, le demandeur devait se pourvoir devant des arbitres de famille, en la forme prescrite dans le Code de l'ordre judiciaire pour les contestations entre mari et femme. On présentait alors la décision favorable de ces arbitres (§ 2, art. 18 et 19).

Lorsque les époux voulaient arriver au divorce par consentement mutuel, on réunissait six parents choisis par moitié par chacun des époux. C'était devant cette assemblée que se produisaient les préliminaires de conciliation. Les deux époux étaient présents. Si les parents ne parvenaient pas à les concilier, un procès-verbal le constatait. Un mois au moins et six mois au plus après la date du procès-verbal, les époux se présentaient devant l'officier d'état-civil. Après le délai de six mois, il fallait recommencer toute cette procédure pour être admis en divorce par consentement mutuel. Les délais étaient doublés lorsque les conjoints ou l'un d'eux étaient mineurs, ou lorsqu'il y avait des enfants issus du mariage (§ 2, art. 1 à 7).

Si le divorce était provoqué pour incompatibilité d'humeur, la réunion de l'assemblée ne pouvait avoir lieu qu'un mois après la convocation. L'époux demandeur devait se présenter en personne à l'assemblée. Si la conciliation n'avait pas lieu, l'assemblée devait se proroger à deux mois. A l'expiration des deux mois, une seconde réunion de l'asssemblée avait lieu : en cas de non conciliation, l'assemblée se prorogeait à trois mois, Si, à la troisième séance de l'assemblée, le demandeur ne pouvait être concilié et persistait dans sa demande, on en dressait acte. Huitaine au moins ou au plus dans les six mois après la date du dernier acte de non-conciliation, l'époux demandeur pouvait se présenter devant l'officier d'état-civil pour faire prononcer le divorce (art. 8 et suiv.) Le député Sédillez avait proposé, à la séance du 13 Septembre, pour le cas de répudiation, l'établissement d'un jury spécial composé de personnes nommées en nombre égal par chacune des parties et par le Procureur de la commune du lieu. Ce jury devait être composé de femmes si c'était le mari qui voulait répudier ; d'hommes si c'était la femme qui provoquait la répudiation. Cette proposition, quelque peu bizarre, ne fut pas admise.

Lorsque le divorce avait été prononcé sur consentement mutuel ou pour simple cause d'incompatibilité d'humeur et de caractère, les époux divorcés ne pouvaient contracter avec d'autres un nouveau mariage qu'un an après la rupture. Dans tous les cas, la femme était tenue de respecter ce délai d'un an. Une pension alimentaire pouvait être accordée à l'époux qui avait obtenu le divorce et qui se trouvait dans le besoin (§ 3, art. 8). — Le sort des enfants était réglé par une assemblée de famille (§ 4, art. 1 à 9).

Des lois additionnelles vinrent modifier la loi du 20 Septembre 1792. Une première loi du 8 Nivôse an II (28 Décembre 1793) ordonna aux tribunaux de famille de statuer dans le mois de la demande sur les contestations relatives aux biens des époux. Cette mesure avait pour objet d'empêcher le mari de dissiper les biens de la femme. — Une seconde loi, du 4 Floréal an II (17 Avril 1794), facilita le divorce. Lorsqu'il était prouvé par acte authentique ou de notoriété publique que les époux étaient séparés de fait depuis plus de six mois, le divorce pouvait être demandé et prononcé sans aucun délai (art. 1). La femme divorcée put, à partir de ce décret, se remarier aussitôt le divorce obtenu, lorsqu'il était prouvé,

par un acte de notoriété publique, qu'il y avait dix mois qu'elle était séparée de fait de son mari. La femme qui accouche après son divorce est dispensée de ce délai. L'article 8 confirme tous les mariages qui ont été effectués avant la loi de 1792, en vertu du principe que le mariage n'est qu'un contrat civil, et qui ont été constatés par des déclarations authentiques faites par devant des officiers municipaux, des juges de paix ou des notaires. — Une loi du 24 Vendémiaire an III (15 Oct. 1795) dispense l'époux demandeur d'assigner l'autre conjoint, lorsqu'il prouvait que ce conjoint avait émigré ou était absent.

Toutes ces facilités ne tardèrent pas à produire leurs fruits : c'était aller trop loin, et au milieu d'un pays mal. préparé à toutes ces innovations prématurées, les scandales qui éclatèrent appelaient une réaction. Une loi du 15 thermidor an III (2 août 1795) vint suspendre l'exécution des lois des 8 nivôse et 4 floréal an II.

La loi du premier jour complémentaire de l'an V (17 septembre 1797) décida que dans toutes les demandes en divorce pour simple incompatibilité d'humeur ou de caractère, l'officier public ne pourrait prononcer le divorce que six mois après la date du dernier des trois actes de non-conciliation exigés par les articles 8, 10, 11 de la loi du 20 septembre 1792. L'examen de la discussion de cette loi est particulièrement intéressant, parce qu'il permet de constater tous les abus qui avaient été la conséquence des trop grandes facilités accordées tout d'abord. La loi de l'an V fut votée à la suite d'une proposition faite par Favart pour la suppression du divorce pour incompatibilité d'humeur. « La loi du divorce est » plutôt un tarif d'agiotage qu'une loi, disait Mailhe. » (*Moniteur*, XXVIII, p. 523). A la séance du 5 pluviôse (*Moniteur*, p. 535), Siméon s'écriait que sous prétexte

d'alléger la chaîne du mariage, on l'avait rompue, et qu'au lieu du mariage, on avait introduit, sous un nom honnête, une véritable prostitution. Philippe Delleville déclarait, à la séance du 20 prairial *(Moniteur*, p. 726), qu'il fallait se hâter de rapporter l'article monstrueux qui permettait d'invoquer l'incompatibilité d'humeur. « Rap-
» portez-le, disait-il, ou convenez que votre intention est
» que le mariage continue d'être un concubinage orga-
» nisé. » Ému par toutes ces déclarations, le Conseil des Cinq-Cents chargea le représentant Faulcon de rédiger un projet de loi qui devint la loi de l'an V. Faulcon pour défendre l'incompatibilité d'humeur avait déclaré « que
» si ce mode de divorcer était rejeté, le divorce serait
» rabaissé au niveau de ces scandaleuses demandes en
» séparation de corps qui, en dévoilant publiquement
» les turpitudes cachées du ménage, avaient été le long
» fléau des mœurs ainsi que de la dignité du lien
» conjugal. »

Toutes ces restrictions successivement introduites n'arrêtèrent pas la corruption, et les abus continuèrent : en l'an VI, le nombre des divorces dépassa, dans la capitale, celui des mariages. Trois ans plus tard, le mal était le même ou à peu près, car le tribun Carion-Nisas, à la séance du tribunat du 28 ventôse an XI, combattant le projet du Code civil, déclarait qu'à Paris, en l'an IX, le nombre des mariages avait été de 4.000 environ et celui des divorces de 700 ; — et qu'en l'an X, les mariages n'avaient atteint que le chiffre de 3.000, tandis que les divorces s'étaient élevés au chiffre de 900. — On profita de la rédaction du Code civil pour réorganiser la famille et rendre au mariage le premier rang qu'il doit occuper dans les institutions. Le divorce fut remanié avec soin, et la séparation de corps fut de nouveau permise.

III. — LE CODE CIVIL.

Se tenant aussi loin des préoccupations purement religieuses de l'ancien droit que de l'esprit souvent trop radical de l'époque révolutionnaire, les rédacteurs du Code civil comprirent qu'ils ne devaient voir dans le divorce qu'une ressource extrême et suprême offerte, avec de grandes précautions, aux époux trop malheureux, et qui ne pouvaient trouver dans la séparation de corps un remède suffisant. Maintenir le divorce à raison même des caractères essentiels reconnus et assignés au mariage dans notre droit civil ; raffermir l'institution elle-même du mariage contre les atteintes qu'elle avait reçues par suite des trop grandes facilités du divorce, telle fut la double résolution qui s'imposa aux législateurs du Code. Les législateurs le firent avec un bon sens incroyable : ils surent trouver un moyen terme équitable dans le rétablissement de la séparation de corps à côté du divorce.

Le divorce a été, en 1803, entouré de sérieuses garanties, parce que le mariage n'est pas un contrat comme un autre. Le législateur le permet pour causes déterminées ou par consentement mutuel, mais il n'admet pas qu'il puisse être prononcé pour incompatibilité d'humeur ou de caractère, comme en 1792. — Les causes déterminées étaient : 1° l'adultère de l'un des époux, avec cette réserve que le mari ne peut être coupable d'adultère que s'il a entretenu une concubine au domicile conjugal ; — 2° les excès, sévices ou injures graves ; — 3° la condamnation à une peine afflictive ou infamante. — Le divorce par consentement mutuel du Code civil ne ressemble en rien à celui qu'avait admis le législateur de 1792. En 1792, on était parti de cette idée que le consentement doit être suffisant pour former et pour rompre le mariage. Le législateur du Code civil fait en quelque sorte du consentement mutuel une quatrième cause qui vient s'ajouter aux trois autres : dans sa pensée, le divorce par consentement mutuel n'est qu'une forme particulière de divorce pour cause déterminée. Cet accord, qui est nécessaire, doit, en outre, ne pas consister seulement dans l'expression d'une volonté passagère. Il faut que, par sa persistance, cet accord vienne, après certaines épreuves et dans certaines conditions, prouver que la vie commune est devenue insupportable. Dans certaines hypothèses particulièrement délicates, exposées par Treilhard, le divorce par consentement mutuel devait être utilement employé, puisqu'il avait lieu sans scandale et sans bruit. Le législateur prenait en outre des précautions multiples contre les abus possibles : le divorce par consentement mutuel ne pouvait être demandé si le mari avait moins de 25 ans, et la femme moins de 21 ans, ni admis avant le terme de deux ans de mariage, et après le terme de vingt ans, ou lorsque la femme avait quarante-cinq ans. Le consentement authentique des pères, mères ou autres ascendants vivants était exigé. Les époux divorcés par consentement ne pouvaient contracter un nouveau mariage que trois ans après la prononciation de l'acte qui avait dissous le premier. Ils étaient en outre dépouillés de la moitié de leur fortune, qui de droit passait aux enfants.

Les effets du divorce étaient calculés et réglés avec une grande sagesse, au triple point de vue des époux, des enfants et de leurs biens. Cette législation, qui exista jusqu'en 1816, ne connut pas les scandales de l'époque intermédiaire. La moyenne des divorces fut de 50 à 75 par an. Lorsqu'en 1816 on supprima le divorce, il fut reconnu par ceux qui demandaient cette suppression (*Moniteur* du 22 déc. 1816), qu'il n'avait pas produit d'abus sous le premier Empire.

IV. — LA LOI DU 8 MAI 1816.

Après les cent jours, M. de Bonald, dans la séance de la Chambre des députés du 14 décembre 1815, demanda : « que sa Majesté soit supplié d'ordonner que les articles » du Code civil relatifs au divorce soient supprimés. » La charte de 1814 avait déclaré la religion catholique, religion d'Etat : la demande de M. de Bonald était donc logique. Pris en considération le 26 décembre suivant, le projet fut voté par la Chambre des députés le 2 mars 1816, et par la Chambre des pairs le 19 mars. La loi fut promulguée le 8 mai. La loi civile, qui permet le divorce, cessait d'être en désaccord avec la loi religieuse qui le défend. « Il faut donc, pour les concilier, avait dit » M. de Trinquelague, que l'une des deux fléchisse, et » mettre ses dispositions en harmonie avec celles de » l'autre. Mais la loi religieuse appartient à un ordre » de choses fixes, immuable, élevé au-dessus du pouvoir » des hommes. La nature des lois humaines, dit Mon- » tesquieu, est d'être soumise à tous les accidents qui » arrivent, et de varier à mesure que les volontés des » hommes changent ; au contraire, la nature des lois de » la religion est de ne varier jamais. C'est donc à la loi » civile à céder. »

Mais, par une singularité qui ne s'explique guère, les articles du Code civil relatifs au divorce ne furent pas abrogés expressément, et M. Renault a pu dire avec raison, dans son rapport (Chambre. *Officiel* du 31 Jan-

vier 1880) que « c'est une institution détruite qui a
» continué à fournir des règles pour l'application d'une
» disposition devenue non seulement principale, mais
» unique (la séparation de corps). Le divorce est resté
» dans le monument de nos lois comme une statue
» momentanément voilée, mais debout à la place où elle
» avait été originairement élevée, et qu'il est toujours
» facile de découvrir et de mettre en lumière. » — Une
tentative fut bien faite pour établir une législation
complète de la séparation de corps, en 1816, mais elle
n'aboutit pas et on laissa aux tribunaux la tâche très
délicate d'étendre à la séparation de corps les dispositions
édictées en vue du divorce.

Après la chute de Charles X, le gouvernement de
Louis-Philippe, dans la charte de 1830, rétablit le principe de la laïcité des pouvoirs publics. La religion catholique cessa d'être la religion de l'Etat. Le rétablissement
du divorce fut proposé en 1831 par M. de Schonen, trois
fois en 1832 et en 1833 par M. Bavoux : voté par la
Chambre des députés, le rétablissement du divorce fut
chaque fois repoussé par la Chambre des Pairs. — En
1848, la proposition, reprise par M. Crémieux, fut ensuite
abandonnée et ne vint même pas en discussion.

V. — LOI DU 27 JUILLET 1884. — LOI DU 18 AVRIL 1886.

Pendant près de trente ans, la question ne fut plus
soulevée législativement. Le 6 juin 1876, quand M. Naquet proposa le rétablissement du divorce, il fut accueilli
par des éclats de rire, et il est certain que, si la Chambre
n'avait pas été dissoute, son projet, qui se rapprochait
beaucoup plus de la loi de 1792 que du Code civil,

n'aurait pas été pris en considération (M. Naquet. *Du Div.*, p. 1).

Dès le 30 juin 1878, M. Naquet reprit sa proposition, demandant cette fois le retour pur et simple à la législation de 1803. La commission élue pour examiner la proposition, adopta le principe du divorce, et M. L. Renault fut élu rapporteur. Combattue par le gouvernement pour des motifs d'opportunité tirés de la proximité des élections générales, la proposition fut repoussée. — C'étaient là des victoires à la Pyrrhus (M. Naquet, op. cit., p. 206) remportées par les adversaires du divorce, car une proposition nouvelle, déposée le 11 nov. 1881, prise en considération le 26 du même mois, votée par la Chambre les 8 mai et 19 juin 1882, conformément aux conclusions du rapport de M. de Marcère, fut adopté par le Sénat, et devint la loi du 27 juillet 1884. C'est cette loi, complétée par la loi toute récente du 18 avril 1886, qui est venue modifier, en les simplifiant, les règles concernant la procédure du divorce, que nous devons maintenant examiner en détail.

Nous suivrons, autant que possible, dans cette étude, l'ordre que nous avons suivi pour étudier le divorce en droit romain.

Un premier chapitre sera consacré à l'examen des causes du divorce, des personnes qui peuvent les invoquer et des fins de non-recevoir qui leur sont opposables. — L'étude de la procédure fera l'objet du second chapitre. — Dans le troisième chapitre, nous examinerons les effets du divorce, au triple point de vue des époux, des enfants et des biens. — Un appendice sera consacré à l'examen des règles posées en notre matière par les législations étrangères les plus importantes.

CHAPITRE Ier.

Des causes de divorce. — Des personnes qui peuvent les invoquer et des fins de non-recevoir opposables à l'action en divorce.

SECTION I.

Des causes de divorce.

L'article 306 C. civ. répond à cette première question en renvoyant aux articles 229, 230, 231 et 232 C. civ. Deux de ces articles (art. 230 et 232) ont été complètement modifiés en 1884. Le divorce n'est possible que pour causes déterminées. Le divorce par consentement mutuel a été supprimé, et, de plus, les deux époux ont été mis sur un pied d'égalité absolue : ces deux traits caractérisent la loi nouvelle au point de vue des causes de divorce (M. Carpentier. *Du Div.*, p. 67). Les trois causes admises directement par la loi : l'adultère, les excès, sévices et injures graves, la condamnation à une peine afflictive et infamante sont communes au divorce et à la séparation de corps. Une quatrième cause spéciale au divorce a été ajoutée : la conversion en divorce de la séparation de corps après trois années écoulées depuis le jugement. La loi nouvelle diffère donc des autres législations qui ont régi le divorce en France.

Au moment où la loi Naquet fut discutée devant les Pouvoirs législatifs, plusieurs systèmes avaient été proposés : ils étaient empruntés soit au droit intermédiaire, soit au Code de 1803, soit aux législations étrangères.

8

Un premier système, qui ne fut, du reste, pas défendu bien vigoureusement, demandait la liberté absolue de divorcer : on avait alors soit le divorce par consentement mutuel comme en 1803, soit le divorce prononcé sur la demande d'un seul des époux sans pouvoir d'appréciation pour le magistrat, comme en 1792, ou avec pouvoir souverain laissé au magistrat pour reconnaître si réellement la vie commune est absolument impossible, comme en Prusse et en Suisse. — Un second système, plus raisonnable mais aussi radical en sens contraire, et qui fut définitivement admis, n'admettait que le divorce pour causes déterminées. Nous pensons, pour notre part, qu'un troisième système, qui avait été proposé et qui admettait, comme en 1803, à la fois le divorce par consentement mutuel et le divorce pour causes déterminées, était préférable. Il avait tout au moins cet avantage de donner satisfaction à certaines situations particulièrement délicates et douloureuses. Puis les abus n'étaient pas à craindre : les difficultés, pour obtenir le divorce par consentement mutuel étaient très grandes ; la procédure, pour y arriver, très longue et très compliquée. Les statistiques de 1803 à 1816 prouvent que le divorce par consentement mutuel a été très peu pratiqué ; en Belgique, où notre loi de 1803 a continué à fonctionner, on en signale à peine un cas sur cent.

Nous allons étudier les quatre causes de divorce dans l'ordre que nous avons indiqué.

1° *De l'adultère* (art. 229 et 230, C. civ.) — La loi de 1884, contient, sur ce point, une innovation importante. Le Code de 1803 déclarait dans son article 230 que la femme ne pouvait demander le divorce pour cause d'adultère du mari, qu'autant qu'il aurait tenu sa concubine dans la maison conjugale. Pour le mari, il fallait donc des relations suivies, habituelles, présentant cette circonstance aggravante que la concubine avait été tenue dans la maison commune. Rien de tel n'était exigé pour l'adultère de la femme : d'après l'article 229, un fait isolé, accidentel suffisait. La loi de 1884 assimile complètement, *au point de vue civil tout au moins*, l'adultère du mari à celui de la femme. Cette innovation, qui a eu pour objet, selon une expression de M. Demole, de proclamer l'égalité de la femme et du mari en face du fait de l'adultère, a été très critiquée. Des auteurs disent, en effet, que la loi doit se montrer plus sévère pour l'adultère de la femme que pour celui du mari. « L'adultère, dit » M. Demolombe (IV, p. 470) suppose dans la femme » plus de dépravation, soit parce que dans l'état actuel de » nos mœurs ou si vous voulez de nos préjugés, l'adultère » de la femme porte à l'honneur du mari la plus grave » atteinte, soit enfin parce qu'il peut avoir les plus funestes » conséquences, et introduire dans la famille des enfants « étrangers. » C'est ce que Montesquieu avait déjà dit (*Esprit des lois*, XXVI, VIII). Rœderer disait à la séance du 24 brumaire, an X, au Conseil d'Etat : « Il ne » faut pas, il n'est pas bon que la femme puisse se » plaindre que son mari la néglige pour entretenir une » concubine. Le mari est le seul juge : *solus vindex tori* » *conjugalis.* » — Ces raisons ne sont pas suffisantes. L'adultère du mari est certainement moins grave que celui de la femme, en ce sens qu'il n'aura jamais pour conséquence d'introduire des étrangers dans la famille, et les autres enfants ne seront pas lésés. Mais comment admettre que l'adultère puisse supposer chez la femme une dépravation plus grande que chez l'homme? Comment admettre que la loi puisse avoir deux poids et deux mesures suivant qu'il s'agit d'apprécier la conduite du mari ou celle de la femme? Y a-t-il pour l'homme une morale différente de celle qui existe pour la femme? On craint le ridicule pour l'homme trompé, et on ne craint pas pareille chose pour l'épouse trahie et abandonnée. Aucune pitié pour la femme et des trésors incroyables d'indulgence pour le mari, seigneur et maître! Pourquoi cette inégalité, qui donne tous les droits au mari, et impose tous les devoirs à la femme? Pourquoi cette injustice? La loi dit que les époux se doivent mutuellement fidélité, secours et assistance : or, pourquoi l'ancien article 230 disait-il : « fidélité partout pour la femme et seulement dans la mai- » son conjugale pour l'homme. » L'article 230 modifié est donc seul dans le vrai lorsqu'il dit : « fidélité partout pour » l'un l'un et pour l'autre, » de même que l'article 212 dit : « fidélité réciproque, c'est-à-dire fidélité égale. » Le premier Consul, lors de la confection du Code, s'opposant à cette inégalité entre la femme et l'homme, disait que l'adultère est le comble des mauvais traitements. Le rapporteur Regnier disait : « L'adultère ne doit être » considéré que dans les effets qu'il produit entre les » époux. Sous ce rapport, le tort est le même, soit que le » crime appartienne au mari, soit qu'il appartienne à la » femme. » Cette opinion était également celle de Tronchet et de Boulet. Il est certain que l'adultère du mari constitue, comme celui de la femme, une violation identique des promesses faites par l'un et l'autre conjoint. La jurisprudence avait depuis longtemps devancé la loi écrite en considérant l'adultère commis par le mari, même en dehors de la maison conjugale, comme une injure grave, et en prononçant contre lui la séparation de corps. Il restait un pas à faire pour arriver à reconnaître l'égalité complète du mari et de la femme, et c'est ce qui a été fait par la loi de 1884, dans un sens conforme à l'égalité et à la justice. Ainsi a été supprimée cette différence choquante qui trouvait son fondement et sa justification complète uniquement dans les vieilles idées religieuses indo-européennes.

L'innovation, pour être complète, aurait dû être admise tant au point de vue pénal que civil. Le législateur de 1884 n'a cependant pas modifié les articles 336 et 339 du C. pénal, et il a maintenu les anciennes dispositions pénales. La différence entre l'adultère du mari et de la femme, qui a cessé d'exister dans le Code, a donc continué d'exister au point de vue pénal. Il serait difficile de justifier les articles du Code pénal qui frappent le mari adultère d'une simple amende de 100 à 2000 francs, tandis que la femme adultère est passible d'un emprisonnement de trois mois à deux ans (art. 337, 339, C. pénal) et qui excusent le meurtre commis par le mari sur sa femme surprise en flagrant délit d'adultère dans la maison conjugale (art. 324, C. p.) mais sans excuser le meurtre commis par la femme dans les mêmes circonstances. En outre, le mari coupable ne peut être condamné à l'amende qu'autant qu'il a entretenu une concubine au domicile conjugal : c'est encore une nouvelle différence qui a survécu à l'innovation de la loi de 1884 et qui n'a pas plus sa raison d'être que les deux autres déjà signalés. Il serait juste et logique de faire disparaître ces distinctions arbitraires qui ont continué d'exister tant au point de vue de la pénalité que des conditions du délit. (M. Baudry-Lacantinerie, p. 19).

La jurisprudence et la doctrine admettent que l'adultère peut être prouvé par témoins et par présomptions. Les tribunaux sont absolument souverains. S'il y a eu flagrant délit constaté par le commissaire de police, ou si l'un des conjoints, sur la plainte de l'autre, a été condamné pour adultère, il suffira alors de représenter soit la décision de justice, soit le procès verbal de police. Les tribunaux pourront déduire cette preuve de lettres dans lesquelles l'époux incriminé marquerait une passion illégitime pour un autre que son conjoint, du mal vénérien communiqué par l'un des époux à son conjoint, de l'aveu de l'un des époux lorsque les circonstances de la cause démontrent la sincérité de l'aveu et l'absence de collusion entre les deux époux (Trib. de Louvain, 24 nov. 1877. B. J. 78, 12).

On s'est demandé si le conjoint poursuivi pouvait invoquer comme fin de non-recevoir ce fait que l'autre époux aurait favorisé l'adultère? La jurisprudence et la doctrine voient dans cette connivence une excuse, mais n'y voient pas une fin de non-recevoir proprement dite (Bruxelles, 17 fév. 1851. *Pasicrisis*, 1851. 2. 219). Bien souvent, du reste, l'excuse sera inutile parce que l'outrage n'existera pas. Comment pourrait-on admettre celui qui profite des écarts et de l'inconduite de son conjoint à venir se plaindre, alors surtout que c'est lui qui les provoque? Des calculs aussi éhontés et des trafics aussi bas ne se rencontrent que dans certains milieux interlopes, et la plainte d'adultère sera très rare. Dans l'ancien droit, le ministère public, dans cette hypothèse où le mari complaisant ne poursuivait pas, pouvait le faire d'office. C'était un souvenir du droit romain et de la loi Julia *De Adulteriis*. Mais rien de tel n'existe plus aujourd'hui : la morale n'avait rien à y gagner, et le législateur a bien fait de supprimer cette faculté accordée au ministère public.

La femme, depuis la loi de 1884, peut demander le divorce pour adultère du mari. Or, on peut supposer que, antérieurement à cette époque, elle a fait constater qu'en dehors de la maison commune le mari entretenait une concubine. L'adultère ne pouvait alors être invoquée par elle comme cause péremptoire de séparation. De même, si au lieu d'entretenir une concubine au dehors, il se bornait à amener quelquefois des femmes de mauvaise vie dans sa maison. Dans tous ces cas il n'y avait, en effet, que des actes fugitifs et isolés d'infidélité. La femme n'a pas poursuivi, bien que ces faits soient notoires ou qu'ils aient été constatés. On s'est demandé si, depuis la loi de 1884, la femme pouvait invoquer ces faits antérieurs comme causes péremptoires de divorce ? — A l'appui de la non-rétroactivité on invoque l'article 2 C. civ., qui déclare que la loi ne dispose que pour l'avenir, et qu'elle n'a point d'effet rétroactif. Il faudrait un texte spécial et précis pour déroger à cette règle posée par l'art. 2. Or, ce texte n'existe pas : donc, dit-on, la loi de 1884 n'a pas pu avoir d'effet avant de devenir exécutoire. Les droits acquis antérieurement à cette loi doivent être respectés; le mari a un droit acquis à ne pas se voir frapper pour un fait d'adultère qui ne constituait pas, à l'époque où il a été commis, une cause péremptoire de séparation de corps et à plus juste raison de divorce. — Ces raisons n'ont pas touché la jurisprudence, qui a affirmé le principe de la rétroactivité (Nancy, 12 nov. 1885. S. 85. 2. 83). La doctrine est également dans ce sens La loi de 1884 touche, en effet, à l'ordre public : or, toutes les lois d'ordre public sont rétroactives. La pensée de faire rétroagir les effets de la loi est manifeste : si un conjoint qui a demandé avant le 27 juillet 1884 la séparation de corps peut transformer sa demande primitive en demande en divorce, c'est que, par là même, il peut aussi invoquer à l'appui de sa demande tous les moyens d'attaque et de défense qui lui sont fournis par la nouvelle loi, et notam-

ment, comme cause péremptoire de divorce, l'adultère du
mari, antérieur à la loi, constaté même en dehors du
domicile conjugal Qui veut la fin veut les moyens. Dire
dans la loi qu'elle aura un effet rétroactif, c'est nécessairement être obligé d'accorder les moyens nécessaires pour
faire triompher la demande nouvelle. Autrement le législateur, avec juste raison, aurait pu être accusé de man-
quer de logique en retirant d'une main ce qu'il venait
d'accorder de l'autre. En ce qui concerne l'argument tiré
de l'article 2, la réponse est facile, car la rétroactivité ne
s'arrête pas devant les simples espérances mais seulement
devant les droits acquis. Or, ici le mari n'a pas de droit
acquis. « Comment le mari, enseigne M. Baudry-Lacan-
» tinerie (p. 20), peut-il dire que, lors de la mise à exécu-
» tion de la loi nouvelle, il avait un droit acquis à ne pas
» voir prononcer contre lui le divorce ou la séparation
» de corps pour un adultère simple constituant alors un
» fait accompli? A ce compte, un mari serait en droit de
» soutenir également que le divorce ne peut pas être pro-
» noncé contre lui pour des faits, quels qu'ils soient, anté-
» rieurs à la promulgation de la loi nouvelle, parce que
» d'après la loi en vigueur, à l'époque où ils ont été
» accomplis, ces faits ne pouvaient pas entraîner le
» divorce, mais seulement la séparation de corps. » Est-il
enfin besoin d'ajouter encore que les lois réglant l'état des
personnes sont toujours rétroactives, et que la loi sur le
divorce est relative à l'état des personnes? (Nancy, 12
nov. 1884. S. 1885. 2. 83).

Quand l'adultère a été constaté et prouvé, et dès qu'il
se présente avec toutes les conditions que nous venons
d'énumérer, c'est-à-dire dès qu'il est constant, les magistrats n'ont plus aucun pouvoir d'appréciation. L'adultère
est alors une cause péremptoire de divorce, ne laissant

place ni à l'appréciation ni à la pitié du juge. La rupture
du lien conjugal doit être prononcée.

Ce point, qui est certain en ce qui concerne l'adultère de
la femme, a été cependant controversé par M. Fremont
(*Du div. et de la sép.*, N°s 25 et 28), dans le cas d'adultère du mari. M. Fremont accorde alors aux tribunaux
un pouvoir d'appréciation sur l'admission de la demande.
Il estime que les juges auront à tenir compte, dans une
certaine mesure, des mœurs, de l'éducation, du milieu
social des époux et de la publicité de l'outrage. — Cette
opinion ne nous paraît pas admissible, parce qu'elle
distingue alors que la loi, en proclamant l'égalité du mari
et de la femme en face du fait de l'adultère, a bien voulu
montrer qu'elle ne voulait pas distinguer. La jurisprudence et la doctrine admettent notre opinion (Nancy.
S. 1885, 2, 83 ; M. Carpentier, N° 9).

Cependant, il est bien certain que, dans des cas particuliers, les tribunaux devront avoir un pouvoir complet
d'appréciation, par exemple, lorsque l'adultère n'aura pas
été consommé sexuellement, et qu'il n'y aura que de
simples privautés. Dès que l'adultère est constaté, cette
constatation est suffisante, car aussi bien en ce qui concerne la femme que le mari, l'adultère est une cause
péremptoire de divorce. Mais cela n'empêche pas les
tribunaux de pouvoir apprécier souverainement les faits
d'où il est permis de conclure à l'adultère : cela n'empêche pas de reconnaître également, qu'une fois l'adultère
constaté, qu'il s'agisse de l'homme ou de la femme,
les tribunaux devront toujours déduire le divorce de
l'adultère.

2° *Excès, sévices et injures graves* (Art. 231). —
La loi de 1884 n'a en rien innové en ce qui concerne

cette seconde cause. L'article 231 déclare que les époux
pourront réciproquement demander le divorce pour excès,
sévices ou injures graves, de l'un d'eux envers l'autre.
Ces différents mots indiquent des variétés et des degrés
dans les mauvais traitements : le juge est maître souverain dans l'appréciation de ces faits, qu'il envisage plutôt
comme juré que comme magistrat, en tenant compte de
leur gravité, des circonstances, de l'état social et des
habitudes des conjoints, de leur âge et de leur sexe.

Les *excès* sont les attentats qui sont de nature à
mettre en danger la vie de celui envers lequel ils sont
exercés : ce sont des actes qui dépassent toute mesure
(MM. Aubry et Rau, V, § 491, p. 175 ; Demolombe, IV,
p. 484). — Les *sévices* n'ont pas ce caractère de gravité :
ce sont tous les mauvais traitements qui rendent impossible la continuation de la vie commune. — Les *injures
graves* comprennent les termes méprisants, grossiers, les
imputations diffamatoires visant l'honneur et la considération de l'autre conjoint.

Des auteurs, s'appuyant sur les travaux préparatoires,
demandent d'admettre une différence notable, d'une part,
entre les excès, et les sévices et injures graves, d'autre
part. Les excès constitueraient toujours des causes de
divorce ou de séparation, tandis qu'il en serait autrement
pour les sévices et les injures graves (MM. Aubry et
Rau, V, p. 177 ; Demolombe, IV, p. 485). Voici comment
ces auteurs raisonnent. Un article d'abord inséré dans le
projet du Code civil était ainsi conçu : « L'attentat de
» l'un des époux à la vie de l'autre sera, pour celui-ci,
» une cause de divorce. » (Locré. *Législ. civ.*, V, p. 103).
Le Tribunat réclama, demandant la suppression de cet
article, afin de permettre au conjoint maltraité de
demander le divorce « sans courir le risque de traîner

» son conjoint à l'échafaud. » L'article ci-dessus fut supprimé, mais, pour ne laisser aucune équivoque, on ajouta le mot excès qui, dans l'esprit du législateur, devait remplacer le mot attentat (Locré, V, p. 183). Donc, disent ces auteurs, lorsqu'on se trouve en présence d'excès, le magistrat devra se borner, après avoir constaté l'excès, à prononcer le divorce : il n'aura un pouvoir d'appréciation que dans les cas d'injures et de sévices. Cette distinction, très juridique, n'est pas pratique. Toute la question, en effet, est de savoir dans quels cas on se trouvera réellement en face de faits rentrant dans les excès ou dans les sévices, et, pour y arriver, il faut bien, dans tous les cas, donner le même pouvoir d'appréciation aux tribunaux.

Les tribunaux devront donc voir si les faits allégués sont assez graves pour rendre nécessaire le divorce, s'ils se trouvent en présence de querelles sans durée et sans portée, ou, au contraire, de haines et de dissentiments si graves, que toute chance de réconciliation puisse être désormais considérée comme perdue. Le juge devra se montrer plus hésitant, s'il se trouve en présence de gens mariés depuis peu, et que les tempêtes conjugales ont trouvé sans énergie et sans forces. Quels ménages, même les meilleurs, n'ont pas connu les tempêtes et les tiraillements ? Les jeunes conjoints, sans expérience, n'ont vu aux premiers jours que les fêtes et que les joies ; puis, la chaîne forgée, « un jour où les orgues chantaient, où les » fleurs d'oranger donnaient leur parfum », leur apparaît déjà comme une lourde chaîne de forçat. « Autrefois, » c'était le souffle d'une affection rayonnante ; et main-» tenant voilà le vent d'orage. Hier, c'était la félicité ; » aujourd'hui, c'est l'épreuve. Hier, le printemps était » embaumé, la brise gonflait si bien la voile ! La mer

» était si caressante ! Il y avait de l'entraînement à livrer
» au courant sa barque heureuse ! Dieu, comme l'avenir
» était beau ! » (Le P. Didon, p. 37). Puis tout cela est
apparu moins séduisant, les illusions sont tombées, les
rêves, à peine nés, ont été flétris, et on veut divorcer....
Tout, certes, n'est pas perdu dans ce cas, et les magistrats auraient tort de se prêter trop facilement à la satisfaction de ces coups de tête.

C'est donc en fait que seront jugées et appréciées toutes
ces questions. Mais il serait téméraire de donner comme
types définitifs et comme causes nécessaires de divorce
certains précédents et certains exemples. C'est sous cette
réserve que nous allons examiner quelques espèces four-
nies par la jurisprudence, et particulièrement dignes
d'intérêt.

Les tribunaux ont considéré comme injures graves le
reproche d'adultère adressé mensongèrement, en public,
avec désignation d'une personne déterminée, par le mari
à sa femme (Paris, 14 décembre 1810, S. 1813, 2, 236;
15 juin 1812, S. 1813, 2, 84), l'abandon du domicile
conjugal (Trib. de Langres, 12 août 1884, S. 85, 2, 22).

Spécialement, il y a injure grave de la part du mari
qui s'abstient *volontairement* et *constamment* (Genève,
3 juillet 1885. S. 85, 4, 31) de remplir le devoir
conjugal, et qui, pour motiver son abstention, répand
contre sa femme des bruits calomnieux (Aix, 7 avril 1876.
S. 76, 2, 232. — Paris, 19 mai 1879. S. 79, 2, 175).
La Cour de Douai s'est prononcé dans le même sens, le
29 avril 1884, parce que, dit l'arrêt : « une telle absten-
» tion, contraire au but du mariage, doit être considérée
» comme injurieuse pour la femme qui la subit, à moins
» que le mari ne fasse la preuve d'empêchements qui
» justifient sa conduite et écartent toute idée de mépris

» et d'outrage — et parce que cette injure est encore
» aggravée par les allégations portées par le mari sur la
» santé de son conjoint et par les confidences faites à ce
» sujet à des amis. » La Cour de Paris (même arrêt) a
déclaré que la femme pouvait être admise à prouver que
son mari n'avait jamais eu de rapports avec elle, son état
physique étant le même qu'avant son mariage (Trib. de
Dunkerque, 27 nov. 1884. S. 85, 2, 23).

Un conjoint communique à son autre conjoint le mal
vénérien, y a-t-il là une injure grave? La jurisprudence
et la doctrine sont très divisées sur cette question. Des
auteurs affirment que les tribunaux ne sauraient y voir
une cause de divorce, parce que la loi ne prévoit pas
spécialement cette cause. C'était déjà l'opinion de Pothier
qui écrivait que « le mal vénérien, quoiqu'il y ait de
» forts soupçons, ne peut pas servir de fondement à une
» demande en séparation, ce mal n'étant plus aujourd'hui
» incurable. » (Pothier, *Du mariage*, N° 514). M. Massol
(p. 79) distingue suivant que le mal vénérien a été
communiqué par le mari ou par la femme. L'injure grave
n'existe que dans le second cas. M. Demolombe (IV,
p. 491) propose de « considérer si c'est un mal antérieur
» au mariage et qui n'était pas bien guéri, si ce mal
» étant postérieur au mariage, l'époux ignorait en être
» atteint lorsqu'il l'a communiqué à son épouse..., si
» c'est la première fois ou s'il y a au contraire récidive. »
Nous ne saurions admettre ces solutions et ces distinctions
qui sont ou inexactes ou arbitraires. Il y a quelques
hypothèses qu'il faut certainement mettre en dehors du
débat : si le futur a été de bonne foi et s'est cru guéri,
s'il n'a pas eu connaissance de la maladie. Aucune injure
grave ne saurait être invoquée dans ces cas (Bordeaux,
6 juin 1839. S. 39, 2, 39) : il ne saurait y avoir d'injure

là où l'intention d'injurier fait défaut. Dans toutes les
autres hypothèses, nous admettons que la communication
du mal vénérien puisse et doive toujours être admise
comme injure grave. Dans tous ces cas, en effet, il est
impossible de ne pas reconnaître un sanglant outrage à
l'adresse de l'autre conjoint. De la part de la femme, il y
aurait mauvaise grâce à n'y pas voir une preuve certaine
de l'adultère, et la jurisprudence n'a jamais hésité à le
reconnaître (Besançon, 1er février 1806. S. 1806, 2, 402.
— Cass. 16 fév. 1808. S. 1808, 1, 179. — Toulouse,
30 janv. 1821. S. 1831, 2, 344). — Pothier déclare que
le mal n'est pas incurable. La médecine n'est cependant
pas toujours de cet avis : des rechutes sont toujours à
craindre quand la maladie a été violente, et c'est surtout
en vue de cette hypothèse qu'il faut raisonner. Puis, c'est
à tort que des auteurs distinguent entre le mal ayant une
cause antérieure ou postérieure au mariage, et jamais les
tribunaux n'ont hésité à déclarer qu'il y avait, dans le
silence gardé, un silence tout aussi coupable et injurieux
de la part de l'époux contaminé que de la part de la
femme qui cache sa grossesse ou son inscription, comme
fille publique, sur les livres de la police (Dalloz, V° *Sép.*,
N° 61). Quant à la distinction entre le mari et la femme,
proposée par M. Massol, elle est encore plus bizarre
(Paris, 5 fév. 1876. *Le Droit*, du samedi 2 fév. 1876).
On ne voit pas pourquoi le mari qui infecte son conjoint
serait traité avec moins de sévérité que la femme : la
faute de l'un comme de l'autre a pour résultat identique
de compromettre la santé de l'époux contaminé. « Le but
» de la loi, dit M. de Cavilly (*Sép. et Div.*, p. 63), est
» de séparer les époux qui semblent irrévocablement
» désunis, et dans l'existence desquels il s'est produit un
» fait de discorde que rien ne peut apaiser. Or, il est

» facile de deviner les sentiments d'une femme qui a
» souffert, à ce point, des légèretés de son mari, que sa
» santé et sa vie même, ainsi que celle de ses enfants se
» trouvent en danger, et qui, par la trahison d'un
» compagnon indigne, est atteinte d'un mal, apanage
» exclusif de la prostitution. »

Le refus du mari de consentir à la célébration religieuse
après le mariage civil peut-il être considéré comme une
injure grave? Un point qui paraît certain, c'est qu'on ne
saurait y voir une cause de nullité du mariage. L'art. 180,
C. civ. déclare bien que le mariage peut être attaqué
quand il y a erreur dans la personne, mais cette erreur
dans la personne qui affecte l'individu considéré dans son
individualité extérieure et juridique (Demolombe, IV,
p. 492) ne saurait comprendre les différences d'opinions,
quelles qu'elles soient, philosophiques, morales, politiques,
religieuses. Ce serait dépasser la mesure. — Mais y a-t-il
tout au moins dans ce refus une injure grave? M. Laurent
(III, p. 234) se prononce pour la négative. « L'injure,
» dit-il, suppose la violation d'un devoir imposé par la
» loi. Où est la loi qui fait aux époux un devoir de
» célébrer le mariage religieux? Après tout, si la femme
» a ses scrupules, le mari a aussi les siens, et le mari a
» le devoir de se refuser au rôle odieux d'hypocrite qu'on
» veut lui faire jouer. » — M. Thieriet (*Rev. de législ.*
1846, t. II), déclare, dans le même sens, qu'il ne peut y
avoir d'injure sans intention de la part de celui qui la
commet, qu'il y a une autre manière de voir et voilà tout.
— D'autres auteurs, comme MM. Demolombe, Bressolles,
Aubry et Rau se prononcent pour l'affirmative. Nous
partageons cette manière de voir. C'est mal poser la
question que de la poser ainsi que l'ont fait MM. Laurent
et Thieriet. Il ne s'agit pas de savoir si les convictions de

l'un des conjoints sont plus respectables que celles de l'autre, ni de rechercher si la loi fait aux époux un devoir de célébrer le mariage religieux, mais de voir si la femme a pu compter avant le mariage sur la consécration religieuse de son union, et si le mari a ou n'a pas, au préalable, averti sa future de ses intentions. Il serait bien bizarre que les futurs époux ou leurs parents n'aient pas trouvé un moment avant la noce pour s'expliquer. Tous les libres-penseurs ne ressemblent pas au Daniel Rochat, de Sardou ; tous les mariages ne se célèbrent pas dare dare comme celui du héros de M. Sardou, entre gens qui n'ont jamais échangé d'idées, en un mot qui n'ont rien fait pour établir au moins un commencement d'intimité morale entre gens que le mariage va unir à tout jamais. Il faut donc supposer des situations normales, et c'est pour cette raison que nous n'hésitons pas à déclarer que l'affirmative est seul admissible. Et, comme le dit M. Demolombe (IV, p. 491 et suiv.), lorsque la célébration religieuse a été promise, et que l'autre époux a dû y compter, le refus de son conjoint est envers lui un manque de foi qui peut constituer une injure grave, puis que ce conjoint veut le forcer à vivre dans un état qui, à ses yeux, ne serait qu'un concubinage. MM. Fremont (p. 79 et 80). Carpentier (p. 97) adoptent également l'affirmative.

Nous n'admettrions pas la même solution s'il s'agissait du changement de religion par l'un des époux pendant le mariage. Dans ce cas, on ne peut dire qu'il y a violation d'une promesse. — Nous déciderions également autrement dans le cas où le mari refuserait de baptiser ses enfants ou empêcherait sa femme de remplir ses devoirs religieux. Il pourrait y avoir, dans le premier cas, un abus de l'autorité maritale, et dans le second cas un acte d'intolérance, mais il serait bien difficile de voir dans *ces faits pris isolément* des injures graves nettement caractérisées. Du reste, bien souvent ces refus du mari donneront naissance à des querelles, à des faits suffisamment graves pour permettre à l'un des conjoints de saisir les tribunaux d'une instance en divorce. Mais ce n'est qu'accessoirement et incidemment seulement, à titre de moralité et comme moyens de plaidoirie venant appuyer les faits produits, et non comme causes de divorce, que ces actes d'intolérance pourront être exposés et invoqués.

La preuve des excès, des sévices et des injures graves peut être faite, comme pour l'adultère, par témoins, par présomptions. Cette preuve peut également résulter de la production de lettres missives, surtout quand il s'agit d'injures. Les injures sont orales ou écrites. A ce sujet, on s'est demandé si une injure grave pouvait se trouver dans une lettre adressée par l'un des époux à son conjoint ou à un tiers ? L'affirmative doit être admise. Peu importe que l'outrage soit proféré publiquement, qu'il soit inséré dans une lettre, car après ces insultes et ces froissements, la vie commune, dans l'un et l'autre cas, peut devenir impossible. Puis, bien souvent, ces injures écrites viendront constater des injures proférées publiquement par l'un des époux, en présence de témoins. La constatation de ces injures dans une lettre écrite de sang-froid augmentera ainsi la gravité de l'outrage. — Une lettre écrite à des tiers et contenant des imputations diffamatoires devrait, à plus forte raison, être considérée comme contenant une injure grave.

M. Massol (p. 70) demande plusieurs lettres, parce que rien ne serait plus facile que de se faire adresser par son conjoint une lettre injurieuse et d'arriver ainsi à tourner la loi. Ces réflexions de M. Massol sont plus heureuses que justes, car bien souvent la lettre et l'injure qu'elle contient viendront s'ajouter à d'autres griefs.

On s'est demandé si l'époux injurié pourrait se faire remettre la lettre ou la produire s'il s'en était emparé par violence ou par fraude? Cette question est fort délicate. Le doute vient justement de ce que les lettres ont le plus souvent un caractère confidentiel et secret. D'autre part, la loi des 10-14 août 1790 proclame l'inviolabilité des correspondances. L'affirmative nous paraît devoir être adoptée. Il ne faut pas oublier qu'il faut supposer, dans notre hypothèse, que le conjoint connaît l'existence et les termes de la lettre. Dès lors, cette lettre a cessé d'être confidentielle et secrète et l'injure grave existe par conséquent. Qu'il soit peu délicat de trahir la confidence faite ou de s'emparer d'une lettre destinée à autrui, cela n'est pas contestable; mais là n'est pas la question. Il s'agit de savoir, non pas ce qu'il faut penser de cette déloyauté, mais s'il y a un texte défendant aux juges d'admettre la preuve ainsi acquise. La loi des 10-14 août 1790, qui assure l'inviolabilité des lettres, ne vise que les agents de l'administration des postes, mais ne vise pas les destinataires. L'agent des postes qui viole le secret des lettres confiées à sa probité commet un acte coupable, légalement parlant; quant à l'ami qui trahit le secret d'une lettre confidentielle, c'est un ami indélicat avec lequel on ne doit plus avoir aucun rapport, mais il n'y a pas d'autre sanction. On a eu tort de mal placer sa confiance. Puis la lettre peut avoir été obtenue par ruse par le mari qui a intercepté la correspondance de sa femme et qui est dans son droit en agissant ainsi. Un conjoint peut requérir un commissaire de police pour constater l'adultère de son conjoint, pourquoi ne pourrait-il pas se procurer les preuves écrites de l'adultère ? Il peut citer le tiers comme témoin : pourquoi ne pourrait-il pas forcer ce tiers à remettre aux magistrats les lettres qui constatent par écrit les faits dont il témoignera dans un instant sous la foi du serment et qui seront consignés à leur tour sur le procès-verbal d'enquête ? (MM. Demolombe, IV. N° 374. Massol, p. 71).

3° *De la condamnation à une peine afflictive et infamante* (art. 232). — Le législateur a profondément modifié l'ancien article 232 C. civ. qui ne parlait que de la condamnation de l'un des époux à une peine infamante. Le Code de 1803 donnait, par conséquent, comme condamnations pouvant motiver le divorce : 1° les peines afflictives et infamantes, c'est-à-dire, la mort, les travaux forcés à perpétuité, la déportation, les travaux forcés à temps, la détention, la réclusion (art. 7, C. pén.) — 2° Les peines simplement infamantes, c'est-à-dire le bannissement et la dégradation civique (art. 8, C. pén.) Or, on comprend facilement que le législateur se soit montré plein de sollicitude pour celui des époux dont le conjoint a été flétri et déshonoré par une peine afflictive et infamante. Mais cette rigueur ne se comprend plus lorsqu'il s'agit d'individus atteints par une peine simplement infamante. Le bannissement est une peine essentiellement politique n'entraînant aucune flétrissure ni aucune idée de turpitude : or, en matière politique, le délinquant est bien souvent un vaincu auquel il n'a manqué que le succès. La dégradation civique est prononcée pour des faits analogues en matière de forfaiture, par exemple contre des fonctionnaires publics qui arrêtent de donner des démissions, dont l'objet ou effet sera d'empêcher ou de suspendre soit l'administration de la justice, soit l'accomplissement d'un service quelconque (art. 126, C. pén.); — ou bien contre des magistrats ou contre des fonctionnaires publics qui s'immiscent dans l'exercice du pouvoir législatif (art 127 et 130 C. pén.) Le législateur de 1884 a donc eu raison de décider ainsi, d'autant plus que le tribunal saisi de la demande était obligé de s'incliner, et après avoir constaté la condamnation, de faire droit à la demande, puisque les causes de divorce de l'article 232 étaient des causes péremptoires comme l'adultère. Pour être logique, le législateur aurait dû déclarer qu'aucune peine politique ne saurait être infamante, et englober parmi les peines considérées comme causes de divorce certaines peines correctionnelles. Des articles conçus dans ce sens avaient été adoptés par la Chambre des Députés, mais le Sénat n'osa aller jusque là, et s'en tint à la modification qui existe maintenant.

Il n'y a donc que les peines afflictives et infamantes qui puissent être admises. Si, par suite de l'admission des circonstances atténuantes, la peine afflictive et infamante n'a pas été prononcée, le divorce ne pourra pas être demandée. Mais il suffit qu'il y ait eu condamnation. La grâce, l'expiration de la peine, la commutation ne sauraient en rien modifier ce rigoureux effet attaché à toutes les condamnations afflictives et infamantes. Il n'en serait pas de même de la réhabilitation et de l'amnistie qui réputent non intervenue la condamnation ou font disparaître l'infamie. (M. Carpentier, p. 110). — Il faut en outre que la condamnation soit devenue définitive. Si la condamnation a été prononcée par contumace elle ne sera définitive, suivant l'opinion généralement admise (MM. Aubry et Rau, V. p. 178. — Demolombe, IV, N° 397), qu'après l'expiration du délai de vingt années donné pour purger la sentence. (Trib. de Limoges, 7 nov. 1884. S. 85. 2. 19). Tant que le pourvoi en cassation n'aura pas été rejeté, le divorce ne pourra pas être demandé. Le pourvoi en revision ne saurait avoir cette influence, bien que cette question ait été controversée (M. Carpentier, p. 111). — La condamnation doit être contemporaine du mariage. L'art. 232 ne parle que d'une condamnation de l'un des époux et ces termes indiquent bien une condamnation postérieure au mariage. Mais il importe peu que ce soit pour crimes commis antérieurement ou postérieurement au mariage. — Enfin, il faut une condamnation prononcée par une juridiction répressive française. (Séance du Sénat du 23 juin 1884. Disc. de M. Ronjat).

4° *Conversion de la séparation de corps en divorce après un délai de trois ans* (art. 310). — L'article 310 contient une nouvelle cause de divorce : l'état de séparation de corps prolongé pendant trois ans (M. Laurent, III, N° 198).

L'article 310 § 1, est ainsi rédigé : « Lorsque la sépa-
» ration de corps aura duré trois ans, le jugement pourra
» être converti en jugement de divorce, sur la demande
» formée par l'un des époux. » Ce texte diffère, sur trois
points, de celui du Code civil : 1° La demande en conversion aujourd'hui peut être faite dans tous les cas par le
demandeur ou par le défendeur à l'action en séparation,
tandis que l'ancien art. 310 n'accordait ce droit qu'à
l'époux défendeur et seulement dans les cas où la séparation n'avait pas été prononcée pour adultère ; —
2° Le défendeur à l'instance en conversion ne peut offrir
de faire cesser la séparation pour arrêter l'instance ; au
contraire, d'après le Code civil, le tribunal ne pouvait
admettre le divorce, que si le demandeur originaire,
présent ou dûment appelé, ne consentait pas immédiatement à faire cesser la séparation ; — 3° Le tribunal,

aujourd'hui apprécie s'il y a lieu à divorce : d'après l'ancien article 310 le tribunal devait le prononcer de toute nécessité.

Peu d'articles de la nouvelle loi sur le divorce ont été l'objet de critiques aussi nombreuses que l'art. 310. Il a été discuté dans son principe comme dans les conditions qu'il exige pour pouvoir être appliqué. Contre le principe on a dit que le législateur se contredisait lui-même en autorisant la séparation de corps par respect pour la liberté de conscience, et en remplaçant ensuite la séparation par le divorce, au mépris de cette liberté. Le conjoint innocent se trouve ainsi à la merci du conjoint coupable (MM. Laurent, III, p. 237, 238. — Baudry-Lacantinerie, p. 88). Nous ne saurions admettre ce reproche : le principe de l'art. 310 nous paraît, au contraire, excellent, et le législateur a eu raison d'étendre la faculté de la conversion même au conjoint adultère. Condamner, en effet, le conjoint adultère au célibat, c'est l'enfoncer plus avant dans l'immoralité, c'est le mettre dans l'impossibilité, de revenir au bien en fondant une famille nouvelle. Puis, l'objection tombe si c'est le demandeur originaire lui-même qui réclame la conversion. Il est certain qu'il pouvait demander le divorce puisque les causes sont les mêmes qu'il s'agisse de relâcher ou de rompre le lien conjugal. Il a peut-être opté pour la séparation de corps, soit par scrupule religieux, soit par espoir d'un repentir de l'époux coupable ou parce que la gravité des faits ne lui paraissait pas assez considérable pour réclamer le divorce. Or, « si c'est par scrupule » religieux, n'est-ce pas porter atteinte à sa liberté de » conscience que de l'empêcher de les répudier ? Si c'est » par espoir d'une réconciliation, ne doit-on pas juger » que, n'ayant pas eu lieu dans les trois ans, elle ne se

» produira jamais ; enfin si l'injure avait paru légère dans
» le principe, ne s'est-elle pas aggravée par la persistance
» du défendeur à ne s'en point repentir. » (M. Saint-
Marc, *Conv. des jug. de sép.*, p. 15).

Mais si le principe de l'art. 310 nous paraît excellent,
nous ne pouvons pas en dire autant du pouvoir d'appréciation que cet article laisse aux tribunaux. Le Code de
1803, le projet de loi primitif de 1884, étaient plus
logiques en imposant aux tribunaux la conversion.
Autant on conçoit facilement la transformation de la
séparation en divorce sur la seule constatation que la
séparation a duré trois ans, autant on conçoit peu l'action
effective des tribunaux en cette matière, et leur pouvoir
d'appréciation. En effet, lorsque c'est le demandeur qui
réclame la conversion, comment le tribunal pourrait-il la
refuser ? Les causes de séparation et de divorce étant les
mêmes, et la séparation n'étant pas un subsidiaire du
divorce, il est bien évident que le tribunal aurait prononcé
le divorce comme il a prononcé la séparation. Comment
expliquer alors que le demandeur originaire ait à solliciter
l'avis des magistrats, alors que les trois années écoulées,
la réconciliation devenue impossible, une longue période
d'épreuves ne leur permettront jamais de repousser la
demande en conversion dont ils sont saisis. — Si c'est le
défendeur qui réclame le divorce, sur quoi se fonderont
les magistrats pour l'accorder. « Le défendeur, en effet,
» n'a aucun fait à invoquer, puisque c'est contre lui que
» la séparation a été prononcée... Mais alors, ou la
» faculté accordée au défendeur équivaudra à une obliga-
» tion morale de prononcer la transformation de la
» séparation de corps en divorce sur sa requête, ou elle
» placera les tribunaux, les faisant sortir de leur rôle,
» dans la situation d'une espèce de conseil de famille

» jugeant en équité. » (Rapport de M. Letellier à la Ch. des dép.) — Puis, si la séparation de corps a été prononcée pour une cause péremptoire, pour adultère, par exemple, ou pour une condamnation afflictive et infamante, comment admettre que les magistrats puissent apprécier, qu'ils soient libres d'accorder ou de refuser la conversion.

Ce pouvoir d'appréciation ne va pas dans la pratique sans donner naissance à de grandes difficultés. Quel sera ce pouvoir d'appréciation ? L'instance en conversion est-elle une demande en divorce basée sur les faits anciens, mais n'ayant aucun rapport avec le jugement de séparation de corps intervenu à raison des mêmes faits ? Les juges nouvellement saisis pourraient-ils ne tenir aucun compte du premier jugement et, dans le cas par exemple où les deux conjoints demanderaient la conversion, prononcer le divorce contre celui qui avait jadis obtenu la séparation, lors même qu'aucun fait nouveau ne se serait produit ? Un premier système, défendu par M. Labiche (Sénat, 25 juin. *Officiel*, p. 1191) déclare que les tribunaux auront à examiner si les motifs qui avaient été jugés suffisants pour entraîner la séparation peuvent, après les trois ans écoulés, être considérés comme suffisants pour faire prononcer le divorce. Pour M. Labiche, par conséquent, c'est un jugement pur et simple de divorce qui devra être rendu par le tribunal, en s'inspirant du jugement de séparation de corps. Aucun rapport nécessaire n'existera entre la demande en divorce et le jugement de séparation de corps intervenu à raison des mêmes faits, jugement qui ne constitue qu'un préjugé. — Ce système ne saurait être le nôtre. Car lorsqu'un conjoint qui a obtenu la séparation de corps ou contre lequel elle a été prononcée demande le divorce, il invoque non pas des faits nouveaux, car alors il serait inutile de rappeler le jugement qui est intervenu antérieurement ; il n'invoque pas d'avantage des faits anciens, car alors il intenterait une véritable demande en divorce ; il renoncerait au bénéfice de la chose jugée et il autoriserait ainsi le défendeur à l'action en conversion à contester ces faits qu'il invoque ; ce qu'il demande, c'est non pas la revision, mais la conversion du jugement de séparation. « Donc, le fait qu'invoque le demandeur c'est » simplement l'état de séparation. Il se base sur les » inconvénients reconnus de la prolongation d'un pareil » état et demande qu'on les fasse cesser en prononçant » le divorce. » (M. Saint-Marc, p. 8). Ce sont ces inconvénients résultant de la séparation de corps que le juge doit apprécier. « Mais jamais, sous prétexte d'examiner » le droit à la conversion, il ne doit juger à nouveau » l'affaire et se demander si le premier juge a eu raison » de prononcer la séparation de corps. Sur ce point, » l'autorité de la chose jugée s'impose à lui. Il doit se » demander uniquement s'il est bon que la séparation de » corps se prolonge. » (M. Saint-Marc, p. 21). Par suite du droit à la conversion il ne s'agit plus de soumettre à nouveau les faits originaires à l'examen du juge : l'autorité de la chose jugée lui est acquise. Les juges saisis de la demande doivent se dire : nous ne pouvons examiner ces faits déjà jugés ; ils suffisaient à motiver la séparation de corps, il ne nous appartient pas de les déclarer insuffisants à justifier le divorce. Nous admettons complétement cette manière de voir, et nous ne saurions admettre un jugement du tribunal de Versailles (*Droit* du 27 août 1884) qui refuse la conversion à un époux, sous prétexte que cet époux ayant été reconnu coupable ne peut trouver dans ses propres torts une cause de divorce. La culpabilité de cet époux, en effet, ne fait pas que la reprise de la vie commune soit devenue possible : il y a, au contraire, dans cette culpabilité de l'un des conjoints, un motif suffisant pour que le juge puisse admettre la conversion : l'indignité de ce coupable démontre d'une façon très nette l'impossibilité de toute réconciliation (Dans ce sens : Cours de Besançon, 27 décembre 1884; de Caen; d'Orléans, 5 mars 1885. — Trib. de Blois, 20 août 1884; de Troyes, 27 août 1884; de Macon, 25 nov. 1884; de la Seine, 5 mars 1885. — Contre : Cours de Dijon, 12 déc. 1884; de Douai, 5 fév. 1885 ; de la Martinique, 21 fév. 1885. — Trib. de la Seine, 19 nov. 1884 ; Sirey, 1885, 2, 65 et suiv.)

L'article 310 est, en outre, incomplet, car il ne dit pas si le jugement qui aura refusé la conversion sera définitif. C'est ce que fait très justement remarquer M. Saint-Marc (p. 26). « Si on refuse la conversion en se basant sur le » premier jugement, on tombera le plus souvent dans » l'injustice; et si on l'accorde, comme aucun délai n'est » imposé pour la reproduction de la demande, on tombe » dans l'arbitraire et on rend extrêmement précaire la » situation des époux séparés de corps. »

Trois conditions sont nécessaires pour que l'art. 310 puisse être invoqué : 1° il faut que les deux époux aient été séparés par un jugement. Il en résulte donc que la séparation de fait, même prolongée au delà de trois années, ne saurait être invoquée. Il en serait de même, si l'arrêt par défaut prononçant la séparation de corps n'avait pas été exécuté (Seine, 29 août 1884. S. 1885, 2, 22) ; — 2° La conversion doit être demandée par l'un des époux contre l'autre. L'innovation de la nouvelle loi, qui donne aux deux époux le même droit, se comprend aisément; il résultait, en effet, de l'ancien art. 310, que si chacun des époux avait demandé la séparation de corps, aucun d'eux ne pouvait demander le divorce après trois ans (Bruxelles, 28 janv. 1859 ; Pasicrisie, 1859, 2, 256 ; M. Laurent, III, p. 239) ; — 3° Il faut enfin qu'il se soit écoulé un laps de trois ans depuis que la décision de justice est devenue définitive. Ce délai de trois ans est nécessaire qu'il s'agisse de jugements antérieurs ou postérieurs à la nouvelle loi. (Seine, 16 août 1884 ; Versailles, 20 août 1884 ; S. 85, 2, 20).

Le Sénat est actuellement saisi d'un projet de réforme de l'art. 310, dans lequel M. Naquet propose que lorsque la séparation de corps aura duré trois ans, le jugement qui l'a prononcé soit nécessairement converti en jugement de divorce, sur la demande de l'un des époux. Ce projet a été pris en considération à la séance du Sénat du 13 avril 1886. Tout le monde s'accorde pour demander la revision législative de l'article 310 qui prête à tant de difficultés, qui a donné naissance au conflit de jurisprudence que nous avons indiqué — conflit redoutable, ainsi que le disait M. Ninard au Sénat (séance du 13 avril 1886), puisque le divorce ou la séparation de corps sont devenus une question de latitude, et que la vérité légale n'est pas à Douai ce qu'elle est à Caen ou à Paris. Plusieurs solutions sont possibles : on peut supprimer purement et simplement le droit de conversion pour chacun des époux, reprendre l'article 310 tel qu'il se trouvait dans le Code, donner au seul demandeur, comme le propose M. Denormandie, le droit à la conversion, ou enfin, ce qui est plus logique, admettre l'ancien article 310, mais en permettant aux deux conjoints séparés et dans tous les cas de demander la conversion.

Ces causes de divorce sont les seules admises par la

loi : les juges ne pourraient donc en admettre d'autres.
La loi du 20 sept. 1792, le Code civil et le projet de loi
de M. Naquet en contenaient d'autres qui n'ont pas été
reproduites.

La loi de 1792 admettait la démence (art. 4.). La
nouvelle loi a bien fait de ne pas admettre cette cause
parce que les époux se doivent mutuellement secours et
assistance. « Cet état, dont la condition et le charme
» inexprimable sont dans l'étroite communauté des biens
» et des maux, des plaisirs et des peines, oser le rompre
» devant le malheur involontaire, ce serait outrager les
» sentiments qu'éprouvent les hommes les plus étrangers
» entre eux, la bienveillance et la pitié. » (Rapport du
tribun Savoie-Rollin). Il faudrait en dire autant des
maux réputés incurables, des maladies contagieuses ou
repoussantes (M. Demolombe, IV, Nº 401).

L'absence prolongée pendant 5 ans avait été également
reconnue par la loi de 1792. Une proposition en ce sens
faite au moment de la discussion de la nouvelle loi, fut
votée par la Chambre mais repoussée par le Sénat. S'il
y a, disait M. Naquet, volonté formelle de ne pas
donner de ses nouvelles, ce n'est pas l'absence, c'est l'a-
bandon, et l'abandon, s'il n'est pas reconnu comme cause
de divorce dans la loi est, en somme, reconnu comme tel
par la jurisprudence, qui voit en lui une des injures les
plus graves de l'un des époux envers l'autre. Au contraire,
si la personne dont on est sans nouvelles est morte, alors
le divorce n'est plus qu'un moyen détourné de constater le
veuvage (Sénat. *Officiel* du 6 juin 1884). M. Batbie
répondait à M. Naquet par le dilemme suivant : ou cet
absent vit encore, ou il ne vit plus. S'il est mort, vous ne
pouvez pas prononcer le divorce, car on ne divorce pas
avec un mort. Si le conjoint vit encore et ne donne pas de

ses nouvelles, alors de deux choses l'une : ou bien il ne veut pas revenir et il y a alors injure grave; aucune loi spéciale n'est nécessaire puisqu'il suffit de se référer à la législation qui permet de prononcer le divorce ou la séparation pour cause d'injure grave. Ou bien, il ne donne pas de nouvelles parce qu'il ne peut pas en donner, et alors, à l'impossible nul n'étant tenu, il serait injuste de frapper l'absent et de prononcer le divorce contre lui (Sénat. *Officiel* du 8 juin 1884).

Le Code civil admettait le divorce par consentement mutuel : la loi de 1884 n'a pas conservé cette cause de divorce; nous nous sommes déjà expliqué sur ce point.

L'impuissance a été écartée également avec raison. Tout au plus pourrait-on y voir une cause de nullité du mariage. Voici comment s'exprime M. Allou, rapporteur du projet de loi sur les nullités de mariage qui a été votée par le Sénat tout récemment : « Il nous a paru que dans
» ces circonstances (de l'impuissance) comme dans bien
» d'autres, il fallait se résigner au sacrifice des intérêts
» individuels. Nous avons pensé qu'on ne devait pas
» s'exposer à renouveler les scandales du passé, même en
» limitant rigoureusement les cas de nullité pour impuis
» sance. Nous croyons que des débats judiciaires engagés
» dans ces conditions et comportant des investigations
» aussi intimes, ne pourraient que porter atteinte à la
» morale publique. » (Rapport, p. 6). Ajoutons que dans les pays où l'impuissance est admise comme cause de divorce ou de nullité de mariage, cette cause est rarement invoquée. Comment les tribunaux pourraient-ils imposer les constatations nécessaires? Que décideraient-ils en présence d'une résistance absolue? Ces tribunaux devraient-ils passer outre? On ne peut pas, en effet, en matière civile, songer à la contrainte. Il serait en outre bien dan-

gereux de considérer ce refus comme contenant un aveu de l'impuissance de l'un des conjoints ; on aboutirait ainsi au divorce par consentement mutuel.

Le projet de loi présenté par M. Naquet à la Chambre des Députés on 1881, admettait comme cause de divorce, la condamnation de l'un des époux à une peine simplement correctionnelle pour vol, escroquerie, abus de confiance, outrage public à la pudeur. Le Sénat n'admit pas cette innovation.

SECTION II.

Des personnes qui peuvent intenter l'action en divorce.

L'action en divorce est une action éminemment personnelle. Dans l'ancien droit, la séparation de corps ne pouvait être demandée le plus souvent que par la femme. Le mari pouvait bien invoquer l'adultère de sa femme, mais il ne pouvait se plaindre des excès, sévices et injures graves de celle-ci. La supériorité de sa force devait les lui faire mépriser. « Celui qui a la force parmi » ses attributs, ne doit répondre que par le mépris. » (Pothier. *Cont. de mar.*, N° 509 à 526). La loi moderne donne ce droit aux deux époux. Dans l'art. 229, elle parle du mari, et dans l'art. 230 de la femme. Les art. 231 et 232 parlent des époux. Mais la loi ne donne ce droit qu'aux époux, sauf quelques réserves. L'époux offensé doit pouvoir pardonner. Il en résulte que la femme, même mineure, peut sans autorisation de son mari intenter et suivre contre lui une demande en divorce. Si la femme est demanderesse, elle est habilitée par la justice, c'est-à-dire par l'ordonnance du Président ; si elle est défenderesse, elle est suffisamment autorisée par ce seul fait qu'elle est attaquée par le mari (M. Carpentier, p. 127).

Les créanciers n'ont donc aucune qualité pour intervenir dans l'instance ou pour la former. L'intervention des créanciers porterait une grave atteinte à la dignité du mariage; quand une instance en divorce est formée, il ne s'agit pas de sauvegarder des intérêts pécuniaires, mais de trancher une question d'état, toute personnelle aux époux. Mais une fois le divorce obtenu par les conjoints, les créanciers peuvent intervenir pour surveiller la liquidation et empêcher qu'elle ne soit faite à leur préjudice.

Il est certain que le droit de former la demande en divorce, s'éteignant par la mort de l'un des conjoints, les héritiers de l'un d'eux ne peuvent intenter cette action contre l'autre conjoint survivant, et réciproquement. La demande en divorce est une action *vindictam spirans*, qui s'éteint par la remise de l'injure. Or, cette remise doit naturellement se présumer, lorsque la demande de divorce n'a pas été introduite du vivant des deux époux. Mais les héritiers ne peuvent-ils pas continuer l'instance lorsqu'elle a déjà été commencée? Cette question, très délicate, était vivement controversée avant la loi de 1886. L'intérêt de cette controverse se présente au triple point de vue des dépens du procès engagé, de la perte des avantages matrimoniaux (art. 299, C. civ.) et de la chute des préciputs (art. 1518, C. civ.) L'ancienne jurisprudence, avant 1789, faisait passer l'action en séparation de corps aux héritiers du conjoint prédécédé, en ce qui concernait les effets pécuniaires : les héritiers qui l'intentaient et qui obtenaient gain de cause profitaient de la révocation des avantages matrimoniaux et de la part de la dot que perdait l'époux défendeur. Cette opinion, avant la loi de 1886, trouvait encore des partisans. Les actions, disait-on, font partie du patrimoine (art. 724, C. civ.) Or, aucune dérogation à ce principe n'est apportée par la loi en matière de divorce. Donc, ces actions doivent passer avec les autres actions dans les mains des héritiers de la succession. Une fois que l'action est intentée, elle l'est avec toutes ses conséquences. Dans ce cas, on ne peut pas dire que l'époux a pardonné, puisque le procès engagé est une preuve du contraire. Puis, les héritiers trouvent leur droit, non pas dans l'art. 299, mais dans les art. 955 et 957 ; ils vont se baser pour agir sur l'ingratitude. L'action en révocation des donations pour ingratitude est bien, par excellence, une action personnelle, et cependant les héritiers ont, sans aucun doute, le droit de continuer une action de ce genre. Pourquoi en serait-il autrement lorsqu'il s'agit, pour les héritiers, de poursuivre l'action en révocation des avantages matrimoniaux ? La question d'honneur et d'intérêt de famille se trouve tranchée par le conjoint qui a intenté l'action : ce point est vidé et il n'y a plus en jeu qu'un intérêt pécuniaire. — Généralement, on repoussait cette opinion. Comment concevoir, en effet, que l'action en divorce puisse se poursuivre alors que le mariage n'existe plus. Comment rompre le lien conjugal qui a été brisé par la mort. Sans doute, la question d'honneur se trouve tranchée, et il ne s'agit plus que des intérêts pécuniaires qui découlent du divorce ; mais le divorce est devenu impossible, et, dès lors, il ne s'agit plus de continuer cette action, mais d'en intenter une nouvelle. Les héritiers ne peuvent pas obtenir indirectement ce qu'ils ne peuvent pas demander directement. Comme le dit très bien M. Laurent (III, p. 261), il n'y a pas deux actions en divorce, l'une tendant à la dissolution du mariage, l'autre ayant pour objet de priver

— 137 —

l'époux coupable des avantages qui lui ont été faits par son conjoint; il n'y en a qu'une, et son but essentiel est de rompre le mariage. La perte des avantages n'est qu'une conséquence de la rupture du lien conjugal. Conçoit-on qu'il y ait un effet du divorce, alors qu'il n'y a pas de divorce ? L'article 244 C. civ. modifié (Loi de 1886) a tranché cette controverse dans ce sens : « L'action en » divorce, dit le § 3, s'éteint également par le décès de » l'un des époux survenu avant que le jugement soit » devenu irrévocable par la transcription sur les registres » de l'état-civil. »

Malgré le caractère personnel de l'action en divorce, cette action pourra-t-elle être exercée par le tuteur de l'un des époux en état d'interdiction ? M. Laurent (III, p. 259) se prononce nettement pour la négative, parce que, dit-il, c'est à l'époux lésé seul à voir s'il lui convient d'intenter cette instance. De quel droit un tiers ferait-il au nom de l'interdit ce que l'interdit peut-être ne voudrait pas faire ? — Nous ne pouvons admettre ce système, qui laisse sans secours l'interdit contre les sévices dont il est la victime. L'article 410 dit que le tuteur doit prendre soin de la personne du mineur : cette obligation vise aussi bien la personne physique que la personne morale de l'interdit. De plus, l'interdit est représenté comme le mineur par son tuteur (art. 509), et lorsque le tuteur agit, c'est comme si l'interdit agissait lui-même. Il est moral d'ailleurs que l'interdit ne soit pas le jouet d'un conjoint éhonté et cruel, et qu'en aucun cas l'impunité ne soit assurée aux désordres de l'un des époux. (Demolombe, IV, p. 535). M. Laurent répond que l'interdit peut agir dans un intervalle lucide. Cette solution ne nous parait guère pratique. Sans doute, l'interdit pourra agir dans un intervalle lucide; mais il faudra alors, de toute nécessité, que l'interdit sache qu'il

10

est trahi par sa femme, insulté dans ses affections les plus chères. Qui le lui dira ? Et en supposant même qu'il soit prévenu, tout ne sera pas encore fini : la procédure du divorce est longue, comme toute procédure, et l'intervalle lucide peut être de courte durée. « La situation, dit » M. Fremont (p. 104) serait intolérable pour l'interdit. » Comment, il n'aurait de lueurs momentanées que pour » suivre une action pénible ou dangereuse pour ses » facultés ? Mieux vaut pour lui rester irrémédiablement » idiot ou imbécile. » Aussi, décidons-nous, sans hésiter, que le tuteur d'un interdit a qualité pour intenter au nom de celui-ci contre son conjoint, une action en divorce. (M. de Folleville, à son cours). Le projet de loi primitif (Loi de 1886), adoptant l'opinion de M. Demolombe, portait que « le tuteur de la personne judiciairement » interdite peut, avec l'autorisation du conseil de famille, » présenter la requête à fin de divorce. » Dans la suite, ce paragraphe de l'art. 234 a disparu : cette suppression est malheureuse. Notre opinion ne paraît pas douteuse, même après cette suppression, car en matière de séparation de corps, l'art. 307 modifié (loi de 1886), donne ce droit au tuteur.

Conformément à notre manière de voir, il faut décider que le même pouvoir appartiendra, à défaut du tuteur, au subrogé-tuteur de l'interdit, surtout lorsque l'interdit a son conjoint pour tuteur. — Nous déciderons de même pour le prodigue, qui ne peut plaider sans l'assistance de son conseil judiciaire. M. Laurent (V, N° 361) donne une solution contraire.

Enfin, en ce qui concerne l'interdit légal, l'art. 234, § 3 (L. de 1886), est ainsi conçu : « En cas d'interdiction » légale résultant d'une condamnation, la requête à fin » de divorce ne peut être présentée par le tuteur que sur » la réquisition ou avec l'autorisation de l'interdit. »

Les tribunaux français sont-ils compétents pour juger un procès en divorce entre étrangers ? La jurisprudence est fixée dans le sens de la négative, qu'il s'agisse d'étrangers domiciliés ou non en France, mais elle ne reconnaît à l'incompétence des tribunaux français que le caractère d'incompétence *ratione personnæ*, incompétence relative par conséquent et qui doit être proposée *in limine litis*. Elle diffère cependant des incompétences relatives ordinaires en ce que, malgré la renonciation du défendeur, le tribunal a la faculté de se déclarer incompétent : nos tribunaux ont pris, en outre, pour règle de se déclarer toujours et d'office incompétents. (Paris, 7 mai 1875, J. Clunet, 76, p. 270; Cass. S. 79, 1, 308; trib. Seine, 27 déc. 1881 et 18 août 1882 ; J. Clunet, 82, p. 309 et 619). On admet également qu'un arrêt statuant au fond, alors que le défendeur a négligé d'opposer l'exception d'incompétence *in limine litis* ne serait pas sujet à cassation : la Cour de Caen (16 août 1880. J. Clunet, 81, p. 262) et la Cour de Paris (23 juin 1850. S. 60, 2, 261) ont statué au fond dans ces circonstances. — L'affirmative nous paraît préférable, car la jurisprudence actuelle est bien difficile à justifier. On invoque contre notre manière de voir l'impossibilité de connaître et d'appliquer toutes les lois étrangères, mais bien souvent les tribunaux sont obligés d'appliquer une loi étrangère. Puis le renvoi du litige devant la justice nationale du défendeur, au cas où celui-ci est domicilié en France, équivaut souvent à un véritable déni de justice, dans le cas où les tribunaux de son pays se déclarent à leur tour incompétents, comme cela a lieu en Hollande (Trib. correct. Seine, 22 mars 1881. J. Clunet, 82, p. 64), où les tribunaux sont incompétents pour prononcer le divorce des Hollandais domiciliés à l'étranger. Nous repoussons donc comme dangereuse la jurisprudence qui règle la compétence d'après la nationalité et non d'après le domicile ou la résidence. Le nouveau Code de procédure belge (Loi du 15 mars 1876), admet notre manière de voir : les tribunaux anglais et allemands se déclarent également compétents, pour toutes les contestations relatives à l'état des étrangers domiciliés. — Ajoutons que lors de la discussion du projet de loi sur la procédure du divorce, M. Bozérian avait proposé un amendement ainsi conçu : « Les étrangers domiciliés en France pourront s'adresser » aux tribunaux français pour faire prononcer le divorce » lorsqu'il est autorisé par les lois de leur pays. » (Sénat, séance du 7 déc. 1885); et que la Commission instituée auprès du Ministère de la Justice pour la revision du Code de procédure a adopté un article ainsi conçu : « L'étranger peut, dans les mêmes conditions que les » Français, sauf application de l'art. 16 du C. civ., » assigner devant les tribunaux un Français ou un » étranger. »

SECTION III.

Des fins de non-recevoir opposables à l'action en divorce.

Il ne faut pas confondre les fins de non-recevoir avec les fins de non-procéder. La fin de non-recevoir est le moyen qu'un défendeur invoque pour faire tomber l'action intentée contre lui et qui écarte la cause sans en permettre l'examen. Elle est relative au fond du droit. La fin de non-procéder au contraire, est invoquée quand la procédure est irrégulière : la procédure doit alors être annulée, mais elle peut être recommencée. (M. Laurent,

III, p. 247). Il ne s'agit dans cette section que d'étudier les fins de non-recevoir qui concernent le fond de la cause; et, nous avons tenu à examiner les fins de non-recevoir immédiatement après les causes de divorce, parce qu'il nous a paru logique de grouper dans un même chapitre, l'étude des causes de divorce, des personnes qui peuvent les invoquer, et des fins de non-recevoir qui leur sont opposables.

La loi mentionne comme fin de non-recevoir, dans l'art. 244, C. civ. (L. de 1886), la réconciliation. Les torts de l'un des conjoints constituent pour l'autre une injure que le pardon fait disparaître. Le législateur ne fait ainsi que consacrer un principe de raison et de morale. Si, malgré ce pardon, le conjoint outragé veut intenter une action en divorce, la demande en divorce sera repoussée par une fin de non-recevoir tirée de cette réconciliation. La fin de non-recevoir devra toujours être admise avec faveur, mais encore faut-il qu'elle existe et qu'elle soit justifiée. Par conséquent, pour qu'il y ait réconciliation, il faut que l'époux qui pardonne connaisse les faits qui constituent l'injure. La fin de non-recevoir tirée du pardon devrait donc être repoussée, si le rapprochement des époux avait eu lieu, non pour rétablir la vie commune, mais seulement pour concourir à l'arrangement d'une affaire d'intérêt qui n'a pas abouti.

La loi ne prescrit aucune condition pour qu'il y ait réconciliation. Les tribunaux ont donc un pouvoir complet d'appréciation. Mais dès qu'ils ont constaté que la réconciliation avait eu lieu, ils ne peuvent pas la repousser comme fin de non-recevoir, sous prétexte que la réconciliation doit avoir une certaine durée. (M. Laurent, III, p. 248). Peu importe que les faits de réconciliation soient antérieurs ou postérieurs à l'instance en divorce, mais ils faut qu'ils soient postérieurs aux causes pour lesquelles le divorce est demandé. (Bruxelles, 17 juillet 1852. Pasicr. 53, 2, 117).

La réconciliation doit être admise, une fois constatée, contre toute demande en divorce. Des auteurs soutiennent l'opinion contraire, quand l'instance est basée sur la condamnation de l'un des époux à une peine afflictive et infamante, parce que, disent-ils, dans ce cas, le divorce est une des conséquences légales de la condamnation (Rouen, 8 fév. 1841. D. 41, 2, 192. Delvincourt, I, p. 79). — Cette opinion est généralement rejetée. Le divorce comme la séparation de corps ne peuvent être accordés qu'autant qu'ils ont été demandés : cette conséquence ne peut se produire de plein droit. L'époux outragé par cette condamnation de son conjoint est libre de ne pas demander le divorce et de renoncer ainsi indirectement à invoquer la condamnation. Pourquoi ne pas lui donner directement ce même droit, en lui permettant de pardonner et de se réconcilier? (MM. Demolombe, IV, p. 510; Duranton, II, N° 572, 573; Massol, p. 68, N° 4).

La réconciliation peut être expresse ou tacite. Aucune difficulté ne se présentera quand la volonté de pardonner sera expressément constatée, mais il sera souvent fort délicat de savoir si l'époux a tacitement renoncé au droit qu'il pouvait avoir d'intenter une demande en divorce.

On rencontre à ce propos les espèces les plus bizarres, Ainsi il a été jugé que la cohabitation pendant l'instance en divorce, la communauté du repas à la table de la belle-mère chez qui demeuraient les époux, le fait d'avoir trinqué ensemble dans ces circonstances, et même l'achat d'un parapluie fait par la femme pour son mari de peur qu'il ne perdit celui de sa belle-mère, ne constituent pas des preuves de réconciliation (Bruxelles, 28 octobre 1843, B. J., 43, 1759). — On ne saurait non plus faire résulter le pardon de ce que le jour où les membres du tribunal sont descendus au domicile des époux pour procéder à un inventaire nécessité par l'instance, les époux ont mangé ensemble, à la même table que ces magistrats (Rennes, 4 fév. 1812, D. Rép, V° sép., N° 213). — La continuation de la vie commune, expliquée par la situation modeste des époux et par leur humble condition, doit être considérée comme de nature à déterminer de la part du juge, le rejet de la fin de non-recevoir (Trib., Bruxelles, 8 juillet 1865, B. J., 66. 824). — La grossesse de la femme est regardée par les auteurs et par la jurisprudence comme une marque de pardon. Mais il sera prudent, lorsque la femme l'invoquera, de ne pas l'admettre avec autant de faveur que si elle était alléguée par le mari. M. Carpentier (p. 245), déclare qu'en principe la grossesse ne peut pas être considérée comme une cause péremptoire de réconciliation, puisqu'elle peut, au contraire, servir de base à une action en désaveu. — La renonciation à l'action en divorce faite par le demandeur implique, à notre avis, réconciliation. Le défendeur pourrait donc être admis à prouver des faits pertinents de renonciation (Cass. belge, 23 mai 1872, Pasicr., 72, 1, 348).

Pourrait-on voir dans la prescription une fin de non-recevoir ? Cette question, plus théorique que pratique, est l'objet de nombreuses controverses. Des auteurs ont voulu fixer des délais. M. Toullier (II, N° 762) parle du silence de l'épouse offensée prolongé pendant une année. Zachariæ déclare que l'exception résultant de la prescription trentenaire est, le cas échéant, proposable contre une demande en séparation de corps, uniquement basée sur des faits qui remonteraient à plus de trente ans (III, p. 363). — M. Laurent croit également qu'il peut y avoir lieu à la prescription de 30 ans (III, p. 257). M. Massol (p. 72, N° 8) parle d'une prescription de trois ans. — M. Demolombe (IV, p. 511 et suiv.) repousse tous ces systèmes, et admet justement l'imprescriptibilité de l'action en séparation de corps, et cette solution qu'il donne doit être, à notre avis, étendue à la demande en divorce. Nul texte, en effet, n'établit de délai dans lequel la demande en divorce doit être formée. La date reculée des faits et le silence plus ou moins prolongé des époux devront être pris en considération, mais ce sera là toujours une question de fait, puisqu'il s'agira d'une question de réconciliation.

L'art. 244 § 2 modifié (loi de 1886) permet au demandeur d'intenter une nouvelle action pour cause survenue ou *découverte* depuis la réconciliation, de faire usage des anciennes causes pour appuyer sa nouvelle demande. Le pardon éteint l'action, mais il est soumis à la condition résolutoire de l'amendement de l'époux offensé. On ne saurait admettre, en effet, que la réconciliation consentie puisse se retourner contre celui qui a pardonné. Toute réconciliation est conditionnelle par sa nature ; l'époux coupable et pardonné fait la promesse d'être, à l'avenir, fidèle à son devoir. Le pardon est considéré comme non-avenu dès qu'il viole cette promesse. Peu importe alors que l'époux outragé ait ou non intenté une action. Les faits anciens pourront être produits, lors même qu'ils ne l'auront pas été dans une première demande ; il faudrait décider de même, si ayant été produits dans une première demande, ils avaient été alors rejetés comme non-pertinents ou inadmissibles. Ces faits ne seront alors, dans une cause nouvelle, que des moyens nouveaux, et ils viendront renforcer les faits de la cause (M. Laurent, III, p. 251).

Il importe peu que les faits nouveaux soient suffisants pour motiver par eux-mêmes une demande en divorce : décider le contraire, ce serait rendre sans objet l'art. 244 § 2, car il serait inutile de faire revivre des causes dont on peut se passer (M. Frémont, p. 179, Bruxelles, 27 Fév. 1833. Pasicr. 33, 75. Cass. belge, 3 août 1871. B. J., 71, 1217).

Peu importe aussi que les faits nouveaux soient de même nature ou non que les faits anciens et d'abord pardonnés (MM. Frémont, p. 177, Laurent, III, p. 252. Cass., 26 mai 1807). — Peu importe également l'époque à laquelle se seront produits les faits nouveaux. Ce qu'on doit entendre, en effet, par faits nouveaux, ce sont les faits nouvellement produits en justice (Bruxelles, 24 avril 1866. Pasicr. 67, 2, 83).

La preuve de la réconciliation sera faite par tous les moyens que le demandeur peut invoquer à l'appui de sa demande.

Faut-il voir dans la réprocité des torts une fin de non-recevoir ? La Cour d'Agen avait proposé d'insérer cette fin de non-recevoir dans le Code civil, pour le cas où le demandeur, qui imputerait à son conjoint de mauvais procédés, notamment l'adultère, serait lui-même coupable de la même faute. Cette proposition fut repoussée. Cependant, beaucoup de législations ont admis et admettent encore cette compensation : la loi hébraïque et le droit canon, le code prussien. Notre ancienne jurisprudence et nos vieux auteurs décidaient de même, et cela dura même sous l'empire de la loi de 1792 (Cass., 7 niv., an VII, S. chr.) De nos jours, cette doctrine a encore rencontré des partisans. Avant la loi de 1884, les partisans de la compensation des torts invoquaient, à l'appui de leur thèse, l'art. 336 du C. pén. qui déclare que le mari ne peut dénoncer l'adultère de sa femme quand il est convaincu d'avoir tenu sa concubine dans la maison commune. — Cette théorie est, à notre avis, inadmissible, aussi bien quand il s'agit du divorce que de la séparation de corps. Lorsque le mari invoque l'art. 336 C. pén., il demande l'application d'une peine, et lui seul peut dénoncer le délit. Il serait odieux de lui donner ce pouvoir quand lui-même entretient une concubine et comble la mesure du scandale. Au contraire, la demande en divorce est fondée sur la violation d'un devoir. La conscience se révolte à l'idée que le mariage peut être rendu indissoluble, parce que les deux époux sont coupables : tous ces faits, au contraire, viennent démontrer la nécessité du divorce. Mais, dans ce cas de réciprocité des torts, les tribunaux auront à apprécier (M. Laurent, III, p. 256). Ils pourront prononcer le divorce simultanément contre les deux époux, quand il est prouvé qu'ils ont eu des torts récipoques et lorsque tous deux ont demandé le divorce. Si les excès, sévices et injures graves ont été provoqués par les emportements de l'époux demandeur, les juges pourront voir, dans cette circonstance, une atténuation aux griefs de cet époux, et par suite rejeter sa demande comme mal fondée.

L'art. 295 *in fine* donne une nouvelle fin de non-recevoir : la réunion des époux à la suite du divorce. Dans ce cas, en effet, il ne peut plus être reçu de leur part aucune nouvelle demande en divorce pour quelque cause que ce soit, autre que celle d'une condamnation à une peine afflictive et infamante prononcée contre l'un des époux depuis leur réunion.

L'art. 241 modifié du Code civil (L. de 1886) fournit

également une fin de non-recevoir : la femme peut être autorisée à séjourner, pendant l'instance en divorce, dans une maison désignée par le Président (art. 236 modifié). Mais elle est tenue de justifier de sa résidence, dans la maison indiquée, toutes les fois qu'elle en est requise. « A défaut de cette justification, dit l'art. 241, le mari » peut refuser la provision alimentaire et, si la femme » est demanderesse en divorce, la faire déclarer non- » recevable à continuer ses poursuites. » Cette fin de non-recevoir n'a pas les mêmes caractères que celles que nous venons d'examiner. « C'est extrêmement rigoureux, » dit M. Baudry-Lacantinerie (p. 53), commentant » l'ancien art. 269 qui posait la même règle. Aussi va-t-il » de soi qu'il ne faut pas surenchérir encore sur la » sévérité de la loi. Quand elle dit que la femme pourra » être déclarée « non-recevable à continuer ses pour- » suites », cela signifie tout simplement que les poursuites » de la femme pourront être suspendues pendant tout le » temps qu'elle restera hors de la résidence qui lui a été » assignée, mais non qu'elle pourra être déclarée non- » recevable dans toute poursuite ultérieure. C'est seule- » ment un refus d'audience qui peut lui être infligé à » titre de peine pendant tout le temps que durera sa » résistance à l'ordre du juge, mais non la perte de son » action. » L'article 241 C. civ. ne fournira donc une fin de non-recevoir véritable que dans l'hypothèse très rare où la femme demanderesse s'entêtera à ne pas retourner à la résidence fixée par le juge.

Ces fins de non-recevoir sont les seules qui puissent être admises.

CHAPITRE II.

La procédure du divorce et la loi du 18 avril 1886
(*Officiel* du 20 avril).

Le Code civil et, après lui, la loi du 27 juillet 1884, avaient établi pour le divorce une procédure spéciale (art. 234 et suiv.), longue et compliquée. L'idée dominante du législateur avait été de créer des obstacles, de faire marcher lentement la procédure, d'exiger toujours la présence du demandeur, dans le but de décourager les parties. Or, au lendemain même du vote de la loi du 27 juillet 1884, on n'a pas tardé à se rendre compte que cette procédure, compliquée à l'excès, dans un but très louable, était cependant remplie d'inconvénients tels, qu'elle aboutissait, dans certains cas, à la négation même du droit de divorcer. Les plaideurs devaient, en effet, sous l'empire de la loi de 1884, se présenter deux fois devant le Président, et ce n'était qu'après cette double comparution, que le demandeur pouvait obtenir du tribunal une première décision l'autorisant à citer. Puis, à partir de la citation, le tribunal n'avait pas moins de trois jugements à rendre : jugement admettant la demande en divorce (après le rejet des fins de non-recevoir), jugement ordonnant une enquête, jugement définitif. L'enquête devait avoir lieu à l'audience, et ce n'était pas là une des moindres causes de difficultés nombreuses dans la pratique. Il en résultait des dépenses excessives pour les plaideurs, et, dans certains tribunaux, le personnel n'arrivait plus à suffire à l'expédition des affaires. (*Exposé des motifs du projet de loi*).

Une réforme était donc nécessaire : elle a été réalisée par la loi du 18 avril 1886. « Le but que s'est proposé la » commission, disait M. Brisson (*Exposé des motifs*, p. 5), » a été de dégager la procédure d'embarras inutiles, de » diminuer ainsi les charges des plaideurs, de simplifier » des formes qui, actuellement, sans profit réel pour la » justice, dérobent aux magistrats un temps précieux. Il » y avait cependant un écueil à éviter. Il ne fallait point, » par là préoccupation d'arriver à une simplification » excessive, assimiler de tous points à une procédure » ordinaire la procédure de divorce. » L'article 239 (modifié) déclare que la cause sera instruite et jugée dans la forme ordinaire : la disposition de l'art. 239 C. c. n'est pas tout à fait exacte, car nous verrons que la loi nouvelle n'a fait en réalité que simplifier l'ancienne procédure, soit en supprimant certaines formalités, soit en prescrivant, pour l'accomplissement de quelques-unes d'entre elles, un mode de procédure moins compliqué et plus expéditif. (Rapport de M. le député Letellier, p. 3).

La loi nouvelle rend au président le droit d'entendre le demandeur, puis les deux parties, comme elle lui rend le droit d'accorder la permission de citer et d'ordonner les mesures provisoires nécessaires. Le jugement d'admission que le tribunal devait rendre préalablement à l'examen du fond est supprimé. L'enquête n'a plus lieu devant le tribunal, mais conformément aux articles 252 et suivants du Code de procédure civile. Voilà pour les modifications et les suppressions. — La nouvelle loi contient également quelques innovations : les demandes reconventionnelles pourront désormais être introduites par un simple acte de conclusions; l'action en divorce s'éteint par le décès de l'un des conjoints survenu avant que le jugement soit devenu irrévocable par la transcription qui en aura été faite sur les registres de l'état-civil. L'opposition devient possible. Enfin la cérémonie qui avait lieu devant l'officier d'état-civil est supprimée et remplacée par la transcription du jugement sur les registres de l'état-civil. — Tels sont les principaux changements apportés par la nouvelle loi qui a été votée par le Sénat les 12-24 décembre 1885, et, sans discussion, par la Chambre, après déclaration de l'urgence, le 15 avril 1886.

Notre chapitre comprendra deux sections, qui seront relatives : 1° à la procédure proprement dite ; — 2° aux mesures provisoires et conservatoires que peut nécessiter l'instance en divorce.

SECTION I.

De la procédure proprement dite du divorce.

Cette section comprendra six paragraphes, qui seront relatifs : 1° aux mesures préliminaires ; — 2° à la citation devant le tribunal ; — 3° à l'instruction et au jugement ; — 4° aux voies de recours dont est susceptible la décision rendue sur la demande en divorce ; — 5° à l'exécution de la décision qui prononce le divorce ; — 6° à la procédure spéciale de la conversion de la séparation de corps en divorce, après un délai de trois années.

§ 1er. — Mesures préliminaires.

Dès que l'un des conjoints a résolu de demander le divorce, il doit, aux termes de l'art. 234 C. civ., présenter, en personne, sa requête au Président du tribunal ou au juge qui en fait fonctions. Le tribunal dont il s'agit est celui du mari, et cela même dans le cas où la femme est défenderesse, puisqu'elle n'a pas d'autre domicile que celui de son mari. Dès que la requête est déposée, l'instance en divorce se trouve engagée (art. 252 C. c., § 5). La compétence du tribunal se trouve donc fixée pour l'avenir, et le mari ne pourrait pas la modifier, en changeant de domicile, après la requête. Mais comme cette compétence est purement relative, si un autre tribunal a été saisi à tort, le défendeur seul pourra soulever l'incompétence, et uniquement *in limine litis* (M. Carpentier, p. 140).

La demande en divorce est de la compétence exclusive des tribunaux civils. Si l'un des époux était traduit devant une juridiction criminelle, l'autre conjoint ne pourrait donc pas demander le divorce en se portant partie civile : il y a là une règle de bon sens. L'action criminelle aura cependant une certaine influence sur l'action civile, conformément à l'adage bien connu : le criminel tient le civil en état. Cette règle doit, sans aucun doute, recevoir ici son application, puisque, contrairement à ce qu'édicte l'article 3 C. inst. crim., l'action en divorce ne peut pas être poursuivie en même temps et devant les mêmes juges que l'action publique. — Il ne sera cependant pas indifférent que le conjoint poursuivi soit condamné ou acquitté. S'il est condamné, les faits qui lui sont reprochés devront être tenus pour constants, et nous savons que s'il s'agit d'une condamnation afflictive et infamante (art. 232 C. civ.), l'époux innocent y trouvera contre son conjoint une cause péremptoire de divorce. S'il est acquitté, les faits incriminés pourront certainement être repris devant le tribunal civil saisi de l'action en divorce : le jury ne motive pas ses acquittements, et les faits qui ont amené la poursuite criminelle peuvent être assez graves pour nécessiter la rupture du lien conjugal, après avoir été jugés insuffisants pour entraîner une condamnation. L'ancien article 235, qui a été supprimé bien inutilement par la loi du 18 avril 1886, portait que de cet acquittement, l'époux défendeur à l'action en divorce ne pourrait tirer aucune fin de non-recevoir : nous pensons qu'il doit en être encore ainsi aujourd'hui.

La requête qui est remise au Président, et qui doit contenir l'exposé sommaire mais précis des griefs invoqués par le demandeur (Paris, 18 fév. 1806, S. c. n. 2, 2, 117. Cour de Paris, 14 mars 1806, S. 8, 2, 528. Colmar, 20 messidor, an XIII, S. c. n. 2, 2, 72. M. Laurent, III, p. 268), ne peut être présentée que par l'époux demandeur en personne (art. 534, § 1, C. civ.) Mais s'agit-il d'une véritable requête, rédigée dans la forme des ajournements ? L'ancien article 236, C. civ. disait : *une demande en divorce*. Cette expression était préférable. L'époux demandeur doit la remettre en personne : comment, dans ces conditions, soumettre le conjoint à l'observation de règles qu'il peut ignorer, et déclarer nulle cette requête, parce que les formalités ordinairement prescrites à peine de nullité n'ont pas été observées. L'avoué auquel on devra avoir recours pourra se laisser entraîner par le désir de faire de la procédure, puisqu'il n'a aucun intérêt personnel à se montrer conciliant et à applanir les difficultés. Puis, si cette requête doit être, non pas une demande toute entière de la façon du demandeur, mais un véritable acte de procédure, le désir du législateur d'applanir les difficultés et de faire cesser les divisions, ne sera pas facilement réalisable. Aussi pourrait-on être porté à admettre que la requête dont parle l'article 234 C. civ. ne doit pas être nécessairement rédigée par un avoué et dans la forme des ajournements. L'opinion

contraire doit cependant être admise, en présence des
déclarations très nettes sur ce point contenues dans le
rapport de la Commission du Sénat (p. 12) et dans
l'exposé des motifs du projet de loi (p. 8). « Le projet,
» disait M. le Sénateur Labiche, dans son rapport, ne
» porte ni à l'article premier, ni à l'article 5, que la
» requête devra être rédigée par un avoué. Il n'a pas
» paru nécessaire de le dire. C'est là, en effet, une règle
» générale constamment observée. M. le Garde des
» Sceaux le rappelle avec raison dans l'exposé des motifs.
» Est-il besoin d'ajouter que ce concours de l'avoué n'est
» pas seulement utile, mais nécessaire? Il garantit
» l'identité du demandeur, le caractère sérieux de la
» demande, la rédaction convenable de la requête, ce qui
» a le plus grand intérêt pour les parties elles-mêmes,
» surtout dans des affaires souvent si délicates. » —
« C'est-là, disait M. le Garde des Sceaux, une règle
» générale et il y a d'autant moins de raison de s'en
» écarter, dans l'espèce, qu'il est nécessaire, pour que les
» représentations du président sortent tout leur effet, que
» les motifs de la demande soient nettement exposés. »
Des termes de l'art. 234 C. civ., il faut également
conclure que le demandeur ne doit pas, dans l'accomplissement de cette démarche auprès du magistrat, être
accompagné d'un avoué ou d'un conseil. L'art. 234 est
formel, puisqu'il n'édicte qu'une seule exception en faveur
de l'époux demandeur qui ne peut se transporter, par
suite de la maladie ou *d'un empêchement dûment constaté.*
Dans cette hypothèse, le magistrat doit se transporter,
assister de son greffier, au domicile de l'époux demandeur.
La loi a eu raison d'imposer cette démarche du magistrat.
Il faut, en effet, ainsi que le disait M. Labiche (Rapport
p. 11) attacher le plus grand prix à ce que le demandeur

11

ne puisse se soustraire à la nécessité d'entendre, dès la première heure, les sages observations du magistrat. C'est surtout auprès du demandeur que le magistrat doit insister, par ce que c'est lui qui intente l'action et qui peut par conséquent l'abandonner. Aussi l'art. 235 § 1 C. civ. recommande-t-il au magistrat de faire au demandeur toutes les observations qu'il croit convenable.

Cette première comparution devant le magistrat constitue une première tentative de conciliation. Si elle échoue, alors il ordonne (art. 235), au bas de la requête, que les parties comparaîtront devant lui au jour et à l'heure qu'il indique, et commet un huissier pour notifier la citation. Aux termes de l'article 237, la requête et l'ordonnance sont signifiées en tête de la citation donnée à l'époux défendeur, trois jours au moins avant le jour fixé pour la comparution, outre les délais de distance, le tout à peine de nullité. Mais, pour que la demande en divorce ne soit pas l'objet d'indiscrétions regrettables, l'article 237 § 2 ordonne que cette citation sera délivrée par l'huissier commis sous pli fermé. Comment ce pli doit-il être fermé ? L'acte doit-il être mis sous enveloppe ou sous doubles bandes entrecroisées ? Où doit être inscrite la mention du « parlant à... » ? Tous ces points seront réglés par les soins du Ministre de la Justice. (Exposé des motifs, p. 7).

Au jour indiqué, le magistrat entend les parties en personne. Si les parties se trouvent empêchées, soit par la maladie, soit par un cas de force majeure, alors le magistrat (art. 238 C. civ.) peut prendre toutes les mesures commandées par la nécessité et déterminer le lieu où sera tentée la réconciliation. La loi renouvelle ici les précautions prises dans les articles 234 et 235, afin que le magistrat puisse voir les parties en personne.

S'agit-il du défendeur, alors l'art. 238 permet au juge de *donner commission* pour l'entendre : notons cependant que cette disposition ne s'applique qu'au défendeur seul (*Exposé des motifs*, p. 8). — Le Président fait aux parties toutes les observations qu'il croit convenable ; puis, en cas de non conciliation ou de défaut, il rend une seconde ordonnance qui constate la non-conciliation ou le défaut. Cette seconde ordonnance a une importance exceptionnelle : c'est dans cette ordonnance, en effet, que le magistrat autorise le demandeur à assigner devant le tribunal, et c'est par le fait de cette ordonnance (art. 238, § 4), que la femme est autorisée à faire toutes procédures pour la conservation de ses droits et à ester en justice jusqu'à la fin de l'instance et des opérations qui en sont la suite. L'article 238 § 6, accorde au juge la faculté, suivant les circonstances, avant d'autoriser le demandeur à citer, d'ajourner les parties à un délai qui ne peut excéder vingt jours, sauf à ordonner les mesures provisoires nécessaires.

L'essai de conciliation est, d'après la jurisprudence, prescrit à peine de nullité en matière de séparation de corps : il doit en être de même, à plus forte raison, en matière de divorce. L'omission de cette formalité, toute d'ordre public, pourra être invoquée même en appel (M. Carpentier, p. 154).

Quelques exceptions existent cependant : 1° Lorsque, pendant l'instance en divorce, l'époux défendeur forme une demande reconventionnelle. Si ce point pouvait être douteux sous l'empire de la loi de 1884, il ne l'est plus avec le nouveau texte de l'art. 239 § 3, qui est ainsi conçu : « les demandes reconventionnelles en divorce » peuvent être introduites par un simple acte de conclu- » sions. » Cette innovation de la loi du 18 avril 1886 tranche du même coup la question de savoir si une demande reconventionnelle doit nécessairement être intentée dans la forme d'une action principale, ou peut être introduite par un simple acte de conclusions. Voici comment M. Denormandie, répondant à M. de Gavardie, qui disait que c'était là un mode de procéder beaucoup trop sommaire, justifiait cette innovation (Sénat. *Officiel* du 11 déc. 1885, p. 1281) : « C'est que déjà, à l'origine » du débat dont il s'agit, les deux parties ont été mises » en présence. Ce qui importe, dans cette matière, c'est » que la forme particulière qui a été édictée par le légis- » lateur, c'est-à-dire la comparution personnelle des deux » époux devant le Président du tribunal, ait eu lieu. Or, » elle a eu lieu... on s'est expliqué devant le magistrat. ». Le Président a fait sur l'esprit de l'un et de l'autre » époux les efforts les plus grands pour amener la » réconciliation. Il n'a pas réussi. L'époux qui a pris » l'initiative de cette comparution forme sa demande » principale, le procès se suit... Pourquoi obligerait-on, » dans ce cas, le défendeur à former une nouvelle » demande principale ?... Ce serait là une procédure » inutile, entraînant des frais en pure perte, parce que, » je le répète, les préliminaires de conciliation ont eu lieu » et que la tentative de rapprochement a été faite à » l'occasion de la première demande. » — 2° Lorsque la demande est introduite par un tuteur. Aucun doute n'est possible ici, puisque l'art. 234 exige que l'époux compa- raisse en personne devant le Président. Dans notre hypothèse, en effet, l'interdit ne peut pas comparaître et le tuteur, de son côté, sans excéder ses pouvoirs, ne peut pas le remplacer pour faire des promesses ou pour prendre des engagements qui seraient sans utilité et sans sanction. — 3° Lorsque l'un des époux demande la conversion de la séparation de corps en divorce (art. 310, C. civ.) Le demandeur doit se borner à adresser une requête au président et il ne paraît même pas que le demandeur soit obligé de la présenter en personne (MM. Carpentier, p. 312 : Laurent, III, p. 267).

Avant la loi du 18 Avril 1886, il existait une autre exception, lorsque la demande était fondée sur la condamnation de l'un des époux à une peine afflictive et infamante. L'article 261 C. C., aujourd'hui supprimé, déclarait que, dans ce cas, les seules formalités à observer devaient consister dans la présentation, au tribunal, d'une expédition en bonne forme de la décision portant condamnation, avec un certificat du greffier constatant que cette décision n'était plus susceptible d'être réformée par les voies légales ordinaires. Le certificat du greffier devait être visé par le Procureur général ou par le Procureur de la République. La loi du 18 avril 1886 a abrogé les articles 253 à 274, C. civ., et par là même l'art. 261. On pourrait, par conséquent, se demander ce qu'il faut décider aujourd'hui, en présence de cette suppression. Dans l'exposé des motifs (p. 13), M. le Garde des Sceaux s'est expliqué très nettement sur ce point : « L'article 261 » réglait, pour le cas où le divorce était demandé à » raison de la condamnation de l'un des époux, une pro- » cédure extrêmement sommaire dans laquelle, d'après » l'opinion commune, le défendeur n'était même pas mis » en cause. Le projet ne maintient pas cette procédure » exceptionnelle. La demande en divorce, basée sur » l'article 232, *sera instruite et jugée en la forme ordi-* » *naire.* » Il faut donc en conclure que cette exception n'existe plus aujourd'hui, et que l'essai de conciliation est maintenant prescrit à peine de nullité dans le cas de l'article 232, C. civ — On s'est même demandé, dans la

Commission du Sénat, ce que deviendrait, en présence de la suppression de l'art. 261, la procédure, dans le cas où l'époux, par exemple, serait à la Nouvelle-Calédonie, et on manifestait alors la crainte de voir la nouvelle législation rendre la procédure impraticable par suite des délais de distance. Voici comment M. Labiche répondait à ces craintes : « Cette observation est juste, si on se » place au point de vue de l'art. 261, la condamnation » de l'un des époux devant entraîner, *ipso facto*, le » divorce lorsque l'autre époux le demande. La majorité » de la Commission s'est placée à un autre point de vue. » Elle a pensé que le condamné, quelqu'indigne qu'il fût, » n'en continuait pas moins d'exister au regard de sa » femme et de ses enfants. La disposition adoptée est » une assimilation de ce qui se passe en matière de ma- » riage d'enfants de condamné. Des renseignements » recueillis, il résulte que le père condamné est toujours » consulté. » (Rapport, p. 17).

§ 2. — *De la Citation devant le Tribunal.*

Sur une proposition de M. L. Renault, le Sénat *(Officiel du 11 décembre 1885, p. 1279)* vota ce qui suit : « L'époux demandeur en divorce devra user de la permis- » sion de citer, qui lui a été accordée par l'ordonnance » du président, dans un délai de vingt jours à partir de » cette ordonnance. Faute par l'époux demandeur d'avoir » usé de cette permission dans ledit délai, les mesures » provisoires ordonnées à son profit cesseront de plein » droit. » Ce délai de vingt jours est suffisant pour ne pas entraver les négociations des conseils, des amis, des parents, et pour ne pas supprimer la garantie d'une réflexion très mûre. Il présente, en outre, l'avantage de ne pas laisser le défendeur à la merci des lenteurs voulues du demandeur. — Les deux délais de vingt jours dont parle l'article 238 peuvent se cumuler. « Si ce droit (de » citer), disait M. L. Renault, a été suspendu par le » président pendant vingt jours, il va de soi que le délai » imparti à l'époux demandeur pour citer aura pour point » de départ l'expiration des vingt jours pendant lesquels » son droit de citer a été suspendu par le président. »

En principe, la demande en divorce ne doit pas être publiée, parce que la publicité qui serait donnée à des faits toujours irritants par eux-mêmes, aurait pour résultat immédiat d'aggraver la situation. Les tiers n'ont du reste aucun intérêt à connaître cette demande puisqu'ils ne peuvent pas intervenir. Mais cette règle cesse d'être applicable (art. 247 § 1, C. civ.), quand l'assignation n'a pas été délivrée à la partie défenderesse en personne, et que cette partie fait défaut : dans ce cas, le tribunal peut, avant de prononcer son jugement sur le fond, ordonner l'insertion dans les journaux d'un avis destiné à faire connaître à cette partie la demande dont elle est l'objet. Cette disposition, qui est une innovation, se justifie facilement par ce fait que le législateur a voulu éviter, autant que possible, les jugements par défaut en matière de divorce. Mais, il a été entendu au cours de la discussion de la nouvelle loi, sur les observations de M. Bozérian (Sénat. *Officiel*, p. 1286 et 1357), que le tribunal ne devait pas faire publier l'assignation ou toute autre pièce de la procédure. La publicité autorisée doit simplement avoir pour but d'aviser, par la voie des journaux désignés par le tribunal, la partie défenderesse de la demande dont elle a été l'objet. Le tribunal ne peut ordonner d'autres mesures de publicité : la liberté de décision du tribunal trouve donc une limitation dans la règle impérative posée par la loi.

La procédure à suivre jusqu'au moment des débats contradictoires devant le tribunal, a été considérablement simplifiée par la nouvelle loi. Avant le 18 avril 1886, la procédure était beaucoup plus compliquée. L'essai de conciliation avait lieu à deux degrés devant le président, comme aujourd'hui, mais ensuite commençaient les différences. L'ancien article 239 C. civ. portait que lorsque le juge n'avait pas pu concilier les parties, il en devait être dressé procès-verbal ; puis, le magistrat ordonnait la communication de la demande et des pièces au ministère public, et le référé du tout au tribunal. Ce procès-verbal était sans utilité, puisqu'il se bornait à constater la non-conciliation ; il en était de même de la communication au ministère public et du référé au tribunal, puisque le tribunal, qui ne statuait que sur le rapport du président, ne pouvait pas refuser l'autorisation demandée. Le tribunal était libre de suspendre son autorisation, comme aujourd'hui le président, pendant un délai maximum de vingt jours : si ces vingt jours s'écoulaient sans conciliation, le tribunal délivrait la permission d'assigner.

La comparution avait alors lieu à huis clos, en chambre du conseil, dans le délai légal ; le demandeur exposait ou faisait exposer les motifs de sa demande, représentait les pièces à l'appui de sa demande, et nommait les témoins qu'il se proposait de faire entendre. Il est facile de voir combien toutes ces formalités étaient inutiles. « Pourquoi, » en effet, cette comparution à huis clos ? Peut-on, à ce » moment de la procédure, espérer sérieusement une » conciliation ? Le prétendu secret existe-t-il en réalité ? » Comment, à l'origine d'une instance, peut-on exiger

» que le demandeur produise les pièces dont il aura à se
» servir dans le cours des débats? Le demandeur,
» dit l'art. 241, nommera les témoins qu'il se propose de
» faire entendre. Comment obliger le demandeur à faire
» connaître les témoins qu'il fera entendre, alors que les
» faits ne sont même pas articulés? Aussi ces deux
» formalités ne pourraient être remplies que d'une
» manière illusoire. » (Rapport de M. Labiche, p. 6).

Après l'accomplissement de ces formalités, le tribunal dressait procès-verbal de tout ce qui était arrivé. La publicité commençait alors, et le tribunal renvoyait les parties à l'audience publique en fixant les jour et heure, ce qui n'était peut-être pas bien facile dans la pratique. — A l'audience, on ne plaidait tout d'abord qu'en la forme, et on devait rechercher les fins de non-recevoir (art. 246 C. civ.) Les parties étaient tenues d'assister en personne à tous ces débats, et le conseil du demandeur n'était admis (art. 248, *in fine*) que si le demandeur était comparant en personne. Cette comparution des parties obligeait les plaideurs à entendre des attaques souvent fort vives, et des scènes de violences et de faits déplorables en résultaient pendant les audiences (Rapport de M. Labiche, p. 7).

A la suite de toute cette procédure intervenaient successivement trois jugements : jugement admettant en la forme la demande, jugement ordonnant l'enquête, jugement définitif.

D'autres inconvénients existaient encore que nous aurons l'occasion de rencontrer et de signaler par la suite.

§ 3. — *De l'instruction et du jugement.*

1°.*De l'instruction*. — La cause, dit l'art. 239 C. civ.,

est instruite et jugée dans la forme ordinaire, le ministère public entendu.

L'instruction est publique, mais le tribunal est libre d'ordonner le huis clos : ce n'est pas pour lui une obligation, mais c'est une faculté que la loi a entendu lui laisser. « Il a semblé, dit M. Labiche (Rapport, p. 14), que la » publicité des audiences, qui est la garantie d'une bonne » administration de la justice, ne pouvait être interdite » que dans certains cas, dont les magistrats seraient » appréciateurs. » Ajoutons que si les débats peuvent être publics, jamais ces débats ne peuvent être reproduits dans les journaux : cette mesure a pour but d'éviter les scandales causés par la reproduction d'un certain nombre de procès en séparation de corps ou en divorce. Cette reproduction est interdite sous peine d'une amende de 100 à 2.000 fr. (art. 39 de la loi du 30 juillet 1881). L'art. 3 de la loi du 27 juillet 1884 interdisait déjà cette reproduction des débats, visée dans la loi du 18 avril 1886 par l'art. 239 § 5.

Le tribunal examine alors les faits qui lui sont soumis, et qui se trouvent contenus dans la requête du demandeur. Il ne nous paraît pas douteux que le demandeur puisse, à ce moment de l'instance, invoquer des faits nouveaux. Cette question était discutée sous l'empire du Code civil et de la loi du 27 juillet 1884, mais toute discussion doit cesser, sur ce point, en présence des transformations radicales opérées par la loi du 18 avril 1886. Il est impossible, en effet, qu'au moment où il intente son action, le demandeur ait la connaissance de tous les faits de nature à en établir le fondement. S'il s'agit de faits nouveaux, le demandeur ne peut pas les invoquer avant qu'ils se soient produits, et il serait illogique de lui reprocher son silence en ce qui les concerne. Aussi faut-il admettre que ces faits nouveaux pourront être invoqués dans tous les cas, pendant les délais de l'enquête, après l'enquête, et même en appel. Il doit en être de même, à notre avis, relativement aux faits anciens. Le demandeur, en les laissant dans l'ombre, a eu sans doute des motifs très légitimes d'agir ainsi. Les griefs invoqués tout d'abord ont pu lui paraître suffisants pour justifier sa demande. Ils ont été omis par le demandeur, soit pour éviter le scandale, soit parce qu'il n'avait pas acquis la preuve ou la connaissance de ces faits. L'art. 464 C. pr. civ. interdit de former en appel une demande nouvelle, mais les moyens nouveaux peuvent être proposés pour la première fois, même en appel. La cause est la même en appel comme en première instance, et il ne s'agit, pour le demandeur, que de renforcer les moyens d'abord fournis par l'allégation de nouveaux faits.

C'est généralement à ce moment de l'instance que se produiront les demandes reconventionnelles. Nous savons déjà qu'un simple acte de conclusions suffit (art. 239 § 3 C. civ.) — Il résulte des débats qui ont eu lieu au Sénat (*Officiel* du 23 déc. 1885, p. 1357 et 1358), que si à une demande en séparation de corps le défendeur répondait par une demande en divorce, l'art. 239 § 2 devrait cesser d'être applicable, et qu'il faudrait suivre les formes ordinaires pour cette seconde demande. Alors, en réalité, il y a deux demandes principales, et la procédure spéciale à chacune d'elles doit être appliquée. Les principes du droit ne permettent pas qu'une demande reconventionnelle puisse porter sur autre chose que sur ce qui a fait le fond du débat en première instance. L'instance sera donc introduite séparément pour chacune de ces demandes, sauf au Tribunal, lorsque les deux instances seront en état, à joindre les deux procédures et à statuer par un seul et même jugement. *(Exposé des motifs*, p. 9). — Mais un simple acte de conclusions suffirait, si, à une instance en divorce, le défendeur répondait par une demande reconventionnelle en séparation de corps : qui peut le plus peut évidemment le moins.

L'article 239 § 2 dit qu'en tout état de cause, le demandeur peut transformer sa demande en divorce en demande en séparation de corps. C'est souvent aussi, après les tentatives de conciliation, que se produira cette transformation, lorsque l'époux demandeur jugera qu'étant donnés les griefs qu'il peut invoquer, l'instance en divorce n'a aucune chance d'aboutir, ou que tout espoir de reprendre un jour la vie commune n'est pas perdu. Ce paragraphe, qui se justifie de lui-même, sans qu'il soit besoin d'assister, fut ajouté sur la proposition de M. Griffe (Sénat, *Offic.* du 11 déc., p. 1280).

C'est également à ce moment de la procédure, *in limine litis*, que le tribunal aura à statuer sur les fins de non-recevoir et de non-procéder invoquées par le défendeur. Ces fins de non-recevoir et de non-procéder devront être produites conformément au droit commun. La loi du 27 juillet 1884, dans l'article 246 du Code civil, qu'elle avait conservé, déterminait exactement le moment de la procédure ou devait être faite la production des fins de non-recevoir, et l'on se demandait si cette détermination était rigoureuse. Toute cette procédure spéciale, le jugement qui statuait sur les fins de non-recevoir, et les discussions qui s'étaient produites dans la pratique, sont sans intérêt aujourd'hui depuis la loi du 28 avril 1886 qui, sur ce point comme sur beaucoup d'autres, a proclamé le retour au droit commun. Nous n'insisterons donc pas davantage sur cette matière, qui doit être réglée conformément aux principes ordinaires contenus dans le Code de procédure.

Les juges peuvent de suite et sans aucune instruction, soit rejeter la demande, soit l'admettre, et prononcer *de plano* le divorce. Le divorce sera prononcé *de plano* dans le cas où une condamnation afflictive et infamante aura frappé le défendeur; il en sera de même si le défendeur a été condamné pour adultère ou pour violences graves. Dans ces hypothèses, il suffira de présenter une expédition de l'arrêt ou du jugement contenant la condamnation devenue définitive.

La preuve des faits articulés pourra encore résulter de la production d'actes sous seing privé, de lettres missives, par exemple, dans lesquelles le défendeur injurie son conjoint. Si ces lettres révèlent l'existence des relations adultères, soit du mari, soit de la femme, le tribunal pourra juger de suite, sans avoir besoin de recourir à une enquête qui serait inutile, puisqu'elle n'ajouterait rien aux preuves que les magistrats ont entre les mains. Le divorce pourrait donc encore, dans ces hypothèses, être prononcé *de plano*.

L'aveu judiciaire est ordinairement une preuve excellente; mais, en matière de divorce ou de séparation de corps, il en est autrement. Se contenter de l'aveu du défendeur, en effet, ce serait donner indirectement aux conjoints le moyen de divorcer par consentement mutuel. Puis, c'est surtout ici que la règle : *nemo auditur propriam turpitudinem allegans* doit recevoir une application rigoureuse. Mais ce principe peut cesser d'être applicable : s'il s'agit de prouver la réconciliation, l'aveu du défendeur sera certainement suffisant pour permettre au tribunal de repousser *de plano* la demande en divorce. Si l'aveu doit être repoussé en principe, si les magistrats doivent se montrer méfiants, c'est que la collusion entre les époux est à craindre. Mais si cette collusion n'existe

pas, si les circonstances de la cause démontrent la sincérité de l'aveu, si, en matière d'adultère, par exemple,
l'aveu a été arraché à un conjoint à un moment où il se
trouvait avec son complice dans une situation telle, que
de graves présomptions s'élevaient déjà contre sa fidélité,
pourquoi l'aveu ne pourrait-il pas être admis, non pas
comme moyen unique mais complémentaire de preuve ?
Aussi, est-ce avec raison que la Cour de Cassation
(29 avril 1862. S. 62, 1, 945) a décidé que les tribunaux
pouvaient prendre en considération l'aveu du défendeur,
lorsqu'il n'est pas purement volontaire et qu'il s'induit de
faits constants. « Au reste, dit M. Carpentier (p. 80), si
» l'aveu n'est pas admis, nous ne voyons pas comment il
» serait possible d'invoquer en justice des lettres
» émanées de l'époux incriminé. Qu'est-ce, en effet,
» que des lettres pareilles, sinon une sorte d'aveu d'une
» nature spéciale ? » Nous ne voyons pas davantage
comment on pourra admettre l'interrogatoire sur faits et
articles, si on repousse complètement l'aveu. M. Demolombe (IV, p. 581) dit que dans le cas d'un interrogatoire
sur faits et articles, les moyens de preuve sont tirés non
point de l'aveu volontaire de l'époux interrogé, mais de
ses dénégations plus ou moins embarrassées, mensongères
et contradictoires. Or, que sont ces dénégations et ces
contradictions que les magistrats apprécient, sinon l'aveu
volontaire ou involontaire, direct ou indirect, des faits
que l'un des époux reproche à l'autre ? Sans doute, dans
ce cas, l'aveu ne crée pas la preuve, mais il la complète,
justement parce qu'il vient s'ajouter à d'autres faits, c'est-
à-dire aux dénégations plus ou moins embarrassées et
aux contradictions de l'époux défendeur.

Quant au serment décisoire, nous n'hésitons pas à le
repousser. Une décision contraire aurait pour résultat de

permettre le divorce par consentement mutuel. M. Carpentier (p. 82) fait en ce qui concerne le serment supplétoire des réserves assez admissibles. « Le serment supplé-
» toire, dit-il, ne contient pas au même degré cet élément
» transactionnel qui effraie dans le serment décisoire. Ce
» n'est qu'un supplément d'information qu'il est loisible
» au juge de demander à la conscience de l'une des
» parties, quand la demande principale n'est pas complè-
» tement dénuée de preuves. Nous ne serions donc pas
» éloigné de l'admettre, tenant pour constant qu'en
» pareil cas, l'affaire serait jugée, non sur l'affirmation
» de la partie, mais sur les faits qui auraient motivé
» cette affirmation. » M. Fremont (p. 221 et 222)
déclare que les tribunaux devront se montrer très
méfiants, lorsque les preuves proposées ne seront autres
que l'aveu, le serment ou l'interrogatoire sur faits et
articles.

Si les faits allégués, tout en étant pertinents et admissibles, ne s'établissent cependant pas *de plano*, le demandeur devra les prouver : le tribunal ordonnera alors une enquête. La loi du 18 avril 1886 décide que l'enquête sera faite par un seul magistrat (art. 245 C. civ.) : c'est là une réforme importante.

L'ancien article 253 C. civ. décidait que les dépositions des témoins seraient reçues par le tribunal en entier, comme dans les enquêtes sommaires, en présence du ministère public, des parties et de leurs conseils ou amis jusqu'au nombre de trois de chaque côté. Ce système présentait des avantages réels, parce que le tribunal assistait ainsi à l'expression vivante de la pensée de chaque témoin. Il pouvait donc mesurer d'une manière exacte la valeur de chaque déposition, apprécier non seulement la parole des témoins, mais aussi leur conte-

nance, suivant qu'ils témoignaient avec une imperturbable fermeté ou qu'au contraire ils éprouvaient des hésitations et des défaillances (M. Baudry-Lacantinerie, p. 41). En outre, les juges se rendaient compte même des jeux de physionomie et pouvaient apprécier les nuances des dépositions (M. de Gavardie. Sénat. *Officiel* du 11 déc. 1885, p. 1285). Mais ce système avait aussi des inconvénients redoutables. C'est ainsi qu'à Paris, la quatrième chambre du tribunal, chargée plus spécialement des affaires de divorce, après avoir procédé à un certain nombre d'enquêtes à l'audience, avait été obligée de décider que, jusqu'à nouvel ordre, il ne serait plus procédé à aucune enquête de cette nature (M. Letellier. Chambre. *Officiel* du 15 avril 1886, p. 800). M. Brisson avait déjà dit (*Exposé des motifs*, p. 11) que l'article 253 C. civ. constituait une entrave à l'administration de la justice. La présence des conseils ou amis, autorisés à assister aux dépositions des témoins, était un mode de procéder détestable. « Bien souvent, disait M. Labiche
» (Rapport, p. 8), les enquêtes sont converties en scènes
» de récriminations, et l'autorité des magistrats est parfois
» insuffisante pour ramener le calme. Aussi, loin de
» faciliter un rapprochement, cette présence de conseils
» ou d'amis est une cause de conflit perpétuel pendant et
» après l'enquête. La forme de l'enquête édictée par le
» Code de procédure est bien plus simple et moins
» onéreuse ; elle offre tout autant de garanties et elle a,
» en outre, le grand avantage d'assurer le secret sur
» lequel il n'est pas possible de compter avec la dispo-
» sition de l'article 253. »

Lorsqu'il y a lieu à enquête, dit l'article 245, elle est faite conformément aux dispositions des articles 252 et suivants C. proc. civ. Les parents, à l'exception des descendants, et les domestiques des époux peuvent être entendus comme témoins. L'enquête faite par un juge commissaire unique est donc désormais la règle ; mais le tribunal reste libre, conformément aux règles de droit commun, s'il veut s'éclairer davantage, apprécier par lui-même la valeur de certaines dispositions et confronter les parties, d'ordonner une comparution personnelle à l'audience.

L'art. 245 § 1 C. civ. renvoie aux articles 252 et suiv. C. proc. civ., mais il contient (§ 2) une dérogation à l'article 283 C. proc. civ. D'après ce dernier article, les parents ou alliés de l'une ou de l'autre des parties jusqu'au degré de cousin issu de germain exclusivement, les frères, beaux-frères, sœurs et belles-sœurs, peuvent être écartés. L'art. 245 § 2 déclare, au contraire, qu'on pourra les entendre ainsi que les domestiques. Il y a là une règle de bon sens : les faits qui peuvent servir de causes de divorce n'étant guère de nature à s'accomplir que dans l'intimité, retrancher le secours des témoignages des parents, des alliés et des domestiques, c'eut été en quelque sorte les mettre dans l'impossibilité soit de poursuivre le divorce, soit d'y défendre.

Les parents, alliés ou domestiques ne pourront-ils donc jamais être reprochés ? L'ancien art. 251 C. civ. disait d'une façon très nette et très précise que les parents ne sont pas reprochables du chef de la parenté, non plus que les domestiques des époux, en raison de cette qualité, laissant entendre ainsi que l'art. 283 C. pr. civ. restait applicable pour tous les autres reproches. Or, le nouvel art. 245 C. civ. ne reproduisant pas cette double restriction, on peut se demander si le législateur de 1886 n'a pas entendu suspendre, en matière de divorce, l'application de l'art. 283 C. proc. civ. ? La question, à notre avis, doit être tranchée par une distinction. Les témoins dont parle l'art. 245 C. civ. ont-ils bu et mangé avec une des parties et à ses frais depuis le jugement qui a ordonné l'enquête, sont-ils les héritiers présomptifs des parties, alors, sans aucun doute, ils ne pourront pas être reprochés pour ces causes : ce sont là, comme le dit M. Demolombe (IV, p. 583), des conséquences naturelles de l'exception même introduite par la loi. Mais ces témoins sont-ils les donataires des parties, ont-ils donné des certificats sur des faits relatifs au procès, sont-ils en état d'accusation, ont-ils été condamnés à une peine afflictive ou infamante, ou même à une peine correctionnelle pour cause de vol, alors ils pourront être reprochés, car les motifs qui doivent faire reprocher de semblables témoins sont absolus.

A titre exceptionnel, l'art. 245 retranche les descendants de la liste des parents qui ne peuvent pas être reprochés. C'est le cri de la nature qui a dicté cette disposition, écrit M. Laurent (III, p. 279) ; ajoutons que c'est également un sentiment de convenance qui exige que les enfants ne puissent pas venir accuser leurs parents. L'ancien art. 251 C. civ. parlait des *enfants et des descendants*, et l'on s'accordait à reconnaître que cet article excluait les enfants communs comme les enfants d'un précédent mariage, les enfants légitimes comme les enfants naturels reconnus et adoptifs. L'art. 245 C. civ. ne parle plus que des descendants, mais cette différence entre les deux rédactions ne doit pas entraîner une différence d'application. Les raisons de décider que le mot : descendants, embrasse tous les enfants dont nous venons de parler, existent aujourd'hui, après la loi du 18 avril 1886, comme elles existaient avant. Les convenances exigent qu'il soit décidé de même pour les uns et pour les autres, après comme avant le vote de la loi du 18 avril 1886.

2° *Jugement*. — Après l'enquête qui, de droit, est suivie d'une contre-enquête (art. 256 C. proc. civ.), le tribunal rend sa décision, rejetant ou admettant la demande en divorce. Mais, par suite d'une exception propre à la matière du divorce, l'art. 246 C. civ. permet au tribunal de ne pas prononcer de suite le divorce. Dans ce cas, il maintient ou prescrit l'habitation séparée et les mesures provisoires pendant un délai qui ne peut pas excéder six mois. C'est là un souvenir de ce qui existait dans l'ancien droit : les magistrats pouvaient alors, en effet, surseoir à la prononciation de la séparation d'habitation et même ne la prononcer que pour un temps limité. Le Code civil (art. 259) parlait d'une année d'épreuve, réduite à six mois par la nouvelle loi.

L'article 246 C. civ. comporte une exception à la règle qu'il pose : il ne permet pas de surseoir à la prononciation du divorce, quand il s'agit d'un divorce causé par la condamnation à une peine afflictive et infamante. Le Code civil et la loi du 27 juillet 1884 donnaient une solution analogue pour le divorce pour cause d'adultère. La loi du 18 avril 1886 (art. 246) contient donc sur ce point une seconde différence avec l'ancienne législation du Code civil, puisque le divorce pour cause d'adultère se trouve assimilé au divorce pour excès, sévices ou injures graves. Cette assimilation nous paraît excellente : l'ajournement peut être utile même dans le cas d'adultère, et il est certain que cet ajournement est conforme aux intentions du législateur du Code civil, toujours prêt à s'efforcer de multiplier les chances de réconciliation, et à ne pas négliger la plus petite de ces chances.

Mais cet ajournement de six mois n'est pas autre chose qu'une épreuve : en conséquence, si, après ce délai de six mois donné aux parties pour réfléchir, elles persistent dans leur intention première, le tribunal doit prononcer le divorce. Les magistrats ne sont donc pas libres de prolonger à leur gré la durée de l'instance, et cet ajournement ne peut être prononcé que lorsque le droit au divorce est établi et que l'affaire est terminée. Il ne peut être prononcé qu'une seule fois et seulement pour une période de six mois. Enfin, cette faculté n'appartient qu'aux juges de première instance ; la Cour d'appel ne pourrait pas ajourner sa décision. Ces points, qui sont incontestables, résultent des termes mêmes de l'art. 246 C. civ.

Après l'expiration des six mois, si les époux ne sont pas réconciliés, chacun d'eux peut faire citer l'autre à comparaître devant le tribunal, dans le délai de la loi, pour entendre prononcer le jugement de divorce (art. 246 § 3 C. civ.)

L'art. 247 C. civ. mentionne un autre cas d'ajournement. Cet article permet, en effet, au Tribunal, lorsque l'assignation n'a pas été délivrée à la partie défenderesse en personne, et que cette partie fait défaut, d'ordonner, avant de prononcer le jugement sur le fond, l'insertion dans les journaux d'un avis destiné à faire connaître à cette partie, la demande dont elle a été l'objet.

§ 4. — *Voies de recours.*

Le jugement rendu sur la demande en divorce est susceptible d'opposition, d'appel, de pourvoi en cassation et de requête civile, conformément au droit commun.

1° *De l'opposition.* — L'art. 247 C. civ. tranche une question très discutée, celle de savoir si l'opposition est admise en matière de divorce. L'art. 247 s'en rapporte sur ce point aux règles ordinaires : les jugements par défaut sont donc susceptibles d'opposition en matière de divorce. Le législateur a voulu que les décisions par défaut soient extrêmement rares : nous avons déjà vu quelles mesures de publicité ce même législateur édicte dans l'art. 247 § 1. pour faire connaître au défendeur la demande dont il est l'objet. Mais, sous prétexte de prévenir le défendeur, il ne fallait pas que la menace d'une opposition suspendit indéfiniment les effets de la décision rendue *(Exposé des motifs*, p. 13). Nous allons voir les précautions prises par le législateur pour empêcher ces inconvénients et ces abus.

L'art. 247 § 2 décide que le jugement ou l'arrêt qui prononce le divorce par défaut devra être signifié par huissier commis. Au point de vue des délais pour faire opposition, deux hypothèses doivent être envisagées. Si la signification dont il est parlé au § 2 a été faite à la personne intéressée, alors l'opposition, pour être recevable, doit être faite dans le délai d'un mois. Si cette signification à personne n'a pu avoir lieu, alors l'opposition n'est recevable que dans les huit mois qui suivent le dernier acte de publicité. Les mesures de publicité dont l'exécution fait courir les délais d'opposition, consistent dans la publication du jugement par extrait dans les journaux désignés par le président du tribunal. Cette publication est ordonnée sur simple requête (art. 247 § 3).

Le délai de huit mois indiqué par la loi, est le délai maximum des ajournements donnés aux individus qui ne sont pas en France (art. 73, 4° C. proc. civ.) Voici comment M. Labiche le justifiait : « L'article 14 (art. 247 » actuel) a pour objet d'éviter les difficultés, souvent

» insurmontables, de l'exécution du jugement par défaut.
» Par cet article, le jugement acquiert l'autorité de la
» chose jugée dans les conditions et délais édictés. Assu-
» rément, le délai de huit mois est long, mais il a été
» prescrit parce qu'il importe d'éviter toute erreur, et
» parce que, quand il n'est pas établi que l'époux a été
» touché personnellement par la signification, on ne sau-
» rait prendre trop de précautions pour éviter une sur-
» prise. Si ce délai peut paraître excessif, dans les cas
» ordinaires, il se justifie en matière de divorce; la copie
» du jugement remise à un domestique, à un concierge,
» peut être détournée et ne jamais parvenir au destina-
» taire. Le demandeur n'est du reste pas enchaîné par le
» délai; il peut poursuivre l'exécution du jugement
» obtenu par un commandement, par une saisie, par la
» liquidation de ses reprises, etc...., et amener ainsi le
» défendeur à faire opposition. » (Rapport, p. 20).

Il résulte des termes de l'art. 247 C. civ. : si cette
signification n'a pas été faite à personne..... qu'il suffit,
pour que le défendeur ait droit au délai de huit mois, qu'il
ne soit pas à son domicile au moment où l'huissier se
présente. Les quelques lignes du rapport de la Commission
du Sénat que nous venons de citer confirment cette
manière de voir. « Si ce délai peut paraître excessif, dans
» les cas ordinaires, disait M. Labiche, il se justifie en
» matière de divorce; la copie du jugement remise à un
» domestique, à un concierge, peut être détournée et ne
» jamais parvenir au destinataire. »

2° *De l'appel.* — L'art. 248 § 1 déclare que l'appel
est recevable pour les jugements contradictoires dans les
délais fixés par les articles 443 et suiv., C. pr. civ.,
c'est-à-dire dans les deux mois à partir du jour de la

signification à personne ou à domicile pour les jugements contradictoires, et du jour où l'opposition n'est plus recevable pour les jugements par défaut. L'ancien article 263 C. civ. décidait, au contraire, par une bizarrerie assez singulière, que le délai de deux mois pour former appel d'un jugement par défaut devait courir à compter du jour de la signification du jugement ; cette bizarrerie s'expliquait par ce fait, que les jugements de première instance rendus en l'absence du défendeur n'étaient pas susceptibles d'opposition. L'opposition n'était pas admise sous l'empire du Code civil, parce qu'au moment où le Code civil fut discuté et voté, on était sous l'empire de l'ordonnance de 1667, laquelle n'admettait pas l'opposition en première instance. La loi du 18 avril 1886, en admettant l'opposition, vient donc de fournir l'occasion d'appliquer un principe qui existe depuis près d'un siècle.

Le § 3 de l'article 248 qui déclare, qu'en cas d'appel, la cause doit être portée à l'audience ordinaire, rappelle le décret du 28 avril 1885 qui est venu trancher la question de savoir si les causes de divorce doivent être portées en appel à l'audience ordinaire ou à l'audience solennelle. L'art. 248 § 3 déclare également que la cause doit s'instruire comme affaire urgente. Cette dernière mesure a été prescrite pour que ces causes puissent venir même pendant les vacances judiciaires. (Rapport de M. Labiche, p. 20 et 21).

Complétant la décision de l'article 239 § 3, qui décide que les demandes reconventionnelles en divorce peuvent être introduites par un simple acte de conclusions, l'art. 248 § 4 déclare que les demandes reconventionnelles peuvent se produire en appel, sans être considérées comme demandes nouvelles.

L'appel est suspensif en matière de divorce, bien que

l'art. 248, qui le déclare pour le pourvoi en cassation, ne le dise pas pour l'appel.

3° *Du pourvoi en cassation.* — Un pourvoi en cassation peut être formé contre la décision qui est intervenue contre la demande en divorce. Le délai pour se pourvoir en cassation court du jour de la signification à partie, pour les arrêts contradictoires, et du jour où l'opposition n'est plus recevable pour les arrêts par défaut. Le pourvoi est suspensif. Il ne donne donc pas seulement que le droit de saisir une juridiction supérieure. Il était nécessaire de le dire, car si le pourvoi n'était pas suspensif, les parties auraient pu contracter un nouveau mariage avant la décision de la Cour suprême.

4° *De la requête civile:* — L'article 17 du projet de loi (art. 249 actuel), portait que la voie de la requête civile ne serait pas ouverte contre les jugements en divorce. En première lecture, l'art. 17 du projet fut voté sans discussion. Lors de la seconde délibération, à la séance du 22 décembre 1885, le rapporteur demanda de supprimer dans l'art. 17 les mots : Il ne peut être attaqué par voie de la requête civile. Cette suppression qui entraînait le maintien de la requête civile fut vivement combattue.

M. Forichon, commissaire du gouvernement, adversaire de la requête civile, faisait remarquer (Sénat. *Officiel* du 23 déc., p. 1358 et suiv.) que lorsque le divorce est prononcé, lorsqu'après les mille précautions de la procédure le mariage est détruit, un second mariage a pu être contracté et une seconde famille s'est peut-être formée. Est-il prudent de permettre que tout puisse s'écrouler ou soit menacé? Cette épée de Damoclès continuellement suspendue sur la tête de la famille qui

s'est constituée et resserrée n'est-elle pas inquiétante ?
« Comment, des enfants sont nés de cette seconde union,
» les deux époux sont tranquilles, il est possible que l'un
» des époux divorcés vienne dire : je veux attaquer le
» mariage qui a été consacré, célébré publiquement,
» considéré comme définitif depuis longtemps ! C'est
» impossible ! » — M. Xavier Blanc répondait justement
que la requête civile existe parce qu'il est des faits et des
circonstances qui ont pu échapper à la clairvoyance des
parties et de leurs conseils, et tromper même la vigilance
des tribunaux. Ces actes et ces faits, démontrés tardi-
vement peut-être, ne doivent pas, une fois révélés à la
justice lésée, rester en ses mains comme une arme
impuissante. Or, ce recours est accordé contre les décisions qui émanent des tribunaux civils ou de commerce,
et même dans les matières purement fiscales. Pourquoi
en priver, en matière de divorce, le conjoint lésé par une
décision entachée de l'un des vices visés par l'art. 480
C. pr. civ. ? Est-ce que le dol personnel doit recevoir en
matière de divorce une consécration plus inviolable qu'en
toute autre matière ? Le mari a, par exemple, soudoyé
des témoins pour arriver à la constatation de torts imagi-
naires de sa femme, et il serait couvert ? Puis si on a jugé
sur des pièces fausses et jugées telles, si le mari s'est
procuré par un crime un jugement de divorce, si, en
matière d'adultère, il a produit des lettres fausses, doit-
on lui assurer le bénéfice de ce crime ? — Nous avons
vu M. Forichon invoquer l'intérêt de la nouvelle famille,
mais il ne faut pas oublier, ainsi que le rappelait M. de
Gavardie, que la présomption de bonne foi couvre parfaitement les enfants, puisque tous les effets du mariage
existeront et que ces enfants seront légitimes. Bien plus,
on pourra atteindre le coupable. On ajoutait également

avec raison que les abus ne sont pas à craindre, car la
requête civile est rarement usitée et difficilement employée, puisqu'il faut se trouver dans un des cas de
l'article 480 C. pr. civ., et qu'elle ne peut être introduite
qu'avec l'avis de trois jurisconsultes (art. 495 C. pr.
civ.) Peu importe du reste qu'on ne puisse y recourir que
dans des cas très rares, disait encore M. Xavier Blanc.
« Mais il suffit que ces cas puissent se présenter pour que
» l'on ne doive pas songer à supprimer ici, d'une manière
» en quelque sorte incidente, une disposition dont la
» sagesse et l'utilité ne sauraient être contestées et qui
» doit garder sa place dans la loi organique de notre
» procédure civile. »

Ces raisons triomphèrent devant le Sénat qui se prononça par 121 voix contre 99 en faveur de la requête
civile.

M. Oudet (Sénat, même séance; *Officiel*, p. 1362
et 1363) avait proposé de décider que le délai pour l'exercice de la requête civile serait seulement de six mois à
compter du jour de la signification prévue par l'art. 483
C. pr. civ. Or, aux termes de la loi, ce délai est de deux
mois qui courent soit à partir du jour de la signification,
soit à partir du jour où le faux, le dol ont été découverts.
Cet amendement fut repoussé sur les observations de
M. Allou, qui fit remarquer très justement que, dans
certains cas de dol et de faux notamment, le délai imparti
n'aurait plus, pour point de départ, la révélation du vice
même qui allait servir de point de départ à l'action.
« L'honorable M. Oudet, disait M. Allou, se plaint qu'il
» y ait un délai indéterminé ? Mais il n'est pas indéter-
» miné du tout ; le point de départ, c'est la révélation
» du vice qui entache la décision judiciaire intervenue.
» C'est le principe constant dans notre législation, dans

» notre droit, dans la jurisprudence tout entière. Comment
» voulez-vous qu'on attaque, dans les six mois qui suivent
» les divorces prononcés, le jugement ou l'arrêt de
» divorce, quand on ne connaît pas les pièces fausses
» produites, le dol, les pièces retenues ? »

On se demandait, sous l'empire de la loi du 27 juillet
1884, si on ne pouvait pas terminer la procédure plus
rapidement par l'aquiescement du défendeur, lorsque le
divorce avait été prononcé en première instance, ou si le
défendeur ne pouvait pas se désister de l'appel une fois
formé ? Des auteurs répondaient négativement, disant
qu'on ne peut pas transiger sur l'état des personnes, et
que permettre le désistement ou l'aquiescement, ce serait
aboutir au divorce par consentement mutuel (Cassation,
17 août 1807. S. 7, 1, 513). D'autres se prononçaient
pour l'affirmative. Les parties peuvent très bien se désister
ou acquiescer tacitement en ne formant pas appel, pourquoi ne le pourraient-elles pas expressément ? L'ordre
public n'est pas en jeu parce qu'un jugement a prononcé le
divorce (MM. de Folleville, à son cours. — Laurent, III,
p. 289. — Carpentier, p. 196). Nous ne voyons pas ce
qu'il est possible de répondre à ces observations, et cependant, cette question n'est plus discutable aujourd'hui,
puisque la loi du 18 avril 1886 (art. 249 C. civ.) déclare
que le jugement ou l'arrêt qui prononce le divorce n'est
pas susceptible d'acquiescement. — Notons qu'il ne s'agit
évidemment dans l'art. 249 que du jugement définitif. S'il
s'agissait d'un jugement interlocutoire ordonnant une
enquête, il est bien certain que le défendeur pourrait y
acquiescer.

§ 5. — *Exécution du jugement.*

Toute cette matière a été modifiée complètement par la loi du 18 avril 1886. Auparavant, les décisions judiciaires ne faisaient qu'autoriser le divorce : pour que le divorce devînt définitif, il fallait (art. 264) un acte constatant la comparution devant l'officier d'état civil. La partie qui avait obtenu gain de cause (le demandeur ou le défendeur) pouvait seule requérir qu'il fut prononcé, et cela dans un délai de deux mois, à compter du jour où la décision judiciaire était devenue définitive, sous peine de déchéance de cette décision. Ce système était plein d'inconvénients révélés par la pratique. Très souvent, en effet (Rapport de M. Labiche, p. 22), les officiers d'état civil n'osaient pas se prononcer quand des questions de domicile, de résidence, etc..., étaient soulevées devant eux, et ils étaient obligés d'en référer au parquet. Souvent des incidents fâcheux se produisaient à la mairie, et M. Allou signalait au Sénat (*Officiel* du 13 déc. 1885, p. 1297) des exemples de véritables scandales : à Paris, au moment où le divorce allait être prononcé, une femme s'était élancée sur l'officier d'état civil pour l'empêcher de prononcer le divorce ; dans une autre mairie, la femme était venue, accompagnée comme témoin nécessaire, de celui-là même dont l'intimité avec elle avait amené la prononciation du divorce ; dans une autre mairie, un mari arrêté était trouvé porteur de deux révolvers cachés sous ses vêtements ; dans une autre mairie enfin, le maire avait été obligé de requérir l'intervention de la force armée. La loi du 27 juillet 1884 demandait la présence des deux ex-conjoints à ce moment, comme dernier essai de conciliation ; mais cette présence n'était pas obligatoire pour le défendeur, et ce dernier ne se présentait presque jamais, sauf pour faire du scandale. M. Allou résumait très bien ce qui se passait en disant : « Il n'y a pas » solennité, mais amoindrissement et presque ridicule » dans la plupart des cas. »

Il était donc plus simple et plus convenable de procéder comme en matière de rectification d'actes de l'état civil. C'est ce que fait la nouvelle loi : désormais il suffira que le jugement soit transcrit sur les registres de l'état civil, à la réquisition soit de l'une, soit de l'autre des parties, suivant l'époque à laquelle cette transcription se produira. Le défendeur peut donc demander cette transcription. « Vouloir enlever à l'époux défendeur, disait M. L. » Renault (Sénat. *Officiel* du 13 décembre, p. 1301), le » droit de faire, lui aussi, produire au jugement ses » effets légaux, ce serait monstrueux. Vouloir le main- » tenir époux perdu, déconsidéré, flétri au regard de ses » enfants, sous la main, sous l'autorité, sous le toit de » cet époux vainqueur qui vivra auprès de lui, son » jugement ou son arrêt à la main, ce serait oublier, » méconnaître l'ensemble des droits et des devoirs sur » lesquels repose la société conjugale de notre pays... » Il n'y aurait là que honte, humiliation, abjection dans » les rapports des deux époux dans leurs relations avec » leurs enfants, avec leur famille, avec le monde. Tout » y deviendrait bas, honteux et dégradant. »

Voici quelles sont les formalités qui doivent être suivies. Le dispositif du jugement ou de l'arrêt doit être transcrit sur les registres de l'état civil du lieu où le mariage a été célébré. L'article 251 C. civ. fait ainsi disparaître la question de savoir si l'officier d'état civil compétent est celui du lieu où le mariage a été célébré, ou celui du domicile du mari, et si cet officier d'état civil compétent peut être désigné par le tribunal ou par la Cour. — Mention doit être faite de ce jugement ou de cet arrêt en marge de l'acte de mariage conformément à l'article 49 C. civ. Si le mariage a été célébré à l'étranger, la transcription est faite sur les registres de l'état civil du lieu où les époux avaient leur domicile, et mention est faite en marge de l'acte de mariage, pourvu qu'il ait été transcrit en France (art. 251 C. civ.)

La transcription est faite à la diligence de la partie qui a obtenu [grain] de cause, et qui, à cet effet, signifie la décision dans un délai de deux mois, à partir du jour où elle est devenue définitive, à l'officier d'état civil compétent. A cette signification doivent être jointes un certificat de l'avoué de la partie poursuivante contenant (art. 548 C. proc. civ.) la date de la signification du jugement faite au domicile de la partie défenderesse, une attestation du greffier constatant qu'il n'existe contre le jugement ni opposition ni appel, et s'il y a eu appel, un certificat de non pourvoi. La loi de 1886 règle tous ces points qui avaient été omis par la loi de 1884. — L'art. 252 § 3 C. civ. ajoute que si le conjoint qui a obtenu le divorce n'a pas fait cette signification dans le premier mois, l'autre partie a le droit, concurremment avec elle, de faire cette signification dans le mois suivant.

Dans tous les cas, cette transcription est faite par les soins de l'officier d'état civil, le cinquième jour de la réquisition, non compris les jours fériés, sous les peines édictées par l'article 50 Code civil. D'après l'article 19 du projet, cette transcription devait être faite dans la huitaine de la réquisition, cette rédaction fut modifiée dans le sens que nous venons d'indiquer. Il n'était pas bon, en effet, qu'il put dépendre, pendant huit jours, de l'arbitraire d'un greffier de mairie, que le divorce prononcé produisit ou non ses effets. Pendant ce délai, aucun des époux n'aurait pu connaître exactement sa situation, savoir s'il était encore ou non dans les liens du mariage. Il y avait donc une anomalie dans ce système, ou c'était l'autorité judiciaire qui prononçait le divorce, mais où l'exécution de cette décision restait subordonnée à l'accomplissement d'une formalité d'enregistrement confiée en fait, non à l'officier d'état civil, mais au greffier, à l'arbitraire duquel on accordait un délai de huit jours pour rendre valable la décision de l'autorité judiciaire. En décidant que cette transcription doit être faite le cinquième jour de la réquisition, la loi a fait disparaître cette anomalie.

Le divorce est suivi d'effets importants quant aux biens des époux. La femme reprend la libre disposition de sa fortune, en même temps qu'elle redevient pleinement capable. Les tiers sont donc intéressés à connaître le moment précis où le lien conjugal se trouvant définitivement rompu, ces effets doivent se produire. De là, les mesures de publicité ordonnées par l'art. 250 C. civ. Aux termes de cet article, extrait du jugement doit être inséré aux tableaux exposés tant dans l'auditoire des Tribunaux civils et de Commerce que dans les Chambres des avoués et des notaires. Pareil extrait est inséré dans l'un des journaux qui se publient dans le lieu où siège le Tribunal, ou, s'il n'y en a pas, dans l'un de ceux publiés dans le département. Ces insertions doivent être faites dans tous les cas, sans qu'il y ait à distinguer si les conjoints sont ou ne sont pas commerçants. Si l'un des conjoints était commerçant, il devrait, en outre, se conformer aux prescriptions spéciales des art. 66 C. com. et 872 C. proc. civ.

Nous avons vu que la transcription de la décision qui

prononce le divorce doit être faite à la diligence de l'un des époux ; il résulte des termes formels de la loi et des discussions qui ont eu lieu, que cette réquisition ne peut être faite que par les époux. On ne pourrait donc pas faire transcrire d'office par les soins du parquet, ou de l'officier ministériel, ou du maire lui-même (Rapport de M. Labiche, p. 25).

Quelle sera la sanction de l'omission de la transcription dans les délais indiqués ? L'art. 252 § 4 répond très nettement que le divorce doit alors être considéré comme nul et non-avenu. La nature de la formalité exigée a donc été seule modifiée par la loi de 1886, mais les effets de la formalité doivent subsister. Il n'est pas inutile de reproduire les termes de l'exposé des motifs (p. 14). « Il est indispensable, y est-il dit, que les registres de » l'État Civil, qui constatent le mariage, constatent aussi » le divorce. Les tiers n'ont aucun autre moyen de se » renseigner sur la situation des parties. La transcription » doit donc être exigée.... Bien que la déchéance pro-» noncée paraisse rigoureuse, on a reconnu qu'elle était » inévitable ; les époux ne doivent pas reprendre la vie » commune, et la faire cesser, à leur gré, en opérant » inoppinément une transcription retardée dans ce but : » une union ainsi prolongée aurait le caractère d'un » mariage avec faculté de répudiation arbitraire ; aussi » fallait-il exiger la transcription du divorce, et l'exiger » dans un certain délai. Si cette transcription n'a pas eu » lieu, il y a présomption légale qu'une réconciliation » s'est opérée. » Il faut donc conclure de ce qui précède que si la transcription n'a pas été faite du tout, ou qu'ayant été opérée, elle l'ait été après le délai de deux mois ou sur des registres autres que ceux de l'état civil du lieu où le mariage a été célébré, dans tous ces cas le

divorce devra être considéré comme nul et non avenu.
Tous les intéressés pourront donc invoquer cette
déchéance; et le mariage ayant continué de subsister, il
devra également continuer de produire tous ses effets.
Tous les actes passés par l'un des époux devront donc être
considérés comme nuls ou valables, selon qu'ils auront
été accomplis avec ou sans l'observation des formalités
requises pour la passation d'actes équivalents pendant la
durée de l'union conjugale. Un second mariage contracté
par l'un des époux devrait être annulé, sauf application
de l'art. 202 C. civ. La réconciliation étant à présumer,
le mari pourra faire sommation à sa femme de réintégrer
le domicile conjugal; les mesures provisoires ordonnées au
profit de la femme ou des enfants cesseront d'être
applicables de plein droit. Ce sont là des règles de bon
sens, et il est inutile d'insister.

Une circulaire de M. le Ministre de la Justice,
adressée à MM. les Procureurs généraux, à la
date du 22 avril 1886, est venue trancher une question délicate. Voici le texte de cette circulaire :
« Monsieur le Procureur général, la loi sur la
» procédure en matière de divorce, promulguée au
» *Journal officiel* du 20 de ce mois, a supprimé l'obli-
» gation imposée aux parties de se retirer devant
» l'officier de l'état civil pour faire prononcer leur
» divorce. Il suffit désormais (art. 251 nouveau) de
» requérir, dans un délai de deux mois, la transcription
» de la décision judiciaire sur les registres de l'état civil.
» Les jugements rendus sous l'empire de la législation
» antérieure et à la suite desquels le divorce n'a pas
» encore été prononcé par le maire peuvent-ils être
» transcrits conformément à la loi nouvelle ? Les parties
» doivent-elles au contraire, par application de l'ancien

» texte, faire dissoudre leur union par les officiers de
» l'état civil ? Au premier abord on est tenté de penser
» qu'il suffira de requérir la transcription des jugements
» en vertu des articles 251 et 252. L'article final de la
» loi du 18 avril semble confirmer cette interprétation ;
» il déclare, en effet, que les instances commencées sous
» l'empire de la loi du 27 juillet 1884 seront continuées
» selon les formes prescrites par la législation nouvelle.
» Je ne pense pas cependant que cette solution puisse
» être admise. Conformément au principe général d'après
» lequel les lois de procédure produisent des effets en
» quelque sorte rétroactifs, la loi du 18 avril est déclarée
» applicable aux actes de procédure à accomplir au cours
» des instances commencées. Mais, à partir du jugement
» admettant le divorce, l'instance est terminée. Aucune
» formalité de procédure ne reste à accomplir ; les
» parties n'ont plus qu'à exécuter le jugement. Or, les
» jugements rendus en cette matière ne prononcent pas
» le divorce, mais d'après la formule généralement
» suivie, ils autorisent les parties à se retirer devant
» l'officier de l'état civil. Il ne s'agit donc pas ici de
» remplacer une forme de procédure par une autre ; une
» décision judiciaire est intervenue, elle doit recevoir son
» exécution. J'estime, en conséquence, qu'il convient de
» se conformer exactement aux termes mêmes dans
» lesquels les jugements ont été rendus. Les parties qui
» ont obtenu ces jugements avant que la loi du 18 avril
» soit devenue exécutoire devront, dans le délai imparti,
» se présenter devant l'officier de l'état civil. Je vous
» prie de donner immédiatement des instructions en ce
» sens aux municipalités de votre ressort, etc... »

§ 6. — *Conversion de la séparation de corps en divorce.*

Dans ce paragraphe nous aurons à nous occuper de la procédure qui doit être suivie : 1° par les époux dont la séparation de corps est devenue définitive depuis trois ans, et qui veulent user de la faculté que leur accorde l'art. 310 C. civ., — 2° par les époux qui étant en instance de séparation de corps au moment du rétablissement du divorce. (Loi du 27 juillet 1884), veulent la convertir en instance en divorce, conformément à l'art. 6 de la loi du 18 avril 1886.

1° *Cas de l'art. 310 C. civ.* — D'après cet article, l'époux qui veut obtenir la conversion de la séparation de corps en divorce demande au président du tribunal, au moyen d'une requête, de lui permettre d'assigner son conjoint. Cette requête est suivie d'une ordonnance permettant d'assigner et organisant l'instance. On s'est demandé si le président pouvait ordonner la comparution personnelle des époux. Nous ne le pensons pas, car cette requête n'a pas d'autre but que celui que nous venons d'indiquer. Une tentative de conciliation serait inutile puisqu'elle a déjà eu lieu au moment de l'action en séparation de corps. L'intention manifestée par l'un des conjoints de rompre le lien conjugal qui n'était que relaché, prouve bien que cette tentative serait inutile. Puis trois ans écoulés depuis que la séparation a été prononcée suffisent pour montrer qu'on ne se trouve pas en face d'un mouvement irréfléchi.

L'ordonnance qui permet d'assigner, organise aussi les débats, en ce sens qu'elle contient désignation du juge rapporteur, ordonne la communication au ministère public, et fixe la comparution des parties (art. 310 § 4 C. civ.) — La demande en conversion ne peut être formée qu'après un délai de trois ans écoulés depuis que le jugement de séparation de corps est devenu définitif. C'est le jour où la demande est formée et non celui où la conversion est prononcée qu'il faut prendre comme terme du délai de trois ans.

L'assignation, qui n'est pas autre chose qu'un ajournement, doit être envoyée de façon à précéder la comparution des parties de huit jours francs (art. 310 § 2). Par conséquent, ainsi que le constate très justement M. Carpentier, le moment de la comparution ne peut pas être distant de celui où la requête a été remise au président de moins de dix jours.

Le tribunal compétent sera non pas le tribunal qui a rendu le jugement de séparation de corps, ni le tribunal du demandeur, mais celui du défendeur, conformément à l'art. 59 C. pr. civ. Aucun doute n'est possible à cet égard (Chambre, séance du 27 mai 1882 ; Sénat, *Officiel* du 25 juin 1884). L'art. 20 du projet de loi sur la procédure du divorce déclarait que le tribunal compétent serait celui qui avait statué sur la demande en séparation, parce qu'il pourrait mieux que tout autre apprécier à nouveau le différend. La Commission du Sénat repoussa cette dérogation au droit commun, comme elle avait déjà été repoussée, lors des débats de la loi de 1884, par le Sénat. Le Sénat a eu raison de repousser cette dérogation, parce qu'il est bien certain que le second procès, venant plusieurs années après le premier, ne serait que très rarement jugé par les mêmes magistrats.

Au jour fixé, la comparution a lieu. Les parties peuvent se faire assister par des avoués et par des avocats ; nous pensons même que la comparution personnelle des parties n'est pas obligatoire, et que les parties pourraient se faire représenter. Notre opinion est conforme au texte même de l'article 310 C. civ. qui parle de comparution, sans rien préciser, et aux discussions qui ont eu lieu à la séance du Sénat du 24 juin 1884, et où le rapporteur s'exprimait ainsi : « Après cette discussion contradictoire, dans » laquelle, bien entendu, les parties pourront se faire » représenter par avoués et par avocats... »

Aux termes de l'art. 310 § 3, la demande doit être débattue en chambre du conseil. Ces débats, nécessairement secrets, ne se comprennent guère en présence de la facilité laissée au tribunal de prononcer le huis clos et de l'impossibilité pour les journaux de jamais reproduire les débats. M. Bérenger critiqua vivement cette innovation. Il est bien certain, en effet, qu'il n'y a pas plus de raison de faire juger en chambre du conseil, dans notre hypothèse que dans toute autre hypothèse d'un divorce pour cause déterminée. M. Allou (Sénat. *Officiel* du 25 juin 1884, p. 1194) disait que comme « il s'agit de choses tout à fait » intimes, de raisons secrètes, de dissentiments qui ne » doivent voir le jour à aucun prix, qui ne doivent pas » être débattus à l'audience, ni subir la curiosité » malsaine du public, ces affaires se discutent en » chambre du conseil » ; mais il est facile de répondre que le huis clos est suffisant dans ces cas, comme dans tous les autres, pour éviter les curiosités malsaines du public. M. Naquet a proposé de supprimer cette procédure spéciale dans son projet de loi relatif à l'art. 310 C. civ.

Mais la dérogation de l'art. 310 ne vise que la publicité : à part la double obligation de la comparution en chambre du conseil et du rapport du juge rapporteur, les débats qui auront lieu en chambre du conseil, devront avoir lieu dans la même forme qu'à l'audience publique, c'est-à-dire qu'ils seront contradictoires et comporteront la présence des avoués et des avocats (MM. Carpentier, p. 314; Saint-Marc, p. 29).

Le jugement qui prononce sur le rejet ou l'admission de la demande en conversion (art. 310 § 5) est rendu à l'audience publique. Quant aux dépens, ils devront être mis à la charge du conjoint coupable, même dans le cas où il serait demandeur dans l'instance en conversion : c'est par sa faute que la séparation a dû être prononcée et c'est par sa faute également que la procédure en conversion est devenue nécessaire (MM. Carpentier, p. 333; Saint Marc, p. 30).

Le jugement rendu peut être attaqué par l'opposition, l'appel et le pourvoi en cassation. La loi du 18 avril 1886 a ajouté à l'article 310 le paragraphe suivant, qui ne fait que confirmer une règle généralement admise : « La » cause en appel sera débattue et jugée en chambre du » conseil, sur rapport, le ministère public entendu. » L'arrêt sera rendu en audience publique. »

2° *Cas de l'art. 6 (Loi du 18 avril 1886).* — D'après cet article, les instances en séparation de corps pendantes au moment de la loi du 27 juillet 1884, peuvent être converties en instances de divorce, en appel comme en première instance.

La procédure spéciale de divorce doit être suivie à partir du dernier acte valable de la procédure de séparation de corps. Cette disposition ne présente plus aujourd'hui autant d'intérêt que sous l'empire de l'art. 4 § 2 (Loi du 27 juillet 1884), depuis surtout que les réformes de la loi du 18 avril 1886 ont modifié complètement la procédure du divorce, et assimilé à peu près complètement la procédure de la séparation à celle du divorce. L'article 307 § 1 (L. de 1886) porte, en effet, que les articles 236 à 244, relatifs à la procédure du divorce, sont applicables à la séparation de corps.

SECTION II.

Des mesures provisoires et conservatoires.

L'instance en divorce ne porte pas atteinte à la puissance maritale, à la puissance paternelle, ou aux conventions matrimoniales : tant que le divorce n'est pas prononcé, le mari conserve la condition privilégiée qu'il tient de la loi. Cependant, la situation a été modifiée dans la famille, ainsi que le montre très exactement M. Carpentier, par l'instance en divorce et par les froissements et les querelles qui en ont été les causes. Par conséquent, aux sentiments d'affection et de confiance réciproques qui régnaient entre les époux ont succédé la haine et la défiance ; et les pouvoirs laissés au mari peuvent se transformer entre ses mains en instruments d'oppression ou de vengeance. Le législateur ne pouvait pas rester indifférent, et cette situation toute particulière lui imposait de prendre des mesures provisoires et conservatoires destinées à protéger les enfants, la femme et leurs biens. Les principes posés et les règles admises par le Code civil ont été radicalement modifiés par la loi du 18 avril 1886.

§ 1. — Mesures relatives aux enfants.

La puissance paternelle n'étant pas atteinte par l'instance en divorce, c'est donc aux soins du père que les

enfants vont, en principe, être confiés. L'ancien article 267
C. civ. le disait bien inutilement en termes exprès. Mais
ce principe peut avoir besoin d'être modifié lorsque
l'intérêt des enfants l'exige : de là les articles 238 § 2,
240 C. civ., qui déclarent que des mesures provisoires
pourront être prises en leur faveur.

L'art. 238 § 2 qui permet au magistrat, au moment
où il rend sa seconde ordonnance, après la comparution
des conjoints, de statuer sur la garde provisoire des
enfants, contient une innovation importante. L'ancien
article 267 ne donnait jamais ce droit au président, en
principe tout au moins : d'après cet article, c'était au
tribunal et non au président qu'il appartenait de statuer
sur le sort des enfants. Par exception, le président, en
cas d'urgence et comme juge des référés, pouvait
pourvoir provisoirement à la garde des enfants.

Lorsque le tribunal a été saisi, c'est au tribunal qu'il
appartient de prendre des mesures provisoires dans
l'intérêt des enfants, ou de modifier celles qui ont été
prises. L'article 240 C. civ. permet même au tribunal
de statuer *d'office*. C'est là une exception très remarquable, car, d'après les principes sur l'organisation
judiciaire, un tribunal, sous peine de commettre un excès
de pouvoir, ne peut pas ordonner d'office une mesure
aussi importante.

Le tribunal peut également (art. 240 C. civ.)
ordonner toutes les mesures provisoires qui lui paraissent
nécessaires dans l'intérêt des enfants, soit sur la demande
de l'une des parties intéressées, soit sur celle de l'un des
membres de la famille, soit sur les réquisitions du
ministère public. L'ancien article 267 C. civ., portait
que l'administration provisoire des enfants pouvait être
enlevée au mari sur la demande de la famille. Cet article

parlant *de la famille*, excluait, par conséquent, toute idée d'initiative individuelle, et employait une expression impliquant l'idée d'un groupement et d'une collectivité. La loi de 1792 (§ 2) avait, pour cette hypothèse, organisé une constitution particulière d'un conseil de famille. Sous l'empire du Code civil, la jurisprudence belge a admis que les parents peuvent intervenir après s'être constitués en une sorte de conseil. M. Carpentier, avant la loi de 1886 (p. 210), déclarait que dans l'art. 267 C. civ., le législateur avait fait allusion au conseil de famille, tel qu'il est composé au titre de la tutelle. Pour supprimer ces difficultés, et pour plus de simplicité, le législateur de 1886 a décidé que l'un quelconque des membres de la famille pourrait désormais intervenir seul.

Le magistrat ou le tribunal peuvent, lorsqu'ils statuent, remettre les enfants soit au père, soit à la mère, soit même à une tierce personne; ils doivent tenir compte du sexe, de l'âge, de la constitution faible ou forte des enfants. Le pouvoir d'appréciation qui leur est accordé est très large: l'article 240 dit, en effet, que le tribunal, notamment, peut ordonner toutes les mesures provisoires que l'intérêt des enfants semble commander. Dès que le véritable intérêt des enfants est atteint, le vœu même de la loi se trouve rempli. Les mesures ordonnées n'ayant qu'un caractère provisoire, il est évident que le tribunal peut toujours revenir sur ce qu'il a décidé, si l'intérêt des enfants l'exige. Les termes de l'article 240 C. civ., ne répugnent pas à cette manière de voir, qui est également commandée par le bon sens. Si les enfants ont été confiés à une tierce personne qui n'a point pour eux les soins nécessaires, il est impossible que cette tierce personne conserve les pouvoirs qui lui ont été accordés. Le tribunal devra alors ordonner les mesures nécessitées par

14

cette situation, soit d'office, soit sur les réquisitions du ministère public, soit sur la demande de l'un des membres de la famille, du père ou de la mère.

§ 2. — *Mesures relatives à la femme.*

Après que l'instance est engagée, après que la requête a été présentée au président du tribunal, la cohabitation peut devenir pénible et même dangereuse pour les époux. Aussi la loi du 18 avril 1886 a-t-elle bien fait de donner au président le droit qui appartenait autrefois au tribunal de fixer une résidence à la femme. Le juge (art. 236 C. civ.) a aujourd'hui la faculté de statuer dans sa première ordonnance sur la résidence séparée du conjoint demandeur. « La vie commune, disait M. Labiche » (Rapport, p. 12), peut être impossible pendant la » période de temps qui s'écoule entre la première » ordonnance et la seconde — l'un des époux peut être » exposée aux violences de son époux. » Le mari, dans le cas où il est demandeur, peut provoquer cette mesure aussi bien que la femme. « Cette hypothèse (Rapport, p. 13) » doit être prévue, par exemple, pour le cas où il existe » une maison de commerce dirigée par la femme, et que » celle-ci doit continuer à habiter; mais il est bien » entendu qu'on ne pourra imposer une résidence » déterminée au mari. » — Le président peut fixer la résidence de la femme même dans un arrondissement ou un département différents de ceux où se trouve le mari. En même temps qu'il fixe une résidence, le président peut ordonner la remise des effets personnels. La résidence qui est fixée à la femme peut être changée en cas de nécessité, et, par exemple, en cas d'inconvénients majeurs découverts par la suite dans la résidence indiquée : le tribunal et le président pourront toujours revenir sur leur décision. L'art. 238 § 5 C. civ. confirme cette manière de voir en déclarant que le juge a toujours le droit de statuer, en tout état de cause, en référé, sur la résidence de la femme. Mais, tant que cette nouvelle résidence n'a pas été indiquée, la femme ne peut déserter la résidence qui lui a été primitivement assignée : la femme doit, en effet, justifier de sa résidence dans la maison indiquée toutes les fois qu'elle en est requise. L'art. 241 C. civ. donne une double sanction à cette obligation : le mari peut refuser la provision alimentaire, et si la femme est demanderesse en divorce, il a le droit de la faire déclarer non-recevable à continuer ses poursuites.

En même temps qu'il statue sur la garde des enfants, sur la remise des effets, sur la résidence de la femme, le président peut également statuer sur la demande d'aliments. Cette pension alimentaire a pour but de permettre à l'époux indigent qui la demande de vivre pendant l'instance en divorce et de poursuivre cette instance. D'après l'art. 268, c'était le tribunal qui devait fixer la pension alimentaire. La loi du 18 avril 1886 a donné ce droit au président, dans les conditions indiquées par l'art. 238 § 2 C. civ. Il est facile de voir dans quelles proportions la compétence des présidents a été agrandie par la nouvelle loi. Avant 1886, le président n'avait pas le droit de statuer sur les mesures provisoires que la demande principale peut rendre nécessaires : il ne statuait, par exception, que sur la résidence de l'épouse et sur la remise des hardes et effets à son usage. Aujourd'hui, il peut statuer sur toutes ces mesures et même sur la demande d'aliments. La loi du 18 avril, en cette matière des mesures provisoires, a opéré une véritable révolution.

La provision alimentaire doit être proportionnée aux besoins du conjoint qui la demande et aux ressources de celui qui est tenu de l'acquitter; elle est due jusqu'au jour où le divorce est prononcé (M. Laurent, III, p. 302).

Le tribunal n'a pas été dépouillé de ses anciennes prérogatives et il a, en ce qui concerne les mesures provisoires que nous venons d'examiner, en même temps que le juge, des pouvoirs très considérables. Ainsi, aux termes de l'art. 238 § 5, le tribunal a, lorsqu'il est saisi de la demande principale, le droit de modifier ou de compléter, au cours de l'instance, les mesures provisoires prescrites par le juge; l'art. 240 § 2 C. civ., complétant ces prescriptions, déclare que le tribunal statue sur les demandes relatives aux aliments pour la durée de l'instance, sur les provisions et sur toutes les autres mesures urgentes.

La seconde ordonnance rendue par le juge (art. 238 § 2) qui est exécutoire par provision, est susceptible d'appel dans les délais prescrits par l'art. 809 C. proc. civ. La discussion de ce paragraphe a donné lieu à des débats très complets et très brillants qu'il est indispensable de rappeler pour bien comprendre non seulement la portée de ce paragraphe, mais aussi de l'article 238 tout entier. L'art. 238 § 2 C. civ. porte que cette ordonnance de juge est susceptible d'appel. M. Griffe (Sénat. *Officiel* du 8 déc. p. 1261) avait proposé un amendement ainsi conçu : « Cette ordonnance est exécutoire par provision. Elle » peut être attaquée devant le tribunal. Si le tribunal est » saisi de la demande principale, il est statué sur un » simple acte de conclusion. Dans le cas contraire, le » tribunal est saisi de l'incident par assignation au délai » de trois jours. » M. Griffe, pour appuyer son amendement, disait qu'il en coûte très cher de plaider en appel, et cela d'autant plus que l'ordonnance provisoire rendue par le magistrat, après avoir été consacrée par un arrêt, n'en laissera pas moins les parties dans le provisoire. Le tribunal saisi de l'instance principale a, en effet, toujours le droit, soit au commencement de l'instance, soit au milieu, soit à la fin, de modifier les mesures provisoires ordonnées par le président. Les frais de l'appel seront ainsi rendus inutiles. Il vaut donc mieux aller de suite devant le tribunal, surtout quand le tribuual est déjà saisi. Dans le cas où le tribunal est saisi, comment comprendre qu'il faille nécessairement aller porter la décision ou plutôt la prétention devant la Cour, pour que plus tard le tribunal puisse modifier la décision de la Cour. — M. Denormandie répondait à M. Griffe que la seconde ordonnance rendue par le président est contradictoire et statue sur des questions très graves, et qu'en outre la question des frais est subsidiaire, car les appels des ordonnances rendues par le président doivent être jugées sommairement et sans procédure. Puis, comment admettre que cette ordonnance puisse être contrôlée, jugée, infirmée ou approuvée par des magistrats qui sont les inférieurs de celui qui la rend. Et si le président monte à l'audience, comment admettre qu'il puisse juger comme magistrat du second degré sa propre ordonnance ? Le président, dans notre hypothèse, quand les époux ne sont pas d'accord, ne statue pas sur une difficulté gracieuse, mais sur une véritable difficulté contentieuse. Il reprend possession de sa qualité de juge, de son droit dictatorial de président, et, comme tel, il prescrit des mesures qui vont s'exécuter immédiatement. A ce moment, il est juge du contentieux : il tranche une question, il motive sa résolution, il rend une véritable décision, qui ne peut être portée que devant la Cour d'appel. Puis, à ce moment où le président rend son ordonnance, le tribunal n'est pas saisi du fond.

L'amendement ne fut pas adopté, mais certains inconvénients du projet de loi n'en subsistaient pas moins. La commission, en effet, se plaçait toujours dans l'hypothèse où le tribunal n'avait pas été saisi. Or, il pouvait se faire, ainsi que le disait M. Griffe, qu'après l'ordonnance du juge, le tribunal fut saisi de la demande principale. Dans ce cas, le défendeur lésé par l'ordonnance pouvait-il encore faire appel devant la Cour, ou n'était-il pas plus simple de la critiquer par simples conclusions devant le tribunal, juge du principal et en même temps de l'accessoire ? M. Batbie disait également qu'il fallait ajouter à l'article en discussion une disposition pour dire que dès que l'instance serait engagée, l'appel tomberait de plein droit. « Les parties, en effet, disait-il, ont alors un juge » devant lequel toutes les questions provisoires peuvent » être portées. Je ne vois pas pourquoi on maintiendrait » deux juridictions pour statuer sur les mêmes ques- » tions. » Pour faire disparaître ces inconvénients, la commission du Sénat décida d'ajouter au § 5 de l'art. 328 les mots qui y sont actuellement : *Lorsque le tribunal est saisi...*. Ces mots ont pour but, disait M. Labiche (*Officiel*, 1885, p. 1270), de bien montrer que la Cour est dessaisie et que l'appel doit tomber, dès que le tribunal est appelé à statuer sur l'action principale. Et il ajoutait (*Officiel*, p. 1273) : « Pendant la première » période, c'est le président qui seul est compétent et qui » statue : et, s'il y a appel de la décision du président, » on va devant la Cour. — Mais, aussitôt que l'on est » sorti de cette période préparatoire, ce n'est plus la Cour, » ce n'est plus le président qui doit statuer, c'est le » tribunal. »

Mais d'autres inconvénients subsistaient encore. Lorsque le tribunal est saisi, c'est devant lui, par voie incidente,

que le défendeur doit se pourvoir. Mais alors, faisait remarquer M. Griffe *(Officiel,* p. 1274), même après que les plaidoiries auront eu lieu devant la Cour, il va dépendre du demandeur, qui jusque-là a laissé sommeiller sa demande principale, de la formuler, pour que la Cour soit dessaisie. « On vous propose, disait-il, de consacrer
" en législation... qu'il peut dépendre d'elle (de la femme
" demanderesse) d'obliger son mari à porter sur l'incident,
" sur la garde des enfants, sur la mesure provisoire, sa
" prétention devant la Cour ; et puis qu'il dépend de cette
" même demanderesse, à l'heure qu'elle choisit, de
" dessaisir la Cour en saisissant le tribunal de la
" demande principale... Est-ce que l'ordre des juridic-
" tions peut être ainsi laissé, je ne dis pas à l'arbitraire
" des plaideurs, mais à l'arbitraire de l'un des plaideurs
" au préjudice de l'autre, au préjudice de son adversaire. "
M. Griffe concluait qu'il fallait fixer un délai pendant lequel le demandeur serait tenu de former la demande principale. Pour y remédier, le Sénat adopta l'amende-ment suivant de M. L. Renault : « L'époux demandeur
" en divorce devra user de la permission de citer qui lui
" a été accordée par l'ordonnance du président dans un
" délai de vingt jours, à partir de la date de cette ordon-
" nance. Faute par l'époux demandeur d'avoir usé de
" cette permission dans ledit délai, les mesures provi-
" soires ordonnées cesseront de plein droit. " *(Officiel* du 11 déc. 1885, p. 1281 et 1283).

Il résulte donc de ces amendements, qui sont passés dans la loi, que la Cour est dessaisie quand le tribunal est saisi, et que le demandeur doit intenter l'action princi-pale dans un délai de vingt jours.

Cette longue discussion, que nous venons de résumer dans ses grandes lignes, a abouti finalement à l'adoption à peu près complète des innovations proposées par M. Griffe et qui avaient été tout d'abord repoussées. L'art. 238 actuel, au point de vue qui nous occupe, contient donc une chose bizarre, *le dessaisissement possible de la Cour*, que M. Dauphin critiquait dans les termes suivants : « On a fait appel d'une ordonnance : je » ne connais qu'une façon de vider cet appel, c'est de » faire statuer par la Cour... Je ne crois pas qu'il y ait, » dans notre droit, un exemple d'une cour perdant le » droit de juger une question à elle régulièrement » soumise pour la renvoyer devant un tribunal relevant » d'elle. » Puis, disait M. Dauphin, voilà un président de tribunal qui a ordonné que la garde des enfants sera confié à la mère : appel par le père ; la Cour va décider demain, dans huit jours, s'il est bon de confirmer cette décision. Et alors la mère fait sa demande en séparation de corps et la Cour, d'après la nouvelle rédaction, est dessaisie. Dans ces circonstances, que le tribunal juge dans le même sens que le Président ou contrairement à ce qu'il a décidé, il y aura appel dans les deux cas. Donc « l'affaire sera soumise à la Cour par cette seconde » procédure au lieu d'avoir été vidée sur la première. » On aura alors non du temps gagné, mais du temps » perdu, et, pendant ce temps, la Cour aurait jugé. Il » n'y aura pas non plus économie de frais, car il y aura » eu frais sur le premier appel, frais sur le second. C'est » ce qu'il y a de moins pratique ; j'aime mieux avoir tout » de suite l'arrêt de la Cour. Le tribunal, dit-on, luttera » peut-être contre cet arrêt. Permettez-moi de vous dire » que cela est invraisemblable. Le tribunal, qui sait que » son jugement peut être soumis sur appel à la Cour qui » vient de statuer sur l'ordonnance du président, s'incli- » nera toujours devant l'arrêt lorsqu'il n'y aura pas une

» situation modifiée, de telle façon qu'au point de vue
» pratique comme au point de vue juridique, je répète
» que je ne comprends ni ce que c'est que dessaisir une
» juridiction d'un procès pendant devant elle, ni l'avan-
» tage qu'il y a à faire ce dessaisissement. » Ces
reproches sont très fondés en droit et la vraie solution
était celle qu'indiquait M. Dauphin, c'est-à-dire le droit
pour la Cour de vider son appel, une fois qu'elle aurait
été saisie. Avec ce système, disait-on, il y aurait à
craindre des décisions simultanées et contradictoires
d'une Cour ou d'un tribunal sur une même question.
L'objection ne porte pas. Il peut, en effet, y avoir dans
une instance des étapes successives exigeant des décisions
diverses. La Cour, saisie d'un appel et qui juge sur des
mesures ordonnées par un président, statue sur ce qui
existait à l'heure où le président a rendu son ordonnance :
mais cette décision de la Cour ne saurait empêcher le
tribunal, saisi à nouveau sur un autre état de choses et
à un autre moment, d'examiner cet autre état, et, ainsi
que le faisait remarquer M. Dauphin, de prendre d'autres
mesures provisoires sans qu'il y ait aucune contradiction
entre deux décisions de justice. Ajoutons du reste que,
si ces reproches que nous venons d'examiner sont bien
établis en droit, ils perdent cependant de leur valeur et
de leur exactitude en fait. Dans la pratique, ils se
trouveront amoindris par suite de la faculté qu'aura
toujours le défendeur, au lieu de porter son action devant
la Cour, d'attendre l'expiration des vingt jours, dont
parle l'art. 238, pour saisir le tribunal.

Cela nous amène à reconnaître que si ce dessaisissement de la Cour est assez critiquable, l'obligation
imposée au demandeur de porter devant le tribunal, dans
un délai de vingt jours, l'action principale est, au con-

traire, excellente. Elle comble une lacune qui existait
dans le projet de loi, comme elle existe dans le Code de
procédure. L'obligation de citer comporte une sanction
très juste, puisque si le demandeur recule devant le débat
qu'il a lui-même soulevé, il faudra que la société conjugale soit rétablie avec tout ce qu'elle comporte d'obligations et de droits réciproques. On ne verra donc plus
désormais le demandeur qui a obtenu des mesures provisoires et qui a ainsi obtenu une sorte de satisfaction,
ne plus se presser, attendre, et rester indéfiniment dans
ce que M. L. Renault appelait si justement « un provisoire horrible et redoutable pour son conjoint peut-être
sans reproche. »

§ 3. — *Mesures conservatoires relatives aux biens*.

Il est également indispensable de prendre des mesures
conservatoires pour sauvegarder les biens et les droits de
la femme. Le législateur n'y a pas manqué, et la loi du
18 avril 1886 a même augmenté les mesures de protection
qui existaient sous l'empire du Code civil et de la loi du
27 juillet 1884. Ces mesures sont relatives à l'apposition
des scellés, à l'inventaire des biens de la femme, à l'annulabilité des actes frauduleux passés par le mari, à la
fixation de l'époque à laquelle doit remonter, quant à ses
effets entre époux, le jugement qui prononce le divorce.

1° *Apposition des scellés et inventaire*. — L'article 242
C. civ. déclare que l'un ou l'autre des époux peut, dès sa
première ordonnance et sur l'autorisation du juge, donnée
à la charge d'en référer, prendre pour la garantie de ses
droits des mesures conservatoires, notamment requérir
l'apposition des scellés sur les biens de la communauté.

L'article 242 C. civ. donne ce droit aux deux époux ; par conséquent, le mari pourra, comme la femme, réclamer une provision, soit alimentaire, soit *ad litem*, et au point de vue qui nous occupe, requérir l'apposition des scellés sur les meubles que la femme possède, par exemple, dans un appartement séparé. — Mais il ne pourrait pas requérir cette apposition des scelles de lui-même et sans y être autorisé par la justice, sous prétexte que la nécessité de l'autorisation pourrait entraîner des lenteurs préjudiciables. La solution de l'art. 242 C. civ. est donc contraire à celle qui était autrefois généralement admise, en matière de séparation de corps comme de divorce (MM. Demolombe, IV, p. 578 ; Delvincourt, I, p. 85, note 4 ; Massol, p. 163 ; M. Laurent, III, n. 266 ; Contra : Toullier, XIII, n. 61 ; de Belleyme. *Ordonn. sur référé*, I, p. 65), et qui dispensait la femme de la nécessité d'obtenir l'autorisation du mari ou de justice, et le mari celle du tribunal. Cette innovation se justifie facilement : l'apposition des scellés est une mesure rigoureuse qui porte atteinte aux droits du mari, gêne son administration, et qui peut même être dangereuse dans le cas où l'un des époux est commerçant. L'autorisation de justice vient ainsi empêcher les abus et les vexations qui pourraient se produire.

C'est, du reste, parce que l'apposition des scellés est une mesure grave que l'art. 242 § 3 C. civ. déclare que les scellés peuvent être levés à la requête de la partie la plus diligente ; mais alors les objets mis sous scellés doivent être inventoriés et prisés.

L'inventaire pourrait être demandé de prime-abord et substitué aux scellés. De même, si la mesure prise par la femme revêtait un caractère abusif et vexatoire, le mari pourrait, par la voie du référé, y faire apporter les

tempéraments convenables, notamment en y faisant
substituer la rédaction d'un inventaire (M. Frémont,
p. 394). — Mais, dans tous les cas où il y a lieu à
inventaire, il est bien évident qu'on peut laisser de côté
certains objets de première nécessité, ou d'affection, ou
personnels comme les lettres missives. Il ne s'agit, en
effet, par l'inventaire, que de sauvegarder des intérêts
matériels.

Lorsque les scellés ont été levés, et que les objets ont
été inventoriés et prisés, le conjoint qui les possède en est
constitué gardien judiciaire. L'ancien article 280 C. civ.
désignait comme gardien judiciaire et nécessaire celui qui
possédait ces objets et ces valeurs : l'article 242 § 3
déclare au contraire qu'il peut en être décidé autrement.
— L'article 242 § 3 C. civ. contient une autre
innovation importante. Contrairement à l'article 270
C. civ. qui ne parlait que de la femme commune en biens,
il déclare que le droit d'apposer les scellés appartient
même à la femme non commune par la conservation de
ceux de ses biens dont le mari a l'administration et la
jouissance.

On se demandait, avant la loi du 18 avril 1886, si la
femme mariée sous le régime sans communauté (art. 1530
à 1535 C. civ.) ou sous le régime dotal pouvait demander
l'apposition des scellés. Généralement, on se prononçait
pour l'affirmative, avec raison, à notre avis, puisque dans
le régime sans communauté, le mari a l'administration
de tous les biens de la femme, et qu'il en est de même
dans le régime dotal en ce qui concerne les biens dotaux.
La loi du 18 avril 1886 a mis fin à cette controverse en
donnant ce droit même à la femme non commune. Il faut
donc décider que la femme séparée de biens, ou mariée
sous le régime de séparation de biens (art. 1536 à 1539

C. civ.) n'a pas cette faculté, puisqu'elle conserve l'entière administration de ses biens, et que le mari ne peut en disposer qu'avec son consentement. Les scellés seraient inutiles dans cette dernière hypothèse, puisque la femme n'a rien à redouter de la convoitise ou de la haine du mari.

D'autres mesures conservatoires pourraient être demandées par la femme : l'article 242 § 1 C. civ. ne précise pas, et il ne cite l'apposition des scellés qu'à titre d'exemple, parlant du *plerumque fit*. Aussi n'hésitons-nous pas à admettre que les tribunaux pourraient ordonner des mesures plus rigoureuses que celles contenues dans l'article 242 C. civ. : la remise à la Caisse des Dépôts et Consignations des deniers appartenant à la communauté, la remise à des tiers de l'administration des biens communs pour assurer le paiement de la provision *ad litem*, ou de la pension alimentaire, etc... Mais nous ne saurions admettre certaines mesures comme le sequestre des biens de la communauté (Bruxelles, 16 juin 1832. Pas. 32, 179), la saisie-arrêt par la femme de sommes dues au mari (trib. de Bruxelles, 26 mai 1849. Pas. 49, 664). Dans tous les cas, les tribunaux auront à apprécier d'après les circonstances. (MM. Carpentier, p. 237 et suiv.; — Fremont, p. 391 et suiv.)

2° *Annulabilité des actes frauduleux passés par le mari.* — L'art. 243 C. civ., qui limite les droits du mari, est ainsi conçu : « Toute obligation contractée par » mari à la charge de la communauté, toute aliénation » par lui faite des immeubles qui en dépendent, » postérieurement à la date de l'ordonnance dont il est » fait mention en l'article 235 C. civ., sera déclarée » nulle, s'il est prouvé d'ailleurs qu'elle a été faite ou » contractée en fraude des droits de la femme. »

Cet article 243, qui n'est que la reproduction de l'ancien article 271 C. civ., conserve donc au mari, pendant l'instance, tout en les modifiant, les droits qu'il avait comme administrateur antérieurement à cette instance. Tant que dure l'instance, le mari reste maître absolu des droits et des actions de la femme, sauf à la femme à solliciter du tribunal telles mesures conservatoires qui peuvent lui paraître nécessaires, et à invoquer l'art. 243 si le mari agit en fraude de ses droits.

L'art. 243 n'est qu'une application de l'art. 1167 C. civ.; mais le droit d'invoquer l'art. 243 ne commence, pour la femme, que postérieurement à la première ordonnance du président. Par conséquent, le seul fait d'avoir été accompli, fut-ce à la veille de cette ordonnance, n'impliquerait pas qu'un acte fut frauduleux. (Bruxelles, 16 fév. 1856. B. J. 56. 277).

Si les opérations reprochées au mari ont été faites de bonne foi, lors même qu'il en résulterait pour la femme un préjudice, il n'y aura pas pour elle possibilité de les faire annuler, car s'il y a préjudice, on ne peut pas dire qu'il y ait fraude (M. Labiche. Sénat, séance du 22 déc. 1885. *Officiel*, p. 1355).

M. Bozérian avait proposé de mettre « au préjudice des » droits de la femme, » au lieu de « en fraude des droits » de la femme, » mais cet amendement ne fut pas admis. Le Sénat fit bien, car autrement, il n'y aurait plus aucune sécurité pour les tiers. Un simple préjudice causé à la communauté ne doit pas suffire pour mettre en question les droits des tiers qui sont de bonne foi. Puis, il serait arrivé avec la rédaction proposée par M. Bozérian que la validité ou la nullité des opérations aurait pu dépendre de faits postérieurs à l'acte consenti. Il faut suivre, pour l'application de l'art. 243, les règles données par le droit commun. Par conséquent, il faut distinguer entre les actes à titre gratuit et les actes à titre onéreux : dans le premier cas, les tiers, même de bonne foi, pourront être attaqués ; dans le second cas, ils ne le seront qu'autant que la femme pourra prouver leur complicité, c'est-à-dire leur connaissance des intentions frauduleuses du mari. « La disposition de notre article, disait M. Labiche » (Sénat. 1885, *Officiel*, p. 1356), veut dire que pour » annuler les opérations faites par le mari, il ne suffit pas » que ces opérations constituent un préjudice pour la » communauté, — il est de plus nécessaire que ces opé- » rations soient faites en fraude des droits de la femme. » La fraude implique la mauvaise foi, la mauvaise inten- » tion ; la fraude est du reste définie par la loi et par la » jurisprudence, et pour cette définition, nous nous en » référons au droit commun. »

3° *Epoque à laquelle remontent les effets du divorce.* — L'art. 252 C. civ. décide que « le jugement dûment » transcrit remonte, quant à ses effets entre époux, au » jour de la demande. » Cette innovation de la loi du 18 avril 1886 vient très heureusement compléter les autres dispositions de la nouvelle loi, relatives aux mesures conservatoires que nous venons d'examiner.

CHAPITRE III.

Des effets du divorce.

Le divorce produit des effets beaucoup plus énergiques que la séparation de corps : le divorce brise, en effet, le lien conjugal que la séparation ne fait que relâcher. Cette différence fondamentale explique les différences qui se rencontrent dans les effets produits par les deux institutions. Ces effets doivent être considérés au double point de vue des personnes et des déchéances pécuniaires que le divorce provoque. Deux sections seront consacrées à cette étude. Nous examinerons successivement les effets juridiques du divorce quant aux personnes et quant aux biens.

SECTION I.

Des effets du divorce quant aux personnes.

Le divorce rompt complètement le lien civil. A dater du moment où le divorce a été prononcé, le mariage cesse d'exister avec toutes ses conséquences. Les conjoints divorcés ne sont plus époux.

Mais le mariage, bien que dissous, n'est pas annulé. La rupture ne se produit que pour l'avenir, et le passé reste intact. Le mariage rompu par le divorce diffère donc du mariage annulé. Le mariage annulé ne produit aucun effet parce qu'il ne pouvait être contracté. Le divorce, au contraire, implique un mariage valable, susceptible de produire des effets jusqu'au moment où la dissolution en est prononcée. Certains effets, ainsi que nous le verrons, bien que modifiés par le divorce, survivent à la dissolution. Le jugement qui prononce le divorce est donc attributif d'un nouvel état, et non déclaratif et rétroactif comme le jugement qui annule un mariage. Nous allons examiner les conséquences de la dissolution quant aux personnes, au triple point de vue des époux, de leurs parents ou alliés, et des enfants.

§ 1er. — *Conséquences du divorce entre les époux.*

Le divorce rend les époux étrangers l'un à l'autre. Ils sont libres désormais. Cette situation entraîne de nombreuses conséquences.

La femme cesse d'être soumise à la puissance maritale : elle peut dès lors plaider, transiger, aliéner, sans être obligée de demander l'autorisation du mari. La femme a la même capacité que si elle était veuve. — Elle cesse d'être tenue des devoirs réciproques de fidélité, secours et assistance. — Le droit de demander une pension alimentaire disparaît. Notons cependant que si l'époux qui a obtenu le divorce est sans fortune, l'art. 301 C. civ. permet au tribunal de lui accorder, sur les biens de l'autre époux, une pension alimentaire qui ne peut pas excéder le tiers des revenus de cet autre époux. — Les droits réciproques de successibilité établis par l'art. 767 C. civ. sont complètement abolis. La femme divorcée ne peut réclamer, à la mort du mari, la continuation à son profit de la pension de retraite que la loi accorde dans certains cas à la veuve. Le survivant des deux conjoints divorcés ne peut pas davantage réclamer les droits de jouissance sur les œuvres du conjoint précédé, accordés par l'art. 1 de la loi du 14 juillet 1866 aux héritiers et ayants-cause des auteurs.

15

La femme divorcée perd-elle le droit de porter le nom de son mari ? Cette question a été l'objet, devant le Parlement, de très nombreuses et très intéressantes discussions. M. de Larochefoucauld-Bisaccia, à la séance du 15 juin 1882 (Chambre. *Officiel* du 16 juin), proposa d'interdire à la femme divorcée de porter le nom de son mari. A la séance du 17 juin *(Officiel* du 18 juin), MM. de Douville-Maillefeu et Lepère proposèrent d'ajouter à l'art. 295 C. civ. un paragraphe ainsi conçu : « Lorsque le divorce est prononcé contre la femme, elle » n'a pas le droit de continuer à porter le nom de son » mari. » Ces propositions furent finalement repoussées par la Chambre qui, sur les observations de MM. L. Renault et Gatineau, refusa de résoudre la question par un texte formel. C'était sagement agir, suivant nous, parce que le remède proposé était pire que le mal. Les principes suivants, qui sont généralement admis, suffisent, en effet, pour trancher cette question du nom. En droit, il est bien certain que le divorce entraîne la perte, pour la femme, du nom de son mari. L'anéantissement du mariage est l'anéantissement de tout ce qui a été commun entre l'homme et la femme. En droit, le législateur ne pouvait constater ces conséquences de la rupture du lien conjugal : il était inutile qu'il s'expliquât davantage. Puis, il n'est pas bien certain que le mariage fasse acquérir à la femme le nom de son mari. Aucun texte ne le dit. La femme mariée conserve donc son nom de famille, et c'est sous ce nom qu'elle est désignée dans les actes publics ou sous-seing privé, de même que c'est de ce nom qu'elle signe ces actes. La femme n'ayant pas, d'après la loi, acquis le nom du mari, il était inutile de dire, dans un texte formel, que le divorce le lui faisait perdre. Le vote des amendements proposés aurait, en fait, créé de véritables difficultés et souvent de graves injustices. Il existe, en effet, un grand nombre de fonds de commerce, qui, tout en portant le nom de mari, ont été créés par l'intelligence et par le travail de la femme. Or, partout, le nom commercial est d'une grande importance ; il est partie intégrante du fonds de commerce. S'il arrive, après le divorce, que la liquidation donne ce fonds de commerce à la femme pour la couvrir de ses reprises, il va donc falloir que la femme supprime de suite ce nom du mari. Mais qui ne voit que le fonds de commerce va se trouver déprécié s'il est défendu à la femme de laisser à cette industrie le nom du mari. Il y aurait là une grande injustice. De plus, ainsi que le faisait remarquer M. Gatineau, la femme garde le nom du mari dans la société, et aucune loi ne saurait l'empêcher de le garder. « En ce » qui touche la raison commerciale des fonds de com- » merce, disait-il, le nom subsistera, quand le juge, » déterminé par les circonstances, n'aura pas décidé le con- » traire. Par les amendements, vous lui ôtez cette discré- » tion qui est dans ses attributions; par ces amendements » introduits trop incidemment dans la loi sur le divorce, » vous créez la matière des noms propres qui n'a été » réglée par aucune loi complète. » (Séance du 17 juin 1883. Chambre). Ces observations sont très justes. Dans la vie pratique, dans le monde, dans la société, peut-être la femme divorcée ne pourra-t-elle pas se séparer du nom de son mari, mais il est certain qu'elle ne pourra pas en faire usage, autrement que pour indiquer sa qua- lité d'épouse divorcée dans les actes authentiques. « Elle » ne pourra pas s'en servir dans les actes authentiques, » disait encore M. Gatineau, qu'elle le veuille ou qu'elle » ne le veuille pas, parce que si elle se servait de ce nom » dans les actes authentiques, cela pourrait être considéré

» comme une manœuvre frauduleuse, et engagerait gra-
» vement sa responsabilité ; les notaires, d'ailleurs, y
» veilleront. »

Un des effets les plus importants de la liberté rendue
aux époux par le divorce, c'est la faculté qu'ils ont de
pouvoir contracter, chacun de son côté, un nouveau
mariage. Les art. 295, 296 et 298 C. civ. apportent à
cette liberté des secondes noces trois restrictions très
importantes que nous allons examiner.

1° L'art. 295 C. civ. permet aux époux divorcés de se
réunir. L'ancien art. 295 était ainsi conçu : « Les époux
» qui divorcent pour quelque cause que ce soit, ne
» pourront plus se réunir. » Voici comment Treilhard
justifiait cette disposition de l'ancien article 295 : « Le
» divorce ne doit être prononcé que sur la preuve d'une
» nécessité absolue et lorsqu'il est bien démontré à la
» justice que l'union entre les deux époux est impossible :
» cette impossibilité une fois constante, la réunion ne
» pourrait être qu'une occasion nouvelle de scandale. Il
» importe que les époux soient d'avance pénétrés de
» toute la gravité de l'action qu'ils vont intenter, qu'ils
» n'ignorent pas que le lien sera rompu sans retour et
» qu'ils ne puissent pas regarder l'usage du divorce
» comme une simple occasion de se soumettre à des
» épreuves passagères, pour reprendre ensuite la vie
» commune, quand ils se croiraient suffisamment cor-
» rigés » (Locré, II, p. 572). Les auteurs du Code civil
avaient emprunté cette disposition à Montesquieu, qui
l'avait trouvée dans les lois du Mexique. Montesquieu
déclare que la loi qui ne permet pas la réunion respecte
l'éternité du mariage, et que la loi qui l'accorde semble
se jouer également du mariage et de la répudiation. C'est
ce que Portalis déclarait également quand il disait qu'il

faut défendre aux époux de se réunir, afin qu'ils ne se jouent pas du divorce comme ils se sont joués du mariage. Nous ne partageons pas ces craintes, parce que nous ne pensons pas que l'on divorce jamais par légèreté ou par calcul. Ceux qui divorcent le font dans un esprit de perpétuité comme ceux qui se marient. Le législateur de 1884 a donc eu raison de ne pas maintenir l'ancien article 295. Il serait peu logique, en effet, alors que l'irrévocabilité absolue du mariage n'est pas admise, de prononcer l'irrévocabilité du divorce. L'intérêt des enfants le demande. Si les époux se corrigent, « s'ils ont » pitié de la triste condition de leurs enfants, pourquoi » ne pas permettre une réunion qui est dans le vœu de » la nature et dans l'intérêt de la société. » (M. Laurent, III, p. 333).

Le Parlement a, du reste, mis obstacle aux spéculations qui pourraient se produire, en prenant de sages précautions. Ainsi, pour éviter que les époux aient recours au divorce uniquement dans le but de changer les stipulations de leur contrat de mariage, l'art. 295 (§ 2) décide que « les époux ne pourront adopter un régime » matrimonial autre que celui qui réglait originairement » leur union. » — De plus, si l'un des époux convole en secondes noces, et si le nouveau mariage est dissous (art. 295 § 1), alors les époux divorcés ne peuvent plus se réunir. Mais il résulte des termes de l'art. 295 § 1 que la réunion serait cependant possible, si le second mariage avait été dissous autrement que par le divorce.

La réunion des époux rend nécessaire une nouvelle célébration du mariage : la cohabitation ultérieure à la prononciation du divorce ne peut pas par elle seule faire revivre le mariage; c'est une différence avec la séparation de corps. S'il n'y avait pas de nouvelle célébration, les enfants qui pourraient naître seraient des enfants naturels.

Enfin, l'art. 295 *in fine* déclare qu'après la réunion des époux il ne sera reçu de leur part aucune nouvelle demande en divorce, pour quelque cause que ce soit, autre que celle d'une condamnation à une peine afflictive et infamante, prononcée contre l'un des époux depuis la réunion. Divorce sur divorce ne vaut donc pas, sauf dans le cas d'une condamnation à une peine afflictive et infamante.

2° L'art. 296 C. civ. décide que la femme divorcée ne pourra se remarier que dix mois après que le divorce sera définitif. Cet article a été inspiré par la même pensée qui a dicté l'art. 228 C. civ., c'est-à-dire pour éviter la confusion de part. Les termes de l'art. 296 étant généraux, il en résulte nécessairement que les dix mois de viduité doivent être observés lorsque le divorce est prononcé à la suite d'une séparation de corps ayant duré trois ans, conformément à l'art. 310 C. civ. (M. Baudry-Lacantinerie, p. 61). Il doit en être de même au cas où les époux se réunissent après que leur premier mariage a été rompu par le divorce. L'art. 296 ne distingue pas, et les époux qui se réunissent doivent faire célébrer à nouveau leur union. Il faut bien avouer cependant que la base des dix mois de viduité manque ici. Le législateur aurait bien fait d'établir une double exception pour ces deux hypothèses que nous venons de signaler. — Les articles 296 et 228 C. civ., reposant sur le même principe, et l'empêchement édicté par la loi étant dans les deux cas simplement prohibitif, il faut décider que le mariage contracté en violation de l'article 296 ne peut pas être déclaré nul. Mais comme cette prohibition touche à l'ordre public, il faut également admettre qu'elle ne peut pas fléchir devant un statut personnel étranger (Paris, 13 fév. 1872., S. 73, 2, 112. — Contra : M. Laurent. *Droit int. priv.* IV, p. 504 et suiv.)

3° L'article 298 est ainsi conçu : « Dans le cas de » divorce admis en justice pour cause d'adultère, l'époux » coupable ne pourra jamais se marier avec son » complice. »

Supprimée par la Chambre sur la proposition de M. H. Maret, cette disposition fut ensuite rétablie par le Sénat. Ses partisans disent qu'elle est très morale, parce qu'elle empêche que la faute qui a occasionné le divorce puisse être récompensée. Nous pensons, au contraire, que cette disposition n'a qu'une apparence de haute moralité. « Le » divorce prononcé et provoqué pour cause d'adultère, » disait M. Jolibois (Chambre. *Officiel* du 9 mai 1881, » p. 538), c'est la volonté et le moyen de faire cesser un état » scandaleux. Or, si vous édictez d'une manière définitive » que celui contre lequel le divorce a été prononcé pour » adultère ne pourra épouser son complice, c'est comme » si vous écriviez dans la loi que le scandale ne peut » cesser, qu'il doit se perpétuer... Il ne faut pas avoir la » prétention de faire cesser un scandale pour ordonner » qu'un autre se perpétue nécessairement. » M. Gatineau, parlant dans le même sens, s'écriait spirituellement : « Je suis profondément convaincu que les séducteurs » qui auront, en perspective, le mariage avec leur » complice, se laisseront en temps utile arrêter par un » esprit de sage et prudente réserve... Il y a plus, et si » la chose était posible au point de vue légal, il faudrait » dispenser les complices d'adultère de toute condamna- » tion quand ils se marieraient. » Il est évident, en effet, que si la femme ne peut pas épouser son complice, elle vivra hors mariage avec lui, avec cette aggravation que les enfans issus de ce commerce ne pourront jamais être légitimés par mariage subséquent. Nous ajouterons enfin, que si la disposition de l'art. 298 est aussi morale et aussi nécessaire qu'on le dit, ses partisans, pour être logiques avec eux-mêmes, devraient l'appliquer à la femme qui a commis un adultère et qui devient veuve. Or, il est bien certain qu'elle peut épouser son complice : pourquoi ne peut-il pas en être de même lorsque c'est le divorce qui a amené la rupture du lien conjugal ?

Puis, comment connaître ce complice ? La chose sera évidemment très facile, s'il y a un procès-verbal qui constate le nom du complice ou si le jugement qui prononce le divorce pour adultère porte le nom du complice condamné à l'amende (trib. de la Seine, 6 déc. 1884. *Journal du Palais*, 13 janv. 1885). Mais, en dehors de ces hypothèses, de graves difficultés se produiront nécessairement. Avant la loi de 1884, les tribunaux qui prononçaient une séparation de corps pour cause d'adultère, évitaient de désigner le nom du complice. Faudra-t-il désormais, en présence de l'art. 298 C. civ., que les tribunaux n'aient plus ce soin prudent, et devront-ils indiquer le nom du complice ? Or, il ne faut pas oublier que jamais le complice n'est là pour se défendre, et qu'il n'est partie au procès en divorce à aucun moment. Il n'est pas bon, ainsi que le rappelait M. Jolibois, quand quelqu'un n'a pas été là pour se défendre, qu'on puisse s'emparer non seulement de sa personne, mais encore de son nom pour le livrer en pâture à la malignité publique. « Ce serait là » violer un grand principe, prononcer une espèce de » condamnation sans que le condamné ait été appelé, » sans qu'il ait été présent, sans qu'il ait été entendu. »

Il ne faut pas non plus oublier que l'empêchement édicté par l'art. 298 C. civ. est simplement prohibitif, car les art. 184 et 191 C. civ. qui énoncent les nullités qui sont d'ordre public ne mentionnent pas l'art. 298. Il en résulte donc que le ministère public ne pourrait pas attaquer le mariage contracté en contravention de notre article. Dès lors, cette prohibition de l'art. 298 manque de sanction. Comment fera le mari divorcé qui apprend que sa femme va se marier avec son complice et qui voudra s'y opposer, si le jugement ne porte pas le nom de ce complice ou donne seulement les initiales de son nom ? Faudra-t-il qu'il assigne de nouveau sa femme, s'il veut que le nom du complice soit désigné en toutes lettres, afin de bien faire constater ses anciennes infortunes conjugales et par là même l'existence d'un empêchement prohibitif ? Faudra-t-il alors recommencer la narration de toutes les histoires scandaleuses qui ont jadis amené le divorce ? Est-ce que dans de pareilles conditions le mari ne préférera pas toujours, dans les cas très rares où il sera averti du projet d'union entre sa femme et son complice, ne rien faire et se tenir tranquille ? Puis, de quel droit le mari viendrait-il réclamer puisque le lien de son mariage est rompu ? Est-ce que toute opposition qu'il ferait ne devrait pas être considérée comme ayant un caractère simplement officieux et que l'officier d'état civil pourrait en conséquence négliger ? Concluons donc que l'art. 298 est inutile et plein d'inconvénients parce qu'il vient d'une fausse idée de moralité qui n'est pas une vérité sociale.

§ 2. — *Conséquences relatives aux parents et aux alliés des époux.*

On s'est demandé si les rapports d'alliance cessaient après le divorce, et si l'un des conjoints divorcés pouvait épouser son ex-belle sœur ? Cette question, qui est très

délicate, est vivement controversée. Des auteurs prétendent que les empêchements nés de l'alliance disparaissent
avec le mariage. On ne peut pas, disent-ils, appliquer les
mêmes principes à l'alliance et à la parenté. La parenté
tient aux liens du sang, mais l'alliance n'est que le résultat
du mariage. Or, si le divorce ne peut pas rompre le lien
du sang, il fait disparaître le lien conjugal. Dès lors, il
n'y a plus ni beaux-frères ni belles-sœurs. La cause qui a
engendré l'alliance n'existant plus, les effets doivent
également cesser de se produire. Donc, le mari divorcé
peut épouser son ex-belle sœur. — Ce système part d'un
point de vue faux. Sans doute après le divorce il n'y a
plus d'alliance, mais l'alliance qui a existé a produit des
effets qui tiennent à la moralité publique et qui dès lors
doivent se perpétuer. Le principe qui proclame que les
effets disparaissent avec la cause qui les produit est
exact pour l'avenir, mais il ne l'est pas pour les effets
déjà produits. Or, l'alliance est un des effets produits par
le mariage : cet effet ne peut donc pas disparaître. Puis,
pourquoi, à ce point de vue, le divorce ne produirait-il
pas les mêmes effets que la mort de l'un des époux ? Or,
en cas de mort de l'un des époux, l'empêchement de l'alliance subsiste (MM. Laurent. III, p. 330. de Folleville,
à son cours). Concluons donc que l'alliance subsiste, et
que l'art. 162 C. civ. doit être appliqué.

L'art. 206 C. civ., qui permet à un beau-père ou à une
belle-mère de demander des aliments à son gendre ou à
sa belle-fille, peut-il encore être invoqué après le divorce ?
Un premier système se prononce pour l'affirmative.
D'après M. Baudry-Lacantinerie (p. 64), ce qui est vrai
de la mort en notre matière, doit l'être aussi du divorce.
La mort brise le lien du mariage, mais elle laisse subsister cependant l'obligation alimentaire entre ces per-

sonnes. En l'absence d'une disposition législative, qui déclare l'obligation alimentaire éteinte, cette obligation doit subsister. C'est peut-être un oubli du législateur, mais la conséquence nécessaire de cet oubli est, d'après le savant professeur, la persistance de l'obligation. L'art. 206 ne fait exception que dans deux cas : lorsque la belle-mère convole en secondes noces, ou lorsque celui des époux qui produisait l'affinité, et les enfants issus de son union avec l'autre époux sont décédés. L'art. 206 ne parle donc pas du cas où le mariage est rompu par le divorce. — Un second système se prononce, avec raison, pour la négative. Et, en effet, la demande des beaux-parents est excessive surtout si le conjoint divorcé s'est remarié, car alors il pourra avoir quatre beaux-parents. L'art. 206 C. civ. nous donne, dans ses termes, des raisons de repousser le premier système, car il déclare que le beau-père et la belle-mère, qui demandent des aliments, doivent justifier de leur qualité actuelle de beau-père ou de belle-mère. Or, ici, le lien matrimonial est rompu. « Cette » solution, dit M. Carpentier (p. 271), n'est pas en » contradiction avec celle que nous avons donnée plus » haut sur le maintien des empêchements au mariage » résultant de l'alliance, car il s'agissait alors de la » survie d'un de ses effets antérieurement produits, et » non, comme ici, de nouveaux effets à lui faire pro- » duire. »

§ 3. — *Conséquences relatives aux enfants.*

En ce qui concerne les enfants, le divorce ne peut pas produire plus d'effets que la mort. Or, la mort ne rompt pas le lien du sang qui résulte de la filiation. Il est donc bien évident que les époux divorcés doivent conserver le titre de père et mère légitimes, avec les droits attachés à ce titre : il doit en être de même pour les enfants vis-à-vis de leurs parents. Mais, s'il en est ainsi en principe, nous allons voir que la loi sur le divorce a modifié l'exercice de ces différents droits, relativement à la garde, à l'entretien et à l'éducation des enfants.

L'art. 302 C. civ. décide que les enfants doivent, en principe, être confiés à l'époux qui a obtenu le divorce. Notons cependant que le tribunal, sur la demande qui lui en serait faite, a le droit d'ordonner, pour le plus grand avantage des enfants, que tous ou quelques-uns d'eux seront confiés aux soins soit de l'autre époux, soit d'une tierce personne. Pendant le mariage, l'intérêt de la famille exige que le père ait seul l'autorité paternelle, et c'est pour ce motif que l'art. 373 C. civ. déclare que le père seul exerce cette autorité durant le mariage ; mais, dès que le mariage est rompu, cette prééminence du père sur la mère n'a plus sa raison d'être, surtout lorsque le divorce a été prononcé sur la demande de la femme et en sa faveur. Le Code n'a plus alors en vue que l'intérêt des enfants, et l'autorité doit appartenir au plus digne, c'est-à-dire à celui qui a triomphé. — Quelle que soit la personne à laquelle les enfants sont confiés, les père et mère conservent respectivement le droit de surveiller l'entretien et l'éducation de leurs enfants, et sont tenus d'y contribuer en proportion de leurs facultés (art. 303 C. civ.) La conséquence de ce droit de surveillance accordé à chacun des époux, c'est la possibilité pour eux de recourir aux tribunaux pour faire cesser les abus. La garde des enfants, d'abord confiée à la mère, peut très certainement lui être retirée pour être donnée à une autre personne, si son inconduite rend cette mesure nécessaire. Mais, d'autre part, lorsque l'enfant a été confié à la mère et que le divorce a été prononcé contre le père, ce dernier ne peut se soustraire à l'obligation de contribuer à l'entretien et à l'éducation de l'enfant en offrant de le prendre chez lui.

La personne à laquelle est confiée la garde des enfants, peut-elle exercer tous les attributs de la puissance paternelle ? Il est difficile de trancher cette question d'une façon uniforme. Les attributs de la puissance paternelle sont au nombre de trois : le droit d'éducation, qui comprend les droits de garde et de correction ; — le droit d'administration des biens personnels des enfants ; — le droit de jouissance légale.

Aucune difficulté sérieuse ne saurait exister si les enfants ont été confiés soit au père, soit à la mère, et nous admettons, dans ces deux hypothèses, que celui à qui la garde des enfants est attribuée doit avoir l'exercice complet de la puissance paternelle proprement dite. Si la garde des enfants a été confiée à la mère, elle aura le droit de correction, sous la restriction établie par l'art. 381 C. civ. et le droit d'usufruit légal. L'art. 386 C. civ., ne laisse aucun doute, puisqu'il déclare que cette jouissance n'a pas lieu au profit de celui des père et mère contre lequel le divorce a été prononcé. Dire, comme le fait l'art. 386, que cette jouissance n'a pas lieu au profit de l'époux coupable, c'est dire implicitement que l'époux innocent doit la conserver ou l'acquérir. — M. Laurent (III, p. 339 et suiv.), dont l'opinion, relativement à toute cette matière, n'est peut-être pas aussi nette qu'on pourrait le désirer, semble vouloir conserver concurremment au père et à la mère les attributs de la puissance paternelle, et il déclare qu'il faut décider ainsi parce que le divorce, aux termes de la loi, n'enlève pas la puissance paternelle à l'époux coupable pour en investir exclusivement l'époux innocent. Cette opinion de M. Laurent nous semble inadmissible. Pendant le mariage, le père seul exerce la puissance paternelle ; cela n'est pas douteux (art. 373 C. civ.) Lorsque le mariage est dissous par le divorce, cet exercice exclusif attribué au père ne se comprend plus, mais on ne comprendrait pas davantage que la loi ait voulu confier cet exercice, après le divorce, à la fois au père et à la mère. Chacun des époux a un certain droit de surveillance, mais ce droit de surveillance conservé respectivement par le père et par la mère implique bien que l'exercice de la puissance paternelle appartient uniquement à celui des deux époux auquel la garde des enfants a été confiée. L'unité dans la direction est aussi nécessaire après le divorce que pendant le mariage. On ne comprendrait pas que le père puisse conserver le droit d'éducation, alors que c'est contre lui que le divorce a été prononcé.

La question est encore plus délicate si les enfants ont été confiés à une tierce personne. Dans ce cas, il est bien certain que cette tierce personne ne peut pas avoir le droit de jouissance légale de l'art. 384, puisque cet article 384 ne parle que du père et de la mère, ni le droit de correction qui est également un droit attaché à la puissance paternelle. Le tuteur a bien le droit de correction, mais il ne peut pas l'exercer sans l'autorisation du conseil de famille : cette garantie manquerait ici (M. Baudry-Lacantinerie, p. 66). Sur ce point nous admettons avec M. Laurent (III, p. 340) qu'un pouvoir qui est attaché à la puissance paternelle ne peut appartenir qu'au père et à la mère. Leur droit étant égal après le divorce, il est permis dès lors d'affirmer que le droit égal de surveillance emporte le droit égal de correction. Il y a ici une lacune dans la législation du divorce, et il est regrettable que la loi n'ait pas prévu les difficultés qui peuvent résulter de ce silence.

Nous avons examiné jusqu'ici la situation des enfants déjà nés au moment où l'instance est formée. Nous allons maintenant nous occuper des enfants conçus ou nés, soit pendant l'instance en divorce, soit après le divorce prononcé ou rejeté.

Quel sera le sort de ces enfants? L'art. 313 C. civ. (Loi du 18 avril 1886) y répond en disant que le mari peut désavouer l'enfant né trois cents jours après la décision qui a autorisé la femme à avoir un domicile séparé et moins de cent quatre-vingts jours depuis le rejet définitif de la demande ou depuis la réconciliation. Le même article déclare que l'action en désaveu n'est plus recevable s'il y a eu réconciliation de fait entre les époux.

L'art. 313 C. civ. ne fait que reproduire l'innovation apportée par la loi du 6 déc. 1850, due à l'initiative de M. Demante. Avant cette loi de 1850, sous l'empire du Code civil, les enfants nés ou conçus pendant l'instance en divorce, naissaient sous la protection de la règle *pater is est quem nuptiæ demonstrant*. La situation du mari était ridicule et intolérable, puisque, pour désavouer l'enfant, il devait invoquer soit l'impossibilité physique de cohabitation pendant le temps légal de la conception (art. 312), soit l'impossibilité morale accompagnée de la preuve de l'adultère de la femme compliqué de ce fait que la naissance de l'enfant lui avait été cachée (art. 313).

La loi de 1850 est venue combler la lacune qui existait ici. Des tentatives avaient été faites antérieurement pour remédier à l'inconvénient que nous avons signalé. Merlin (*Rép. de jurisp.* IX, V°, *Légitimité*, II § 2, N° 3) cite deux arrêts dans l'ancien droit qui montrent que la présomption de paternité ne survivait pas à la séparation d'habitation. Lors de la confection du Code civil (Séances des 14 et 16 brumaire, au X, Fenet X, p. 1. et 44,

Trav. prép. C. civ.), on avait proposé devant le Conseil d'état un article aux termes duquel la présomption de paternité devait cesser lorsque les deux époux auraient été séparés de corps. L'article proposé ne fut pas adopté. En 1816, lors de la présentation d'un projet de loi sur la séparation de corps, une proposition analogue avait été faite sans résultat; renouvelée en 1834, elle n'eut pas plus de succès qu'en 1816.

L'art. 313 (Loi du 18 avril 1886) est conçu dans les mêmes termes et dans le même esprit que la loi du 6 déc. 1850. Cette cause de désaveu est donc péremptoire. La présomption de paternité n'est pas détruite, mais il suffit au mari de désavouer l'enfant pour la faire tomber. Les tribunaux n'ont aucun pouvoir d'appréciation, et ils doivent de toute nécessité faire droit à la demande en désaveu, dès que le mari prouve que l'enfant est né trois cents jours après la décision qui a autorisé la femme à avoir un domicile séparé, et moins de cent quatre-vingts jours depuis le rejet définitif de la demande ou depuis la réconciliation.

Le mari n'aurait pas besoin de désavouer l'enfant, si la conception se plaçait à une époque postérieure à la prononciation du divorce. La règle *pater is est* ne protège que les enfants conçus avant la dissolution du mariage. Les enfants conçus après le divorce sont complètement étrangers au mari; ils n'ont rien de commun avec lui, et le mari est suffisamment protégé contre eux par l'action en contestation de légitimité de l'art. 315. C'est là une différence avec ce qui existe dans la séparation de corps où les enfants sont toujours protégés par la présomption de paternité, sauf désaveu péremptoire du mari. Dans le cas de divorce, au contraire, les enfants, dont la conception se place nécessairement pendant la période où l'impossibilité morale existe, peuvent être seuls l'objet d'un désaveu péremptoire du mari, tandis que ceux qui sont conçus postérieurement au divorce prononcé naissent étrangers au mari (M. Baudry-Lacantinerie, p. 94).

Nous avons vu que la femme peut faire tomber l'action en désaveu s'il y a eu réunion de fait entre les époux. On admet généralement et avec raison que l'exception est péremptoire comme l'action en désaveu. L'art. 313 dit, en effet, en termes formels que « l'action en désaveu n'est » pas admise, s'il y a eu réunion de fait entre les » époux. » Cependant, les tribunaux sont absolument maîtres de repousser l'exception invoquée par la femme si les faits de réconciliation allégués n'étaient pas pertinents (Cassation, 19 août 1872. S. 73, 1, 75; — Caen, 22 décembre 1880. S. 81, 2, 161). — Nous pensons qu'il faudrait assimiler à une réconciliation véritable le fait par les époux de laisser passer le délai fixé par l'art. 252 C. civ. (Loi du 18 avril 1886) pour requérir la transcription dont parle l'article 251 C. civ., sauf au mari à désavouer, conformément à l'art. 313, les enfants dont la conception devrait se placer à une époque antérieure à l'expiration de ce délai.

Remarquons enfin qu'il ne peut être question que d'une réunion de fait survenue avant le divorce accompli. Toute réunion qui intervient après la prononciation du divorce est un véritable concubinage : la règle *pater is est* ne pouvant pas être invoquée dans cette hypothèse, la fin de non-recevoir devient inutile.

SECTION II.

Des effets du divorce quant aux biens.

Nous examinerons successivement, dans cette section,

16

les effets du divorce au double point de vue des biens des enfants et des biens des époux. Nous verrons en même temps les déchéances que le divorce entraîne.

§ 1er. — *Effets relatifs aux biens des enfants.*

L'art. 304 C. civ. est ainsi conçu : « La dissolution du » mariage admise en justice ne privera les enfants nés de ce » mariage d'aucun des avantages qui leur étaient assurés » par les lois, ou par les conventions matrimoniales de » leurs père et mère; mais il n'y aura d'ouverture aux » droits des enfants que de la même manière et dans les » mêmes circonstances où ils se seraient ouverts s'il n'y » avait pas eu de divorce. » Il résulte de cet article, bien inutile puisqu'il n'est qu'une application pure et simple du droit commun, que le divorce ne modifie en rien les droits pécuniaires qui peuvent résulter pour les enfants des lois ou conventions matrimoniales de leurs père et mère.

Au moment de la discussion de l'art. 304 devant la Chambre des députés, M. Ganault proposa un amendement très important dont voici l'économie : Dans le cas de divorce admis en justice pour cause déterminée, la propriété du quart des biens de chacun des deux époux devait être acquise de plein droit à l'enfant issu de leur mariage : s'il y avait deux enfants ou un plus grand nombre, la quote-part devait être du tiers. L'enfant ne devait avoir la jouissance de ces biens, en principe, qu'à l'époque de sa majorité. L'amendement, combattu par M. Letellier, qui montra que cette proposition avait pour effet « d'ouvrir partiellement, par une sorte de réta- » blissement, de résurrection de la mort civile, la succes-

» sion des personnes vivantes », ne fut pas adopté. Repris au Sénat par M. Delsol qui fixait la quote-part dans tous les cas à la moitié des biens de l'époux contre lequel le divorce avait été prononcé, cet amendement, qui constituait une véritable expropriation, fut également repoussé.

Il faut donc conclure des termes de l'art. 304 que les enfants viennent à la succession de leurs parents décédés comme s'il n'y avait pas eu de divorce, et qu'il en est de même pour les père et mère à l'égard de la succession de leurs enfants prédécédés. Si le père ou la mère se remarient après le divorce, et qu'un ou plusieurs enfants naissent de cette nouvelle union, les enfants issus de la première union viendront en concours avec les enfants du second lit, conformément aux règles du droit commun.

§ 2. — *Effets relatifs aux biens des époux.*

Ces effets se trouvent indiqués dans les articles 299, 300, 301 et 386 C. civ., qui prononcent contre l'époux coupable des déchéances que nous allons examiner successivement.

Aux termes de l'art. 299, « l'époux contre lequel le » divorce aura été prononcé perdra tous les avantages » que l'autre époux lui avait faits, soit par contrat de » mariage, soit depuis le mariage. » L'ancien article 299 différait à un double point de vue de l'art. 299 actuel (Loi du 27 juillet 1884). Ainsi, il déclarait que « pour » quelque cause que le divorce ait lieu, hors le cas de » consentement mutuel, etc... » ; le législateur de 1884 a dû supprimer ces mots puisque le divorce par consentement mutuel n'a pas été conservé. De plus, le nouvel article 299 contient le mot *prononcé* qui a été substitué au mot *admis* : il résulte de cette substitution que la déchéance de l'art. 299 ne peut être encourue qu'après que la décision qui prononce le divorce a été transcrite (art. 251-252 C. civ.) D'où la conséquence suivante, c'est que si l'époux demandeur vient à mourir après avoir obtenu le divorce, mais avant de l'avoir fait transcrire par l'officier d'état civil, l'époux coupable échappera à la déchéance de l'art. 299 C. civ.

En édictant cette déchéance, le législateur, ainsi que le déclarait Treilhard, a voulu punir l'époux coupable qui s'est placé au rang des ingrats et qui, ayant violé la première condition du contrat, ne peut pas être reçu à en réclamer les dispositions. Et, en effet, « on peut supposer » que toutes les donations qu'ils se font ont lieu *intuitu* » *personnæ*, en considération de leur rôle dans le ma- » riage. Ils refusent de remplir ce rôle : pourquoi conser- » veraient-ils les avantages qui lui étaient attachés. » (M. Carpentier, p. 274). L'art. 299 ne parle que des avantages faits par l'un des époux à l'autre; il faut en conclure nécessairement que cette déchéance ne frappe pas les libéralités faites à l'époux coupable par une autre personne que son conjoint (M. Laurent, III, p. 351).

La déchéance de l'art. 299 atteint les avantages faits soit par contrat de mariage, soit depuis le mariage. On s'est demandé ce qu'il fallait entendre par cette expression « les avantages », et si c'était avec intention que cette expression avait été employée. Ainsi des époux ont stipulé qu'il y aurait entre eux communauté universelle de tous les biens présents et à venir, ou bien deux époux se sont mariés sous le régime de communauté légale, mais l'un n'avait pas de fortune, tandis que l'autre avait une importante fortune mobilière, faut-il, lors du règlement de

la communauté, considérer comme un avantage susceptible de déchéance, dans les termes de l'art. 299, la part
qui va être attribuée au conjoint coupable ? Cette question
ne manque pas d'intérêt. Pour nous, nous pensons qu'il
ne faut regarder comme avantages que ceux qui sont
assurés par le contrat de mariage et qui en résultent
directement, et non pas ceux qui ne résultent dans la
suite que de circonstances tout à fait indépendantes de
cet acte et qui ne s'y rattachent qu'indirectement. Or, si
nous faisons application de cette manière de voir aux
espèces indiquées plus haut, il est facile d'affirmer que
lorsque des époux se marient sous le régime de la communauté universelle on ne peut pas préciser, au moment
du contrat, dans quel rapport seront, lors de la dissolution du mariage, les biens de l'avoir commun provenus
de l'un des époux avec ceux qui sont provenus de l'autre.
Puis, il est bon de ne pas oublier que la disposition de
l'article 299 étant de nature pénale, elle doit être stricte-
ment interprétée. La Cour de cassation belge s'est prononcée dans ce sens, à la date du 24 octobre 1874
(Pasicr. 75. 1. 7), sur les conclusions conformes et très
remarquables de M. le premier avocat général Cloquette.
Mais il devrait en être autrement, s'il était démontré que
les époux, en adoptant telle ou telle convention matrimo-
niale, n'ont songé qu'à se faire un avantage déguisé.
(Trib. de Bruges, 26 fév. 1872. Pasicr. 72. 3. 234).

En ce qui concerne le préciput de l'art. 1518 C. civ.,
c'est un avantage qui devra être perdu par l'époux coupable. Il faut en dire autant de la clause qui attribue toute
la communauté au survivant des époux, ou à tel époux
s'il survit (art. 1525 C. civ. M. Baudry-Lacantinerie,
p. 69).

Toutes les donations, qu'elles soient mobilières ou

immobilières, par acte authentique ou sous forme de don manuel, directes ou indirectes, consenties par contrat de mariage ou passées au cours du mariage, doivent tomber. Cette révocation a lieu de plein droit. Il faut donc en conclure que si l'époux donateur était mort après le divorce, laissant entre les mains du donataire les choses données, tous ses héritiers, quels qu'ils fussent, pourraient les revendiquer pendant trente ans à compter du jour du divorce. Le donataire ne pourrait être assuré de conserver les choses à lui remises qu'autant que son conjoint aurait pris soin de renouveler sa donation (M. Carpentier, p. 276).

D'après les termes de l'art. 299 C. civ., il faut décider, à notre avis, que l'effet révocatoire doit être rejeté expressément au prononcé du divorce. Il est donc intéressant de savoir si l'art. 299, qui prononce la révocation *ipso jure* des libéralités que des époux ont pu se faire, est exclusif, pour ces époux, du droit de recourir à l'art. 955 C. civ. ? Un premier système déclare que les donations en faveur du mariage étant irrévocables pour cause d'ingratitude (art. 959), l'art. 299 doit être considéré comme exclusif du droit de recourir à l'art. 955. Voici comment M. Demolombe (IV, p. 627, 628) résume les arguments de ce système : « Aux termes de l'art. 959,
» les donations en faveur du mariage ne sont pas révo-
» cables pour cause d'ingratitude ; or, il résulte encore
» ici des textes de la loi, aussi bien que de ses motifs,
» que les donations entre époux sont comprises sous cette
» dénomination générale ; donc elles ne sont pas même
» révocables, en vertu de l'art. 955. Consultez, en effet,
» les textes ; nulle part vous ne trouverez, sous ce
» rapport, de distinction entre les donations faites par
» les tiers aux époux et les donations faites par l'un des

» époux à l'autre ; partout ces mots : donations par
» contrat de mariage, s'appliquent indistinctement aux
» unes et aux autres ; bien plus, on n'hésite pas à appli-
» quer aux donations entre époux l'art. 1088, qui s'occupe
» textuellement des donations en faveur du mariage ; et
» ce qui est enfin décisif, c'est l'art. 960, qui comprend
» en toutes lettres, dans la classe des donations en faveur
» du mariage, les donations faites par l'un des conjoints
» à l'autre ; de telle sorte qu'il faudrait, dans l'opinion
» contraire, admettre que le Code civil aurait attaché à
» ces mêmes mots, dans deux articles qui se tiennent
» (959, 960), deux acceptions diamétralement opposées! »
M. Demolombe repousse ensuite avec énergie ce système
qu'il vient de résumer et qu'il considère comme illogique
et dangereux. Tout donateur a l'action en révocation
pour cause d'ingratitude. Si le donataire est le conjoint
du donateur, l'ingratitude du donataire est plus profonde et plus coupable puisqu'il viole tout ensemble ses
devoirs d'époux et de donataire. « Pourquoi, dit ensuite
» M. Demolombe (p. 643), l'art. 959 excepte-t-il les
» donations en faveur de mariage, de la règle si
» morale et si exemplaire, qui déclare toute donation
» révocable pour cause d'ingratitude? c'est que cette
» révocation constitue une déchéance, à certains égards,
» pénale, et que les peines ne doivent atteindre que
» le coupable ; c'est que la révocation, appliquée à
» ces sortes de donations, eût, au contraire, frappé
» l'autre époux et les enfants, toute la famille, enfin,
» en faveur de laquelle la donation avait eu lieu;
» or, ces motifs sont absolument inapplicables aux
» libéralités faites par l'un des époux à l'autre; la
» révocation contre l'époux ingrat n'atteindra ni l'autre
» époux sans doute, au profit duquel elle s'accomplira;

» ni les enfants, qui n'ont pas d'intérêt à ce que tel bien
» soit dans le patrimoine de l'un des auteurs de leurs
» jours, plutôt que le patrimoine de l'autre; je me
» trompe : je devrais dire qu'ils ont intérêt à ce que ce
» bien soit dans les mains de l'époux honnête et probe,
» plutôt que dans les mains de l'époux ingrat et très
» probablement mauvais administrateur et mauvais père! »
La jurisprudence est aujourd'hui fixée dans ce sens, après
de longues et nombreuses variations. Les explications données par les orateurs du gouvernement et du tribunat
prouvent qu'on n'a eu réellement en vue dans l'art. 959
que les donations faites aux futurs conjoints par des tiers
(Locré, *Lég.* XI, p. 397, 464, 500, 501). MM. Aubry
et Rau, après avoir adopté tout d'abord le premier système, se sont ralliés au second système, et ils déclarent
que le résultat auquel il conduit est tout à la fois plus
équitable et plus moral que celui qui déroulait de l'application littérale de la loi.

On s'accorde à reconnaître que l'art. 299 comprend
dans le mot « avantages » les legs comme les donations
entre-vifs. Aux termes de l'art. 1035 C. civ., un testament
ne peut être révoqué que par un testament postérieur ou
par un acte portant déclaration du changement de volonté
du testateur; mais, ainsi que le déclare un arrêt de la
Cour de cassation du 5 déc. 1849 (S. 50, 1. 6), lorsque
cette révocation existe de plein droit comme dans le cas
de l'art. 299, le testateur n'a pas besoin de faire ce que la
loi a fait pour lui (M. Laurent, III, p. 352, 353. —
Nancy, 13 février 1850, D. 1851, 2, 34. — Lyon,
26 janvier 1861, D. 61, 5, 440).

Notons, ainsi que le fait M. Laurent (III, p. 354), que
la résolution ne peut pas avoir d'effet à l'égard des tiers
qui ont acquis des droits sur ces choses antérieurement à

la prononciation du divorce. L'art. 299 édicte une peine contre l'époux coupable ; or, les peines doivent être personnelles comme les fautes ; on ne peut pas les faire rejaillir, dans le silence de la loi, sur un tiers de bonne foi. Le Code lui-même applique ces principes à la révocation pour cause d'ingratitude, en décidant qu'elle ne préjudicie pas aux droits des tiers (Cass. 30 août 1865. D. 65, 1, 345).

L'art. 300 C. civ., qui vient compléter l'art. 299, décide que « l'époux qui aura obtenu le divorce, conser-
" vera les avantages à lui faits par l'époux, encore qu'ils
" aient été stipulés réciproques et que la réciprocité n'ait
" pas lieu. " L'époux innocent conserve donc les avantages que l'autre époux lui a faits, avec les caractères qu'ils avaient et sous les conditions qui y étaient attachées (M. Laurent, III, p. 356). L'art. 1518 relatif au préciput et l'art. 1452 relatif aux droits de survie, sont conçus dans le même sens. Il faut donc en conclure que les donations faites par le conjoint coupable au conjoint innocent pendant le mariage, restent révocables. Décider le contraire, ce serait altérer la nature des avantages consentis, puisqu'on arriverait à déclarer irrévocables des avantages qui sont révocables de leur nature.

Aux termes de l'art. 301 C. civ. « si les époux ne
" s'étaient fait aucun avantage, ou si ceux stipulés ne
" paraissaient pas suffisants pour assurer la subsistance
" de l'époux qui a obtenu le divorce, le tribunal pourra
" lui accorder, sur les biens de l'autre époux, une
" pension alimentaire qui ne pourra pas excéder le tiers
" des revenus de cet autre époux. Cette pension sera
" révocable dans le cas où elle cesserait d'être néces-
" saire. " Il résulte de cet article que la pension alimentaire qu'il accorde ne peut être demandée que par l'époux

innocent et seulement s'il n'a pas de ressources personnelles. La pension doit être demandée au tribunal qui
constate cette situation au moment de la prononciation
du divorce (Cassation, 8 janvier 1806. S. 1806, 1, 202.
— Besançon, 20 brumaire an XIV. S. an XIV, 2, 92.
— Gand, 7 juin 1877. Pasicr. 77, 2, 279). L'époux
coupable devra cette pension, lors même que les parents
du conjoint qui la demande pourraient la fournir. C'est
une obligation, dit M. Laurent (III, p. 358), que l'époux
a contractée en se mariant. Pendant le mariage, il
n'aurait pu renvoyer sa femme demander des aliments à
ses parents; il ne le peut pas davantage quand, par sa
faute, le mariage est dissous.

Comme toute pension alimentaire, elle doit être
estimée suivant l'état et la condition de celui qui a droit
aux aliments; et M. Carpentier (p. 287) enseigne même,
que dans l'appréciation des besoins du créancier, « il faut
» faire entrer en ligne de compte, non seulement la
» considération de ce dont il manque réellement, mais
» encore de ce qu'il aurait pu avoir sans le fait de son
» conjoint, et qu'il ne faut pas être arrêté par la crainte
» de peser trop lourdement sur le débiteur dont l'obliga-
» tion est à la fois civile et pénale. » Notons que le juge
ne pourrait, à notre avis, quelque grand que soit le
pouvoir discrétionnaire qu'on lui accorde en cette matière,
dépasser le tiers des revenus de l'époux défendeur.
M. Laurent, contrairement à notre opinion, enseigne
(III, p. 359) que ce que la loi veut, c'est qu'une fois la
subsistance assurée, on n'excède pas le tiers des revenus,
mais que si le tiers des revenus était insuffisant pour
fournir aux besoins de l'époux innocent, le tribunal
pourrait dépasser ce chiffre. Cette opinion nous paraît
être en contradiction absolue avec les termes et l'esprit de

l'art. 301 : ce tiers dont parle l'art. 301 est une quotité
que le juge ne peut pas dépasser (M. Carpentier, p. 289.
— Contra : M. Fremont, p. 476).

Nous avons admis qu'une fois le divorce prononcé,
l'époux innocent ne peut plus demander de pension
alimentaire, parce que le mariage étant rompu, il n'y a
plus dès lors aucun lien entre les époux. Mais si cette
pension a été demandée et obtenue, il faut admettre que
l'époux débiteur qui peut en demander la révocation peut
également en demander la diminution, et que l'époux
créancier peut solliciter une augmentation. « Que si la
» dette peut cesser, si elle peut diminuer, pourquoi
» n'augmenterait-elle pas, soit sur les besoins de l'époux
» qui a droit aux aliments, soit avec la fortune de celui
» qui les doit? Le divorce ne peut pas altérer la nature
» de la dette alimentaire; dès qu'elle existe avant la pro-
» nonciation du divorce, elle continue à exister après le
» divorce, avec les caractères qui lui sont particuliers. »
(M. Laurent. III, p. 360).

On s'est demandé si la pension alimentaire de l'art. 301
était personnelle au débiteur, et si par conséquent elle ne
pouvait pas passer à ses héritiers. Un premier système
admis par la jurisprudence se prononce en faveur de
l'affirmative (Cass. 2 avril 1861. D. 61. 1. 97.—Amiens,
28 mai 1825. S. 28. 2. 48), voyant dans cette pension
alimentaire plutôt une indemnité qui tient lieu à l'époux
malheureux des avantages de position que lui assurait le
mariage.—La négative nous paraît préférable. L'art. 301
parle, en effet, de pension alimentaire. De plus, c'est une
obligation qui dérive du mariage. Ce serait changer sa
nature que de la mettre à la charge d'un tiers, alors
surtout que la seule modification que le divorce lui fasse
subir est de la rendre unilatérale de synallagmatique

qu'elle était (M. Carpentier, p. 292). De plus le conjoint, qui la demande ne peut l'obtenir que s'il est dans le besoin : c'est donc qu'elle ne constitue pas une indemnité. « La quotité de la pension, dit M. Laurent (III, p. 361), » est fixée d'après la fortune de l'époux qui la doit. » Conçoit-on une indemnité, c'est-à-dire des dommages- » intérêts, qui sont évalués, non d'après le préjudice » souffert, mais d'après la fortune du débiteur. Conçoit- » on une indemnité qui ne peut pas dépasser le tiers des » revenus du débiteur, bien que le préjudice soit plus » élevé?.... La mort met fin aux obligations que le ma- » riage produit; l'époux survivant ne peut pas réclamer » d'aliments des héritiers du défunt; pourquoi l'époux » divorcé aurait-il ce droit ? »

L'art. 386 C. civ. édicte une déchéance qui a déjà été mentionnée, et qui est relative à la perte par l'époux coupable de l'usufruit légal qu'il peut avoir en vertu de l'art. 384 sur les biens de ses enfants.

Aux termes de l'art. 1441 C. civ., le divorce dissout la communauté. L'art. 1452 vient compléter cet article en décidant que la dissolution de la communauté opérée par le divorce ne donne pas ouverture aux droits de survie de la femme ou du mari, mais que tous deux conservent la faculté de les exercer lors de la mort de leur conjoint. — L'art. 1518 dit de même pour le pré- ciput : si c'est au profit de la femme qu'il a été stipulé, la chose ou la somme qui constitue le préciput reste toujours provisoirement au mari, à la charge de donner caution. Le préciput ne vise que le cas de survie, et la stipulation de préciput est de plein droit présumée prévoir le cas de survie. Il en résulte donc que si ce préciput n'était pas expressément stipulé pour le cas de dissolution de la communauté du vivant des deux époux par le divorce, la stipulation devrait être considérée comme nulle puisqu'elle serait présumée ne prévoir que le cas de survie.

L'art. 1463 C. civ. donne à la femme trois mois et quarante jours après le divorce pour prendre un parti. Passé ce délai, si elle n'a pas accepté la communauté, elle est censée y avoir renoncé « à moins qu'étant encore » dans le délai, elle n'en ait obtenu la prorogation en » justice, contradictoirement avec le mari, ou lui dûment » appelé. » Les auteurs et la jurisprudence sont unanimes à décider que l'acceptation peut être tacite. Les tribunaux auront donc à apprécier, d'après les circonstances de la cause, si la femme a pris ou non un parti, et si, par conséquent, elle doit être regardée comme acceptante ou renonçante.

Une question très délicate est celle de savoir si, dans le cas où une demande en conversion est intentée par le défendeur originaire et prononcée, l'époux qui a obtenu la séparation de corps doit être traité comme perdant au point de vue des avantages matrimoniaux ? M. Batbie, devant le Sénat, posa cette question au rapporteur et voici quelle réponse lui fut faite : « Deux espèces, disait » M. Labiche, peuvent se rencontrer (Sénat, séance du » 24 juin 1884). Lorsqu'on sera dans l'espèce établie par » l'art. 310, c'est-à-dire lorsqu'il s'agira d'une question de » conversion, ce jugement de conversion ne pourra, d'après » moi, en ce qui concerne les questions dont se préoccupe » le collègue qui m'interroge, modifier les décisions qui » résulteront du premier jugement. Autrement, ce serait » non un jugement de conversion, mais un jugement de » revision.... Une deuxième hypothèse peut se présenter. » Si, au lieu de se trouver en présence d'une instance en

» conversion, on se trouve en présence d'une instance
» ordinaire en divorce.... fondée sur des faits nouveaux,
» soit sur d'autres considérations, mais sans qu'on invoque
» la procédure de faveur de la conversion, organisée par
» l'art. 310, et en employant uniquement la procédure
» ordinaire, alors je comprendrais très bien que le
» jugement qui admettra le divorce puisse revenir sur la
» question des avantages matrimoniaux, et prononcer la
» déchéance de la partie qui les avait conservés dans la
» première instance relative à la séparation de corps. »
— Cette distinction nous paraît très juridique. Elle a du
reste été admise par la jurisprudence belge (Bruxelles,
4 avril 1851, B. J. 51, 925; Bruxelles, 19 avril 1864,
Pasicrisie, 64, 2, 301; Cassation, 24 mars 1865, Pas,
55, 1, 147, conclus. conf. de M. le proc. gén. Leclercq.
— Sic : MM. Carpentier, p. 332; Botton et Lebon,
p. 155; Saint-Marc, p. 30).

Nous n'hésitons pas à donner une solution analogue en
ce qui concerne la pension alimentaire qui a été accordée,
conformément à l'art. 212 C. civ., à l'un des époux
séparés. Il n'est pas admissible, en effet, que l'époux
défendeur qui a des ressources, et qui a été condamné à
fournir une pension alimentaire à son conjoint, puisse
arriver à se décharger de cette obligation en faisant
convertir la séparation de corps en divorce. Si la
conversion est intentée par le demandeur originaire, il
pourra arriver qu'au droit vague et incertain que lui
donne l'art. 212 se trouve substitué le droit fixe
de l'art. 301 (M. Carpentier, p. 332). MM. Botton et
Lebon (p. 167) se prononcent également dans ce sens :
« Cette conversion de la séparation de corps en divorce,
» dans le cas de l'art. 310, n'efface pas, vis-à-vis du
» défendeur originaire, les causes qui ont fait prononcer

» la séparation de corps, et laissé, quant à ce, toute sa
» force au jugement de séparation. Il faut donc en
» conclure que c'est en réalité contre l'époux qui a subi
» le jugement de séparation que le divorce est prononcé. »
(Sic : Bruxelles, 25 juin 1883, Pas. 83, 2, 338).

APPENDICE

Le divorce et les législations étrangères.
Droit comparé.

Nous examinerons brièvement dans cet appendice les règles posées en notre matière par les législations étrangères les plus importantes. Nous verrons ainsi, dans trois sections successives, que certains peuples n'admettent que la séparation de corps : Espagne, Italie, Portugal ; que d'autres n'admettent que le divorce : Roumanie, Allemagne, Danemark, Norwège, Suède, Russie, Serbie ; que d'autres enfin acceptent, comme la France, cumulativement le divorce et la séparation de corps : Belgique, Angleterre, Autriche-Hongrie, États-Unis, Hollande, Pologne russe, Montenegro, Suisse.

Dans certains pays où le divorce est admis, il n'existe que pour causes déterminées : Angleterre, Allemagne (en partie), France, Russie, Scandinavie ; dans d'autres, le consentement mutuel est, en outre, suffisant : Bade, Danemark, Prusse, Saxe, Wurtemberg, Suisse et Hollande (mais indirectement dans ces deux derniers pays) ; dans d'autres, enfin, le divorce est possible par la volonté d'un seul : Autriche (pour les non-catholiques).

Il est facile de voir que les pays qui n'admettent que la séparation de corps sont tous des pays de race latine, où la population est en majorité catholique ; — que les pays qui n'admettent que le divorce appartiennent principalement à la race germanique et à la race slave, et que la religion catholique n'y est représentée que par de faibles minorités ; — et qu'enfin les pays où le divorce existe à côté de la séparation de corps, appartiennent aux différentes races précédemment citées, et font partie à la fois des pays où la majorité est catholique et non-catholique.

En résumé, les pays latins, en majorité, n'admettent pas le divorce, et quand ils l'admettent, sauf en Roumanie, le divorce existe concurremment avec la séparation de corps. Les pays germaniques, en majorité, sauf l'Angleterre, la Hollande, l'Autriche-Hongrie, et les pays slaves, sauf la Pologne russe, n'admettent que le divorce.

SECTION I.

Pays qui n'admettent que la séparation de corps.

§ 1er. — ESPAGNE.

Depuis quelques années, depuis 1870 notamment, l'Espagne a suivi l'exemple des autres nations, et est entrée résolument dans la voie du progrès et des réformes (Lois du 18 juin et du 13 décembre 1870 ; décret du 5 septembre 1871). Le mariage civil a été établi et rendu obligatoire, les fiançailles ont été supprimées. Le mariage reste interdit à ceux qui ont fait vœu de chasteté. L'union religieuse peut être célébrée avant le mariage civil. C'était là une cause de nombreux inconvénients, car souvent les époux se contentaient de la bénédiction de l'Église. En 1875 une réforme est intervenue : les époux ont le choix entre l'union religieuse et le mariage civil. L'union religieuse célébrée seule vaut

17

en même temps comme mariage civil, sauf obligation de
faire inscrire le certificat constatant le mariage et délivré
par le curé sur les registres de l'état civil, dans les huit
jours, sous peine d'une amende qui augmente par chaque
jour de retard mais sans pouvoir dépasser 400 pesetas.
Le mariage malgré l'inscription est valable. Le certificat
délivré et non inscrit ne fait pas preuve complète. Pour
les unions religieuses, on applique la loi canonique : la
loi civile est appliquée aux mariages civils.

Aucune autre cause de dissolution que la mort n'est
admise par la loi de 1870. Le divorce n'existe pas. La
séparation n'est admise que pour causes déterminées. La
loi espagnole admet des causes qui ne se rencontrent pas
dans le droit français : 1° La violence morale ou physique
pour contraindre la femme à changer de religion ; —
2° La tentative faite par le mari de prostituer sa femme ;
— 3° Les mauvais traitements infligés aux enfants et
mettant leur vie en danger ; — 4° Les tentatives de
corruption exercées sur les enfants par l'un des époux.
Les deux premières causes sont inutiles, car elles peuvent
être classées parmi les injures graves. L'adultère est
admis comme cause de séparation ; mais d'après l'art. 85
de la loi de 1870, l'adultère du mari ne peut être invoqué
par la femme que s'il a été commis au domicile conjugal,
que s'il y a eu abandon complet de la femme et scandale
public. — L'art. 87 (Loi du 18 juin 1870) contient
l'énoncé des mesures provisoires à prendre pendant le
procès. Ces mesures sont analogues à celles que prescrit
notre Code civil : séparation provisoire des conjoints,
indication d'un lieu de résidence pour la femme ; remise
des enfants au conjoint innocent ou à un tuteur si tous
deux sont coupables ; pension alimentaire au profit des
enfants et de la femme, etc... — Une loi de 1872 a

organisé une procédure spéciale pour les séparations de corps et les nullités de mariage. Une tentative de conciliation précède; avec le concours du ministère public une information sommaire sur l'existence des faits invoqués est ouverte : cette information devient inutile si les faits sont prouvés par des actes authentiques ou officiels.

L'époux coupable perd les libéralités faites ou promises par l'autre conjoint et même par un tiers en vue du mariage. Mais la séparation de corps n'entraîne séparation de biens qu'autant qu'elle est prononcée contre le mari. Le mari innocent conserve l'administration et la jouissance des biens de sa femme coupable, laquelle n'a droit qu'à des aliments. L'époux coupable perd la puissance paternelle : les enfants sont remis en la garde, puissance et protection du conjoint innocent. On nomme un tuteur ou curateur si les deux conjoints sont coupables. La mère conserve toujours, sauf disposition contraire du jugement, la garde de ses enfants n'ayant pas atteint trois ans. On peut même déclarer dans le jugement que la perte de la puissance paternelle pour l'époux coupable survivra à la mort de l'époux innocent qui l'avait conservée : cette perte perpétuelle a lieu de plein droit lorsque la séparation de corps a été prononcée pour cause de mauvais traitements infligés aux enfants, tentatives de corruption des enfants ou de prostitution de la femme par le mari (art. 88, 89 et suiv.)

Le conjoint reconnu coupable d'adultère ne peut pas, à peine de nullité, épouser son complice après le décès de l'époux innocent; il en est de même du mariage contracté par l'époux coupable avec l'individu condamné comme auteur ou complice de la mort du conjoint innocent (art. 92).

§ 2. — Italie.

Avant l'unification de l'Italie, les législations des états italiens, notamment le Code Albertin, admettaient, comme l'Espagne avant 1870, les fiançailles et les unions contractées devant l'Église d'après les règles du droit canonique. Le nouveau Code civil a supprimé les fiançailles; l'art. 54 du Code italien donne cependant une action en indemnité pour le remboursement des dépenses faites en vue de l'union projetée : la promesse doit avoir été rédigée par acte authentique ou sous seing-privé, à moins qu'elle ne résulte de publications faites par l'officier d'état civil. L'action doit être intentée dans l'année qui suit l'époque où la promesse doit être exécutée (M. Glasson, p. 285). Mais les articles 199 et 200 de notre Code pénal n'existent pas en Italie pour frapper le prêtre qui célèbre le mariage religieux avant la formation du mariage religieux. La législation italienne est, sur ce point, plus libérale que la nôtre, mais elle a donné lieu à bien des inconvénients ou abus qui ont ému le gouvernement italien et attiré l'attention des jurisconsultes : des individus, après s'être mariés devant un prêtre, ne font pas constater leur union par l'officier d'état civil, et vivent alors en état de concubinage (M. Glasson, p. 286, *Bulletin de la soc. de législ. comp.*, année 1873, p. 103).

La loi italienne n'admet que la séparation de corps, pour les mêmes causes que la loi française, mais en plus, 1° pour refus par le mari d'établir sa résidence d'une manière convenable et conforme à sa condition (art. 152); 2° si le mari sans motif sérieux refuse d'établir une demeure fixe. Mais en outre, le Code italien contient une innovation qui a été depuis proposée en France, c'est celle qui autorise une séparation de corps conventionnelle, par le seul accord des époux, sans causes déterminées, avec l'homologation du tribunal (art. 158). Cette séparation conventionnelle a l'avantage de permettre les séparations de corps sans éclat, sans scandale public. La réconciliation est ainsi rendue plus facile. L'intervention de la justice empêche les abus.

La femme séparée est dispensée de toute autorisation, et recouvre son entière capacité si la séparation est prononcée par la faute du mari. Si la séparation est volontaire ou prononcée contre la femme, l'autorisation du mari est remplacée par celle de justice.

Le divorce n'est pas admis en Italie, mais M. le député Morelli Salvatore a commencé l'agitation en faveur du divorce. A quatre reprises, il a reproduit sa proposition. Les deux premières fois, la Chambre a refusé d'en voter la prise en considération ; la troisième fois, la prise en considération, appuyée par le gouvernement, a été votée, mais, pour des raisons d'opportunité, le projet fut repoussé. Le 8 mai 1880, M. Morelli est revenu à la charge, et le gouvernement faisant un pas de plus s'est engagé à présenter un projet de loi. M. Villa, Garde des Sceaux, a tenu parole, et, le 1er février 1881, il a déposé un projet en 22 articles. Le divorce y est admis : 1° pour condamnation à la peine capitale, ou aux travaux forcés à perpétuité et, pour la Toscane, à la réclusion ; 2° dans le cas de séparation de corps, après cinq ans, s'il y a des enfants issus du mariage, et après trois ans, s'il n'y en a pas, à dater du jour où la sentence qui a prononcé et homologué cette séparation est passée à l'état de chose jugée (M. Naquet : *Le divorce*, p. 213).

§ 3. — PORTUGAL.

Le Code civil reconnaît deux sortes de mariages : le mariage religieux célébré dans les formes et sous les conditions de l'Église, pour les catholiques ; pour les non-catholiques, le mariage civil contracté devant l'officier d'état civil, conformément aux lois de l'État. Avant 1868, date de la promulgation du nouveau Code civil, le mariage était un acte religieux et constituant essentiellement un sacrement. Jusqu'en 1878, le Code civil de 1868 était resté lettre-morte, relativement au mariage civil, parce qu'il n'y avait pas de textes législatifs organisant les registres de l'état civil, et réglant les devoirs des fonctionnaires chargés de les tenir ainsi que les formes à suivre. Deux décrets du 28 novembre et du 26 décembre 1878 sont venus combler ces lacunes.

Le divorce n'est pas admis, et ne l'a jamais été. La séparation de corps seule est reconnue, suivant des règles identiques à celles de notre Code. L'adultère du mari ne peut être invoqué comme cause de séparation de corps que s'il est accompagné d'un scandale public ou d'un abandon complet de la femme, ou si la concubine a été entretenue au domicile conjugal. C'est à peu près ce que nous avons trouvé dans la législation espagnole. Lorsque l'adultère de la femme a motivé la séparation, elle n'a droit qu'à des aliments (art. 1210 § 1). D'après les articles 1086, 1087, 1088, par une étrange anomalie, les demandes en nullité de mariage des catholiques sont portées devant les tribunaux ecclésiastiques qui les jugent suivant les lois de l'Église reconnues par le royaume ; mais les mesures d'instruction sont prises et l'exécution des sentences est assurée par les tribunaux civils. Il est facile de trouver, dans la législation portugaise, beaucoup de contradictions semblables : le désir de transiger, dit M. Glasson (p. 302), entre l'esprit religieux et l'esprit moderne y a conduit le législateur.

SECTION II.

Pays où le divorce seul est admis.

---

§ 1ᵉʳ. — ROUMAMIE (race latine).

Deux périodes sont à considérer : 1° depuis 1817 jusqu'à 1864 ; 2° depuis 1864 jusqu'à nos jours.

1° 1817 à 1864. — La Roumanie proprement dite avait son Code civil appelé Caragea. La Moldavie avait aussi le sien connu sous le nom de Code Calimach. Tous deux portent le nom du prince qui régnait au moment où ils furent promulgués, et tous deux ont été empruntés aux Basiliques et au Promptuaire d'Harménopule (M. Glasson, p. 305).

En Roumanie, d'après le Code Caragea, on pouvait divorcer dans les cas suivants : 1° pour impuissance du mari à accomplir ses devoirs conjugaux mais après trois ans ; 2° pour défaut de conformation de la femme s'opposant à la réunion des sexes ; 3° quand les époux veulent embrasser la vie monastique ; 4° pour attentat de l'un des époux à la vie de l'autre ; 5° quand la femme n'a pas été trouvée vierge ; 6° pour adultère de la femme ; 7° pour entretien par le mari d'une concubine au domicile conjugal, ou ailleurs mais avec scandale public ; 8° pour reproches d'adultère ou de défaut de virginité adressés mensongèrement par le mari à la femme ; 9° pour excitation à la débauche de la femme par le mari ; 10° lorsque le mari et la femme ne se conviennent pas, mais seulement après trois années de mariage. — Le divorce était prononcé par les juridictions ecclésiastiques.

2° 1864 jusqu'à nos jours. — Aujourd'hui, d'après le nouveau Code civil qui a été rédigé par des jurisconsultes roumains ayant tous fait leur droit en France, et qui n'est que la traduction, presque sans changements, de notre Code civil français, le divorce est permis dans cinq cas déterminés : 1° pour adultère de la femme ou du mari (art. 211 C. civ.); 2° pour excès, sévices ou injures graves (art. 212); 3° pour condamnation aux travaux forcés ou à la réclusion (art. 213); 4° par consentement mutuel (art. 214); 5° contre l'époux qui a voulu porter atteinte à la vie de son conjoint ou qui, sachant qu'un tiers voulait y attenter, ne l'a pas prévenu (art. 215).

L'art. 22 de la constitution Roumaine admet le mariage civil, mais impose en outre le mariage religieux, et la bénédiction religieuse est une condition de l'existence du mariage civil et de sa validité. (M. Glasson, p. 306).

§ 2. — EMPIRE D'ALLEMAGNE (race germanique).

Les lois barbares admettaient le divorce : au XII° siècle le divorce fut supprimé, puis rétabli par la Réforme, à la diète de Smalcade (1537) dans les limites posées par les écritures.

Deux époques sont à considérer : avant et après la loi du 9 février 1875.

1° *Avant la loi du 9 février 1875.* — Les causes de divorce étaient alors nombreuses et elles avaient été augmentées par le Landrecht prussien dans de telles proportions que vers 1830 certains pasteurs refusaient la bénédiction nuptiale (MM. Glasson, p. 331. — Naquet, p. 219) aux époux divorcés, toutes les fois que la dissolution du mariage n'était pas permise par le droit canon protestant. Ce conflit a duré jusqu'en 1875, malgré une réforme de 1855 décidant que les consistoires en première instance, le conseil supérieur, en dernier ressort, statueraient sur les refus opposés par les pasteurs protestants.

Les tribunaux pouvaient prononcer le divorce pour adultère, abandon, sévices, embûches, condamnation de l'un des époux à une peine afflictive et infamante. — Quelques Etats (Hesse-Electorale, Schleswig-Holstein, Meklembourg, etc...) permettaient le divorce par simple rescrit du chef de l'Etat. — D'après l'Algemeinen Landrecht prussien (II, 1 § 669 et suiv.), qui régissait tous les sujets prussiens, le divorce était encore possible pour impuissance même postérieure au mariage, infirmités répugnantes ou incurables, démence ou fureur, insultes grossières, conduite déréglée, aversion profonde et invincible, acquisition d'un gain deshonnête, fausse dénonciation d'un époux contre l'autre, querelles vives (M. Naquet, p. 218). — La séparation prononcée par les tribunaux valait comme simple séparation de corps pour l'époux catholique, et comme divorce pour l'époux protestant. Une dispense du pape (M. Glasson, p. 331) permettait aux catholiques de dissoudre leur mariage tant qu'il n'y avait pas eu *copula carnalis* ou si l'un d'eux voulait entrer dans la vie monastique. Dans les autres cas, la séparation de corps était seule possible. Elle était prononcée à perpétuité ou à temps, suivant la gravité des faits qui en étaient la cause. La séparation perpétuelle entraînait la séparation de biens : lorsque la séparation était prononcée *ad tempus*, il pouvait y avoir obligation alimentaire de la part de l'un des époux séparés vis-à-vis de l'autre. — Certains Etats (Hesse, Holstein, Saxe, Schleswig) donnaient aux protestants le choix entre le divorce et la séparation de corps : les catholiques n'avaient pas ce choix.

2° *Loi du 9 Février 1875.* — Depuis la promulgation de la loi d'Empire du 6 février 1875, le mariage a été sécularisé et la législation relative au mariage complètement transformée dans toute l'Allemagne.

L'art. 77 déclare que, dans tous les cas où d'après les lois en vigueur au moment de la promulgation de la loi d'Empire, il y aurait lieu de prononcer la séparation de corps, le divorce seul sera désormais prononcé. L'époux coupable d'adultère ne peut pas, à moins de dispense, épouser son complice (art. 33). La femme divorcée (art. 35) ne peut conclure un nouveau mariage que dix mois après la dissolution du mariage antérieur. Une dispense est possible. La séparation de corps perpétuelle est interdite.

La nouvelle loi ne dit pas quelles seront les causes de divorce ou de séparation de corps temporaire : elle ne contient, comme dispositions relatives au divorce, que les deux prohibitions des art. 33 et 35 que nous venons d'indiquer. Il est donc nécessaire, pour connaître ces causes, de se reporter aux législations anciennes particulières à chaque état. — On peut considérer aujourd'hui le Code saxon et le Landrecht prussien, comme contenant l'expression de la législation allemande sur le divorce : les Codes des autres États s'en écartent très peu (M. Glasson, p. 357).

Code saxon. — Le Code saxon, très minutieux et très prolixe en ce qui concerne cette matière du divorce, n'admet pas le consentement mutuel (art. 1711). Le divorce n'est possible que pour causes déterminées qui sont, du reste, très nombreuses. La première cause est l'adultère. L'art. 1713 envisage de la même façon l'adultère du mari ou de la femme : l'égalité entre les deux sexes est complète. Mais, d'après l'art. 1716, l'action en divorce n'est possible qu'autant que le conjoint innocent a déposé une plainte, et qu'il y a un jugement au criminel : peu importe, du reste, qu'une condamnation soit intervenue ou non. Le divorce ne peut plus être demandé, lorsque l'époux demandeur a pardonné, lorsqu'il a lui-même autorisé l'adultère de son conjoint, lorsqu'une année s'est écoulée depuis qu'il a eu connaissance du fait, ou lorsque l'adultère remonte à plus de 15 années ; il en est de même si les deux époux sont coupables d'adultère. — L'art. 1728 assimile à l'adultère les crimes contre nature et la bigamie.

L'abandon malicieux pendant un an, le refus du devoir conjugal ou celui de se soumettre à la vie commune sans motif sont aussi des causes de divorce : de même pour l'ivresse accoutumée et continuant après une année de séparation provisoire. — Le Code saxon admet encore le divorce pour tout acte commis méchamment et de nature à mettre en danger, ou à compromettre la santé ; — pour condamnation à un emprisonnement de plus de trois ans (art. 1746) ; — pour aliénation mentale (art. 1743), si, après le placement pendant trois ans dans une maison d'aliénés, il est devenu certain que la folie est incurable ; — pour changement de religion (art. 1744) ; — pour absence, quand la loi tient l'absent pour mort (art. 1708, 1709, 1710, etc...)

Les conjoints divorcés peuvent se remarier : la femme conserve le nom de son mari tant qu'elle ne se remarie pas.

Landrecht prussien. — Le landrecht prussien règle d'une façon aussi prolixe et aussi minutieuse la législation du divorce. Près de deux cents articles sont consacrés à la réglementation et à l'énumération des causes du divorce. La loi prussienne, en ce qui concerne le mariage, est pleine de détails souvent indiscrets (M. Glasson, p. 366). Certains articles, notamment les articles 178, 179, 180, contiennent une réglementation complète du devoir conjugal qui est plutôt du domaine de la médecine que du droit. D'autres articles donnent des règles de véritable casuistique (M. Glasson, p. 364) : ainsi, le Code prussien assimile à l'adultère « des rela- » tions compromettantes qui font présumer une violation » prochaine de la foi conjugale. » Les autres causes de divorce sont à peu près les mêmes que celles du Code saxon. Le divorce est, en outre, permis par consentement mutuel, et il est possible pour cause d'ivrognerie ou de vie déréglée ; — lorsque le mari s'est mis, par sa faute, dans l'impossibilité d'entretenir sa femme ; — pour impuissance postérieure au mariage ; — pour toute infirmité corporelle inspirant du dégoût ou de l'aversion. « N'est-on pas autorisé, dès lors, écrit M. Glasson » (p. 368), à dire que pour le législateur prussien, la » procréation des enfants est le but unique du mariage » et que les devoirs de secours et d'assistance deviennent » une gêne, à laquelle il est permis de se soustraire. » Combien est plus morale et plus touchante la loi fran- » çaise, d'après laquelle les infirmités, quelles qu'elles » soient, n'autorisent jamais la séparation de corps. »

Le Code prussien diffère encore à d'autres points de

vue de notre législation : chacun des époux garde les présents qu'il a reçus de son autre conjoint, soit avant, soit après le mariage ; les donations faites pendant le mariage par l'époux qui a obtenu le divorce à son conjoint ne tombent pas de plein droit : la révocation est seulement possible. En ce qui concerne l'entretien et la garde des enfants, le Landrecht prussien a admis les art. 302 et 303 du Code civil français.

Telle est la législation prussienne du divorce, très critiquable et très critiquée du reste, même en Allemagne. Toutes ces facilités de rompre le lien conjugal ont provoqué des scandales nombreux qui ne prouvent rien contre le principe même du divorce, mais qui attestent que les lois mal rédigées ne peuvent produire que des abus. Voici du reste en quels termes s'exprime un journaliste de Berlin : « Grâce à la facilité du divorce, il y a » de grandes libertés en Prusse pour la femme lasse du » devoir ou du sacrifice. Le mariage, tel qu'il est pratiqué » chez nous, est au-dessous du mariage païen.... On se » lie, on se délie à volonté, selon les besoins, selon les » caprices. Il n'est pas rare qu'un gentleman, qui va dans » une ville de bains, trouve à l'hôtel quatre ou cinq dames » qui ont été ses femmes. Les enfants ne connaissent plus » ni père ni mère. On les expédie en Amérique où ils » tournent mal. La société entière est bouleversée. » (*Germania apud Tissot. Voyage au pays des milliards*, édit. illust., p. 367).

Les lois des autres états de l'Allemagne offrent peu d'intérêt, et se ressemblent toutes plus ou moins.

En Alsace-Lorraine, une loi du 27 novembre 1873 a rétabli la loi du 8 mai 1816, en tant qu'elle n'est pas contraire aux lois promulguées depuis la réunion de la province à l'Empire. Les séparations prononcées avant l'annexion et avant la loi de 1873 peuvent être converties en divorce. De même pour les instances en séparation pendantes au moment de la promulgation de la loi de 1873 (M. Naquet, 221).

§ 3. — DANEMARK.

Le mariage est, en Danemark, réglé aujourd'hui par les chapitres I, II, III, IV du Code de 1856, empruntés en grande partie au Rituel ecclésiastique de 1685, et à des ordonnances qui remontent aux années 1734, 1783, 1799, 1824. Le mariage est resté un acte religieux. Les principales dispositions relatives au divorce se trouvent dans le vieux Code de Christian IV de 1684 (liv. III, chap. XVI, art. 15) et dans le Code nouveau de 1856.

Le divorce est possible par consentement mutuel des époux, mais seulement s'ils persistent à le demander après trois années de séparation provisoire. Les autres causes sont la condamnation à la prison ou aux travaux forcés à perpétuité, l'adultère, l'abandon, les maladies contagieuses et l'impuissance antérieure au mariage. La femme adultère ne peut se remarier que trois ans après le divorce, avec la permission du roi et sous la double condition de présenter des certificats de bonne conduite et de ne pas habiter dans le district où demeure son précédent mari. En cas de condamnation, le divorce ne peut être prononcé qu'au bout de trois ans, si la condamnation est infamante, de sept ans dans le cas contraire. En cas d'adultère, la réconciliation avant la demande et la réciprocité des torts peuvent être invoquées comme fins de non-recevoir. Les époux divorcés peuvent se réunir.

§ 4. — Norwège.

Le mariage civil existe depuis la loi du 16 juillet 1845 ; il a lieu devant un notaire. Le divorce est admis en Norwège comme dans tous les Etats non-catholiques. Les causes de divorce, qui sont nombreuses, sont les mêmes pour le mari que pour la femme.

Chaque époux peut demander le divorce : 1° Pour adultère de son conjoint ; — 2° Pour absence pendant trois ou sept années, suivant que l'absence a commencé volontairement ou sans intention ; — 3° Pour impuissance naturelle et pour toute maladie incurable et dégoûtante, mais antérieures à la conclusion du mariage ; — 4° Pour condamnation aux travaux forcés à perpétuité, sauf si le roi gracie dans un délai de sept ans.

Le divorce peut avoir lieu par consentement mutuel, mais l'autorisation du roi est indispensable. De plus, les époux qui divorcent par consentement mutuel sont tenus de demander d'abord aux autorités civiles la permission de demeurer séparés de corps pendant trois ans. Le divorce n'est prononcé que si les époux persistent dans leur détermination après ces trois années écoulées. Les époux divorcés peuvent se réunir, mais un nouvel acte de célébration est nécessaire.

Le divorce, en ce qui concerne les biens, produit les mêmes effets que si le mariage avait été dissout par la mort de l'un des conjoints.

§ 5. — Suède.

Le mariage est religieux en principe ; il n'est civil que par exception, lorsque les deux époux n'appartiennent ni à la religion luthérienne officielle, ni à l'un des cultes autorisés. Des lois et des ordonnances nombreuses sont venues, depuis 1873, donner plus d'extension à la liberté des conventions matrimoniales et émanciper la femme suédoise qui, d'après le code de 1734, était toute sa vie en tutelle. La famille, en Suède, a encore aujourd'hui, malgré ces réformes, une organisation particulière qui, à bien des points de vue, rappelle la famille romaine.

Le divorce est admis en Suède : il est réglementé très minutieusement par le Code de 1734, complété, sur ce point, par des lois postérieures, notamment par la loi du 27 avril 1810.

Le divorce peut être demandé : 1° Pour adultère de l'un ou de l'autre époux, à moins qu'il n'y ait réciprocité de torts ou que la femme ait pardonné à son mari en cohabitant avec lui (M. Naquet, p. 236) après avoir eu connaissance de sa faute (art. I). L'action doit être intentée dans les six mois. Le mari ou la femme coupables perdent tout droit à la moitié du « giftoroet » (communauté). La femme coupable perd, en outre, « le don du lendemain. » L'époux innocent prend toute la communauté.

L'époux adultère ne peut se remarier avant la mort de l'époux innocent. La prohibition est levée si l'époux qui a obtenu le divorce se remarie ou donne son consentement.

La législation suédoise indique encore, comme causes de divorce, l'abandon, l'absence, l'impuissance, les maladies contagieuses antérieures au mariage, la fornication de la femme avant le mariage et découverte après le mariage, la condamnation infamante, l'inconduite déshonorante et l'incompatibilité d'humeur (M. Naquet, p. 236 et suiv.).

§ 6. — RUSSIE (race slave).

Jusqu'au XIIIe siècle, la famille russe a été régie par les usages : les antiques institutions se sont modifiées sous l'influence de l'Eglise et du droit greco-romain. Les tribunaux ecclésiastiques furent d'abord seuls compétents pour les questions relatives au mariage : Pierre le Grand créa, à côté des tribunaux ecclésiastiques, des tribunaux civils de famille. Cette dualité existe encore aujourd'hui. Les tribunaux civils sont compétents pour les non-orthodoxes, les tribunaux ecclésiastiques pour les orthodoxes.

Le divorce est admis en Russie, mais les causes en sont très peu nombreuses : aussi le divorce n'a-t-il jamais donné naissance, en Russie, aux abus qui peuvent être signalés chez presque tous les peuples d'origine germa-nique. La législation russe est cependant moins sévère que les législations des peuples latins. Les lois slaves tiennent ainsi le milieu entre les lois des nations germaniques trop faciles et les lois rigoureuses des peuples latins. (M. Glasson, p. 416). D'après M. Naquet (p. 234), au contraire, les divorces seraient très nombreux en Russie : mais il est juste de faire remarquer que l'affirmation de M. Naquet ne vise que les divorces prononcés entre orthodoxes par les tribunaux ecclé-siastiques. « Ces tribunaux, écrit-il, se règlent sur une » loi canonique spéciale différente de la loi civile et » quelquefois opposée à cette dernière loi. C'est par cette » étrange contradiction qu'on peut expliquer le nombre » considérable de divorces que l'on constate en Russie, et » la facilité avec laquelle le divorce y est obtenu malgré » la précision du texte du Code. »

18

§ 7. — SERBIE.

Le divorce est admis par la loi serbe dans les cas où il est admis par le Code civil français. L'abandon malicieux et l'abjuration de la foi chrétienne par l'un des époux figurent en outre parmi les causes spéciales à la législation serbe : il en est de même de l'absence après un délai qui varie suivant les cas (4 ou 6 ans). Lorsque l'absence a eu pour cause soit l'esclavage, soit des faits dont l'autorité a été prévenue, l'absent qui est de retour peut, si l'époux présent s'est remarié, faire revivre son ancien mariage où en contracter un autre. (M. Naquet, p. 242).

Toutes les demandes en divorce sont portées devant les juridictions ecclésiastiques : quatre tentatives de conciliation sont imposées devant le curé des époux et devant le supérieur ecclésiastique du diocèse. Le conjoint innocent seul peut se remarier. Le divorce par consentement mutuel n'est pas possible.

Les divorces sont très rares en Serbie comme chez tous les slaves méridionaux (Dalmatie, Herzégovine, Bulgarie).

SECTION III.

Pays qui admettent le divorce et la séparation de corps.

§ 1er. — BELGIQUE (race latine).

La Belgique admet, comme la France, le double remède du divorce et de la séparation de corps. Notre Code civil régit actuellement la Belgique, et aucune modification n'y a été apportée en ce qui concerne le mariage.

L'exemple de ce pays a été souvent invoqué devant le Parlement français, lors de la discussion de la loi sur le rétablissement du divorce, « afin de bien établir que la » faculté de divorcer est une de celles dont on use dans » ce pays et que, si la société n'a point à en souffrir, ce » n'est point, comme on le dit trop souvent, parce que les » mœurs corrigent la loi, mais bien parce qu'en fait la » société s'accommode parfaitement de l'institution du » divorce et s'en accommode même beaucoup mieux que » des mœurs clandestines » (M. Naquet, p. 210).

Jamais le parti catholique n'a profité de la majorité qu'il pouvait avoir dans les Chambres pour faire disparaître le titre VI, C. civ. Les arguments de statistique sont absolument, en Belgique, favorables au divorce. Tout le monde s'accorde pour reconnaître, chez nos voisins, qu'aucun abus sérieux n'a été produit en Belgique par le divorce, bien qu'une certaine augmentation s'y soit produite dans ces dernières années, surtout dans les grands centres : Bruxelles, Anvers, Gand et Liège. En 1875, il y a eu 85 divorces dans ces quatre villes, contre 126 divorces dans le reste du royaume; en 1841, au contraire, la proportion entre le royaume et les quatre grandes villes était comme sept est à un. (M. Glasson, p. 277. — M. Naquet, tableau C).

§ 2. — GRÈCE.

Nous n'avons pas à insister sur la législation de la Grèce, qui prépare un code. D'après ce code, qui n'est encore qu'en projet, mais qui sera prochainement promulgué, la séparation de corps et le divorce sont admis concurremment.

Le divorce peut être demandé : 1° Pour adultère de la femme ou pour entretien d'une concubine par le mari ; — 2° Pour attentat contre la vie, l'honneur d'un conjoint ; — 3° Pour condamnation à raison d'un crime ; — 4° Pour abandon du domicile pendant trois ans au moins ; — 5° Pour absence de plus de six années. — La séparation de corps peut être obtenue pour les mêmes causes : l'absence seule n'autorise pas à la demander, mais l'incompatibilité d'humeur, qui n'est pas admise pour le divorce, est admise ici. Après trois années de séparation, la conversion en divorce est possible, après sommation de divorcer ou de reprendre la vie commune adressée par le conjoint contre lequel la séparation a été prononcée. La femme adultère n'aurait pas ce droit (art. 307).

§ 3. — ANGLETERRE (race germanique).

Avant 1857, le divorce proprement dit n'existait pas en Angleterre. Le protestantisme avait introduit le divorce en Allemagne, mais rien de tel ne s'était produit en Angleterre. Un statut de Henri VIII proclamait le principe de l'indissolubilité du mariage. Le droit canonique était suivi en ce qui concernait les causes de nullité. Cela dura jusqu'en 1857, et jusqu'à cette époque, la séparation de corps, dite *divortium a thoro et mensa*, fut seule admise. « Cette exclusion à peu près complète du divorce, dit » M. Glasson (p. 311), par un peuple qui avait cessé » d'être catholique et tout à fait remarquable. Elle s'ex- » plique par la haute idée que les Anglais se sont toujours » faite du mariage. »

Le mariage peut être contracté devant l'officier d'état civil (*registrar*), ou devant le prêtre. L'autorité civile intervient cependant dans les unions religieuses en déclarant que les publications faites à l'Église ne suffisent pas et que l'acte de mariage doit toujours être transcrit sur les registres de l'état civil. Ce mélange des règles du droit civil et du droit canonique, qui sont appliquées concurremment, n'est pas sans inconvénients. La législation anglaise se montre, en outre, trop facile pour la célébration du mariage : en Écosse, en effet, le mariage, qui est possible par simple échange des consentements, a donné naissance aux célèbres unions contractées devant le forgeron de Greetna-Green. Les imitateurs de ce trop fameux forgeron n'ont pas, du reste, réalisé les mêmes bénéfices que lui, parce que aujourd'hui les mêmes facilités existent dans toute l'Angleterre. Il suffit de se rendre avec deux témoins devant l'officier d'état civil, et le mariage est valablement contracté pourvu que les père, mère ou le tuteur n'y fassent pas opposition. Cette opposition se produira du reste très rarement, puisque les publications ne sont plus aujourd'hui nécessaires, et que par là se trouve anéantie la seule chance que le père, la mère ou le tuteur pourraient avoir de connaître, et par là même de contrarier l'union qui va être réalisée.

Le mariage est donc très facile en Angleterre, mais ces facilités sont comme sanctionnées et compensées par les difficultés considérables qu'éprouvent les conjoints anglais à rompre les liens qui les unissent. Jusqu'en 1857, ainsi que nous l'avons dit, la séparation existait seule. Elle était prononcée par les cours ecclésiastiques pour adultère de l'un ou de l'autre des conjoints, pour abandon prolongé, pour maladie incurable, outrage contre nature, ou lorsque la vie commune était devenue intolérable. Le

divorce n'était jamais accordé par les cours ecclésiastiques, mais « l'usage s'était établi, dit Stephen, de la
» part du Parlement, de mettre par exception son auto-
» rité souveraine au service du mari offensé. » Il fallait
donc une décision (statut) de la Chambre des Pairs qui
était difficilement accordée, et donnait lieu à une procédure extrêmement coûteuse. En fait, la Chambre des
Pairs n'accordait le divorce que pour adultère, et lorsque
le divorce *a mensa et thoro* avait déjà été prononcé par
les Cours ecclésiastiques.

La réforme de 1857 a été considérable. Les Cours
ecclésiastiques ne peuvent plus connaître des affaires
matrimoniales. Une Cour spéciale, dite Cour des divorces
(Court of divorce and matrimonial causes), a été organisée. Après 1857, cette Cour a elle-même subi des
transformations, et elle n'est plus qu'une section d'une
nouvelle Cour suprême établie depuis la réforme des
institutions juridiques de l'Angleterre. L'ancien *divortium
a mensa et thoro* a été conservé sous le nom de séparation
judiciaire. Le divorce proprement dit, d'après le divorce
act (Statuts 20 et 21, Victoria), est permis dans les cas
d'adultère, de rapt, de viol, de bigamie. La loi anglaise
présente certaines particularités qu'il est bon de signaler :
le mari peut toujours demander le divorce pour adultère
de sa femme mais la femme ne peut invoquer l'adultère
du mari que s'il est accompagné d'inceste, de bigamie, de
rapt ou de crimes contre nature. Le conjoint coupable
d'adultère peut toujours épouser son complice ; bien plus,
d'après les mœurs anglaises, l'homme libre qui séduit
une femme mariée et qui ne l'épouse pas après le divorce
se déshonore. L'adultère n'est pas réprimé par la loi
pénale anglaise ; sauf une action devant la juridiction
ecclésiastique *pro salute animæ*, qui est hors d'usage, il

ne donne lieu qu'à une action pécuniaire en *domages*, comme *civil injury*. (Stephen. *Comment, on the laws of Engl.*, édit. 1874, III, p. 438, p. 309, note f.) Aucun abus n'a été signalé depuis que le divorce a été rendu plus facile, et qu'il a cessé d'être un privilège de la richesse (M. Taine, I, p. 282, notes sur l'Angleterre) :

« Se marier, dit M. Taine, c'est se donner tout à fait et » pour toujours... La jeune fille reste anglaise, c'est-à- » dire positive et pratique... Elle veut être l'auxiliaire, » l'associée utile de son mari dans les longs voyages, » dans les entreprises pénibles, dans tous les travaux » même ennuyeux ou dangereux. »

La séparation judiciaire est permise dans les cas d'adultère de l'un des époux, de brutalité excessive, de maladie incurable, d'abandon pendant deux années au moins. Sur la demande du *queen's proctor*, la procédure peut être interrompue pendant un certain délai : c'est une dernière tentative de conciliation.

En cas d'adultère, la femme perd son droit au douaire ; après la séparation ou le divorce, la femme reprend la capacité ordinaire des femmes non mariées.

Un bill de 1878 est venu remanier la procédure du divorce : l'innovation la plus considérable est celle qui tient à la compétence de la Cour suprême. Toutes les juridictions du royaume (Cours ou magistrats statuant isolément) peuvent connaître des instances en divorce et en séparation. L'appel reste possible devant la section compétente de la Cour suprême (M. Glasson, p. 322 et suiv.)

§ 4. — HOLLANDE.

La loi hollandaise de 1838 présente de grandes analogies avec la nôtre. Le mariage civil est reconnu et doit précéder le mariage religieux (art. 136). Le Code hollandais présente une particularité : le divorce peut être demandé lorsque la séparation de corps prononcée n'a pas été suivie de réconciliation dans les cinq ans (art. 355). Or, la séparation de corps conventionnelle existe en Hollande : il en résulte que par ce moyen on peut arriver au divorce par consentement mutuel indirectement, bien qu'il ne soit pas possible directement. Les causes de divorce sont les suivantes : l'adultère, l'abandon malicieux, les excès, sévices, injures graves et certaines condamnations. L'absence ne figure pas parmi les causes de divorce, mais lorsque l'absence s'est prolongée pendant dix ans et que l'autre époux s'est remarié, la première union est considérée comme dissoute.

§ 5. — AUTRICHE-HONGRIE.

Avant la loi du 21 décembre 1868, qui a reconnu en Autriche les principes qui régissent la société moderne, les catholiques étaient régis par les décrets du Concile de Trente, qui avaient force de loi. Des tribunaux ecclésiastiques spéciaux étaient chargés de juger toutes les causes matrimoniales. La loi du 21 déc. 1868, qui proclamait les droits généraux des citoyens, n'avait rien fait pour la réglementation du mariage et des rapports interconfessionnels des citoyens. Deux lois du 26 mai 1868 sont venues combler ces lacunes. La seconde de ces lois a supprimé l'obligation qui existait dans les mariages conclus entre catholiques et personnes d'une autre confession, d'élever les enfants dans la religion catholique. La première de ces lois, qui concerne le mariage, a déclaré que les décrets du Concile de Trente cesseraient d'avoir force de loi ; et désormais les causes matrimoniales sont de la compétence de tribunaux civils spéciaux. Le mariage est cependant encore mixte, c'est-à-dire à la fois civil et religieux. En plus, la nouvelle législation (art. 2) a créé un mariage civil dit nécessaire, dont on fait usage lorsque le prêtre refuse la bénédiction nuptiale, « pour une » cause d'empêchement qui n'est pas reconnue par la loi » de l'Etat. » — Le mariage mixte n'existe que pour les catholiques. Les dissidents, c'est-à-dire ceux qui n'appartiennent à aucun des cultes reconnus par l'Etat, d'après la loi du 9 avril 1870, ne peuvent se marier que devant le chef du district ou devant l'autorité communale ; le mariage civil est donc obligatoire pour eux. Cette innovation de la loi du 9 avril 1870 a été un moyen indirect auquel on a eu recours pour permettre les unions entre chrétiens et non chrétiens qui sont prohibées par le Code civil (M. Glasson, p. 400).

Les différentes législatives qui existent en Autriche, en ce qui concerne la formation des mariages, se produisent également en ce qui concerne les modes de rupture. Le culte des époux doit être considéré aussi bien quand il s'agit de s'unir que de rompre ou simplement de relâcher le lien conjugal. Les catholiques seuls ne peuvent pas divorcer : pour eux, le mariage est indissoluble, et la séparation seule est admise, soit par consentement mutuel, comme en Italie, soit pour causes déterminées, assez nombreuses, du reste. La séparation peut être demandée pour adultère, pour attentats, sévices, injures graves, pour vices corporels invétérés et susceptibles de contagion (art. 109), pour dilapidation de la fortune de son conjoint, atteinte aux bonnes mœurs de la famille, et pour abandon coupable.

Les époux non catholiques peuvent seuls divorcer : on

se place au moment du mariage pour connaître la religion des époux (art. 3). Peu importent donc les changements qui n'interviennent que postérieurement à cette date. Les causes de divorce sont les suivantes : l'adultère, la condamnation à la réclusion ou aux travaux forcés pendant cinq ans au moins, l'abandon du domicile conjugal, l'absence, les mauvais traitements ; l'aversion insurmontable et réciproque permet de demander le divorce par consentement mutuel, mais seulement après certains délais qui varient suivant les circonstances,

Les juifs sont traités d'une façon particulière et plus sévère. Ils ne peuvent demander le divorce que par consentement mutuel et que pour cause d'adultère de la femme. Une tentative de conciliation doit avoir lieu devant le rabbin, qui délivre un certificat constatant qu'il n'a pas pu réconcilier les époux. Le Tribunal a le droit d'interrompre la procédure pendant trois mois. Lorsque le divorce est admis, les conjoints doivent suivre la loi mosaïque : le mari envoie à sa femme une lettre de divorce. — Ils peuvent également demander la séparation de corps.

Une particularité concerne les mariages entre dissidents et non dissidents, où on applique, à chacun des époux, la loi qui lui est propre. L'époux catholique ne peut pas se remarier, tandis que ce droit appartient au conjoint protestant. (Loi du 8 oct. 1856, art. 68 et s^{ts}). Des décrets du 26 août 1814 et du 17 juillet 1835 défendent aux non catholiques divorcés d'épouser des catholiques. Le code pénal contient, dans son article 507, des pénalités sévères contre les époux catholiques qui se rendent à l'étranger afin d'arriver à tourner les prohibitions de la loi autrichienne.

§ 6. — SUISSE.

Le mariage est réglé, dans toute la Suisse, par la loi fédérale du 24 décembre 1874, publiée le 27 janvier 1875, et qui n'a été réellement en vigueur que depuis le 1er janvier 1876. Le mariage est civil, comme en France, et il doit précéder l'union religieuse. Il est très facile, comme en Angleterre, et tous les empêchements provenant de causes confessionnelles ont été supprimés. La loi ne distingue plus entre les catholiques et les protestants, comme les anciennes lois.

Le divorce a été étendu à toute la confédération. La séparation de corps continue d'exister mais à titre simplement temporaire. « La séparation, dit l'art. 47, ne » peut être prononcée pour plus de deux ans. Si, pendant » ce laps de temps, il n'y a pas de réconciliation entre les » époux, la demande en divorce peut être renouvelée et le » tribunal prononce alors librement d'après sa conviction. »

Le divorce, d'après l'art. 46, peut être accordé pour les motifs suivants : adultère, sévices et injures, attentat à la vie, condamnation à une peine infamante, abandon malicieux, maladie mentale incurable. — S'il n'existe, dit l'art. 47, aucune des causes énumérées en l'art. 46, et que cependant il résulte des circonstances que le lien conjugal est profondément atteint, le tribunal peut prononcer le divorce ou la séparation de corps. Cette latitude donnée aux tribunaux par l'art. 47 produit de très mauvais résultats. Voici en quels termes M. Glasson l'apprécie : « Les deux époux se portent demandeurs ; et » certains tribunaux prononcent de suite la dissolution » du mariage, sans aucune instruction préalable. Le

» mariage prend fin, en réalité, par le seul contentement
» des époux, qui se bornent à remplir, devant la justice,
» une formalité sans importance. Le mariage tend à
» devenir, dans certaines classes de la société, un simple
» bail » (p. 385).

Voici du reste la proportion des divorces en Suisse,
d'après M. Glasson (p. 465) :

Suisse : année 1876, il y a eu 1102 div. ; pour 100 mariages, 4,90.
    —   1877,   —   1036   —   100   —   4,74.
    —   1878,   —   1036   —   100   —   5,03.

En 1878, la moyenne des divorces a été plus forte,
bien que le nombre des divorces soit resté le même
qu'en 1877, mais cela tient à ce qu'il y a eu moins de
mariages. Ce sont les cantons de Berne, de Saint-Gall,
de Zurich et d'Appenzel qui donnent la plus forte
proportion de divorces. M. Glasson indique d'autres
proportions pour d'autres pays, et toutes prouvent que la
Suisse donne de trop grandes facilités pour divorcer.

Belgique : année 1871 à 1875, en moyenne 108 div. ; pʳ 100 mar. 0,27.
Bade :   — 1865 à 1875,   —   38 — 100 — 0,30.
Hollande : — 1870 à 1874,   —   124 — 100 — 0,41.

§ 7. — ÉTATS-UNIS.

La législation du mariage n'est pas uniforme aux États-
Unis : elle varie suivant les états. Le mariage est très
facile dans tous les états qui composent l'union : les
formes solennelles font défaut et l'échange des consentements suffit. Aucune cérémonie n'est exigée. Cette
législation a l'avantage de rendre impossible le concubinage, mais elle présente d'énormes inconvénients qui

résultent de l'extrême facilité avec laquelle se contractent les mariages. « La fraude et la mauvaise foi, dit M. Glasson (p. 455), contestent souvent, sans difficulté, à un mariage le caractère d'union licite, et, d'autres fois, font passer pour mariages des relations irrégulières : de là, l'incertitude et le trouble dans les familles, surtout en matière de filiation. » Les cas de bigamie sont très fréquents, et les législations des états de l'union, en frappant très sévèrement les bigames, ne font qu'avouer leur impuissance à remédier complètement au mal.

Chaque état donne des règles différentes en matière de divorce. Les causes de divorce et les pouvoirs chargés de les examiner et de statuer ne sont pas les mêmes partout. Des abus énormes ont été constatés. Des réformes ont été proposées vainement pour diminuer les facilités de divorcer; malgré tous ces abus, les pouvoirs législatifs, ne voyant que les intérêts individuels, paraissent plus disposés à étendre qu'à restreindre le divorce. Un cri d'alarme a été jeté après le scandaleux procès de Mme Gaine (*Rev. de droit int.*, II, p. 246). Des sociétés se sont formées pour proposer des réformes et pour les faire triompher. Des états, comme le Massachussets, ont voté des lois qui punissent très sévèrement les individus qui, par des manœuvres frauduleuses et par la vente de leur témoignage, permettent aux époux fatigués l'un de l'autre de divorcer sans autre cause que leur caprice. Rien n'y a fait, car le courant d'individualisme qui existe aux Etats-Unis est trop fort. C'est encore le cas de dire ici, comme nous l'avons déjà dit, que les lois mal rédigées et mal comprises ne peuvent produire que de mauvais résultats; il y a, aux Etats-Unis, des abus qui résultent du divorce, mais la faute en est non pas au principe même du divorce mais à la mauvaise application de ce principe.

Les législations admettent tantôt le divorce seul, tantôt le divorce et la séparation de corps. (Caroline du Nord, Michigan, Floride, New-York, etc...) Dans certains états, le divorce est accordé par les législatures des Etats avec une majorité des 2/3 des suffrages exprimés dans chacun des deux corps de la législature. Dans d'autres, les législatures se bornent à autoriser le tribunal à prononcer le divorce. Dans la plupart des Etats, les tribunaux judiciaires sont seuls compétents (M. Naquet, p. 225, 226). — Les causes de séparation de corps et de divorce sont à peu près les mêmes (Maine, Connecticut, Vermont, Pensylvanie, etc...)

Dans l'*Etat de New-York*, le divorce existe concurremment avec la séparation de corps. Le divorce est prononcé par la Cour suprême; il est possible pour adultère, pourvu que les deux époux habitent l'Etat ou que le mariage y ait été conclu. Le conjoint adultère ne peut se remarier qu'après la mort du conjoint innocent. — La séparation de corps est permise dans tous les cas où le divorce n'est pas admis, chaque fois que la cohabitation est devenue impossible, notamment dans les cas où la femme est abandonnée et brutalisée par le mari. — La démence, la folie, l'impuissance, ne sont pas des causes de divorce, mais elles sont des causes de nullité. Toutes les législations américaines admettent, du reste, de nombreuses causes de nullité. (M. Naquet, d. 227. — *Revised statuts of the State of New-York, prepared by Amase y Parker, George Wolford and Edward Wade*, vol. III, chap. VIII, art. 3, p. 235).

Dans le *Massachussets*, le divorce est possible : 1° pour adultère ou impuissance de l'un des époux ; 2° lorsque l'un des époux s'affilie à une secte religieuse qui proscrit les relations matrimoniales; 3° pour condamnation à l'emprisonnement, à la détention dans une maison de correction pendant cinq ans au moins, aux travaux forcés; 4° pour abandon pendant cinq années consécutives. — La séparation est possible pour ivrognerie, sévices graves. La conversion en divorce est permise après cinq années.

Dans le *Connecticut* (*General statutes* 1875), le divorce est très facilement accordé. En outre des causes déjà vues il faut mentionner : le contrat frauduleux, l'intempérance habituelle, la condamnation à la prison pour manquement au devoir conjugal, les actes de quelque nature qu'ils soient qui peuvent porter atteinte au bonheur conjugal.

Les autres législations sont calquées sur celles que nous venons de voir (M. Naquet, p. 230).

§ 8. — MONTENEGRO (race slave).

La législation du mariage, dans le Montenegro, est mal définie, et il arrive souvent que la coutume soit suivie bien qu'elle contredise la loi. Ainsi, le Code de Daniel I, admet la séparation de corps et le divorce. Mais l'art. 67 du même Code proscrit le divorce pour ne plus admettre que la séparation de corps. — Le mariage se dissout conformément aux règles canoniques de l'Église orthodoxe orientale.

Le Code mentionne, comme causes de divorce et de séparation de corps : l'aversion insurmontable, la désunion entre les conjoints, l'adultère. Lorsque la femme a volé trois fois son mari, ce dernier peut contracter un nouveau mariage, mais la femme n'a pas ce droit. « La

» séparation, dit M. Combier (*Essai sur le div. et la*
» *sép.*) est fréquente chez les Monténégrins. A en croire
» un commentateur (V. Popovio), la cause paraît en
» être : 1° la coutume des fiançailles entre enfants ;
» 2° l'orgueil de l'homme ; 3° l'entêtement de la femme. »

POSITIONS

DROIT ROMAIN

I. Le *prœjudicium quanta dos sit* a pour utilité de déterminer la proportion dans laquelle le mari doit contribuer au paiement des frais funéraires de sa femme décédée. Cette proportion s'établit en tenant compte de la dot de la femme et de ses autres biens.

II. L'adultère n'est pas punie de la peine capitale par la loi Julia *De Adulteriis*.

III. Le mariage du droit des gens pouvait être rompu par le divorce.

IV. Sous l'empire de la loi Julia *De Adulteriis*, le mari qui avait agi *de moribus* ou réclamé la *retentio propter mores* ne pouvait plus accuser au criminel.

V. Le sénatus-consulte Velléien laisse subsister une obligation naturelle.

VI. La femme pouvait renoncer au sénatus-consulte Velléien.

VII. L'arrivée du terme ne suffit pas pour mettre en demeure le débiteur.

DROIT CIVIL FRANÇAIS

I. La défense qui est faite par l'article 298 C. civ. au conjoint condamné pour adultère de se marier avec son

19

complice ne constitue qu'un simple empêchement prohibitif.

II. L'adultère du mari est une cause péremptoire de divorce comme celui de la femme.

III Le tribunal, dans le cas prévu par l'art. 310 C. civ., n'a pas à apprécier si les faits qui ont entraîné la séparation de corps sont suffisants pour entraîner le divorce : il doit se borner à rechercher si la reprise de la vie commune est ou non possible.

IV. L'art. 310 C. civ. doit être considéré comme contenant une quatrième cause de divorce : l'état de séparation de corps prolongé au dela d'un certain laps de temps.

V. La faculté d'invoquer, après trois ans, la procédure de la conversion n'est jamais un obstacle à ce qu'on use, avant l'expiration des trois ans, de la procédure de droit commun pour demander le divorce : cette faculté n'existe que dans le cas où l'un des conjoints séparés peut invoquer des faits nouveaux.

VI. L'enfant naturel peut être reconnu après son décès : en conséquence, la mère qui le reconnaît dans ces conditions devient apte à lui succéder.

VII. Le co-partageant qui n'a pas transcrit dans les 45 jours du partage, mais qui se trouve encore dans les 60 jours, peut prendre inscription pour la conservation du droit de préférence.

VIII. L'héritier bénéficiaire ne peut pas purger même s'il fait vendre en justice l'immeuble et s'il s'en rend adjudicataire.

IX. Le légataire à titre particulier peut purger.

DROIT COMMERCIAL

I. L'association en participation ne constitue pas une personne morale.

II. Les participants ne peuvent pas, en principe, être tenus solidairement à raison des engagements passés avec les tiers par le gérant.

III. Les participants peuvent convenir que leur mise sociale leur donnera droit à des titres cessibles et négociables comme cela se présente soit dans la commandite par actions, soit dans la société anonyme.

IV. Ce qui caractérise la participation, c'est qu'elle est essentiellement occulte.

V. Dans la participation, sauf clause contraire, la chose apportée ou achetée reste propre à l'associé qui l'apporte ou qui l'achète.

HISTOIRE DU DROIT

I. Les barbares qui s'établirent en Gaule après l'invasion, ne devinrent pas tous propriétaires par suite de la dépossession violente des vaincus.

II. L'origine du bénéfice doit être placée dans le précaire romain transformé par les coutumes germaniques.

DROIT INTERNATIONAL PUBLIC ET PRIVÉ

I. La loi du divorce forme un statut personnel.

II. Le mariage est un contrat indissoluble si la loi d'une seule des deux parties prohibe le divorce, et si la loi des deux contractants l'admet, il n'est dissoluble que pour les causes admises simultanément par ces deux lois.

III. La majorité dont parle l'art. 9 C. civ. est celle que fixe la loi nationale de l'étranger.

IV. Aucun Etat ne peut interdire systématiquement l'entrée de son territoire aux étrangers.

V. Un navire de guerre qui rencontre un navire de commerce étranger a le droit de le reconnaître et de lui demander de montrer son pavillon.

VI. L'annexion ne doit atteindre que les personnes liées au territoire par le lien cumulatif de l'origine et du domicile.

Vu :

Douai, ce 27 mai 1886.

Le Doyen de la Faculté, Président de la thèse,
DANIEL DE FOLLEVILLE.

Permis d'imprimer :

Douai, ce 29 mai 1886.

Le Recteur de l'Académie, Chevalier de la Légion-d'Honneur,
D. NOLEN.

TABLE DES MATIÈRES

DROIT ROMAIN.

DROIT FRANÇAIS.

Lille. — Imp. Camille Robbe.

ERRATA.

Page 18, 5e ligne, *lire* : cela dura à peu près, *au lieu de* : cela dura à peu.

Page 83, 9e ligne, *lire* : maternité, *au lieu de* : merternité.

Page 91, 22e ligne, *lire* : Marculfe, *au lieu de* : Merculfe.

Page 274, 22e ligne, *lire* : qui n'a pas inscrit son privilège, *au lieu de* : qui n'a pas transcrit.

www.ingramcontent.com/pod-product-compliance
Lightning Source LLC
Chambersburg PA
CBHW070256200326
41518CB00010B/1809